日本对中国投资的变化与影响

The Change and Influence of FDI of Japan to China

——基于东亚国际经济关系的考察

杨宏恩　王　晶◎著

社会科学文献出版社

SOCIAL SCIENCES ACADEMIC PRESS (CHINA)

上海市教育委员会重点学科建设项目资助
（项目编号：J51703）

序　言

2004 年在日本访问的时候，我时时能感觉到作为一个中国人的自豪。因为我们见到的众多学者和官员都非常坦率地承认，日本经济十年的困境是在中国经济良好表现的影响下才得以复苏。在这一点上我非常感谢我的导师陈建安教授和复旦大学经济学院的其他几位老师，是他们让我能到日本增长见识，而且是在这样令人自豪的时刻，这对一个研究东亚经济的学生来说非常重要。更为重要的是，日本之行让我决定写作组成该书主体的博士学位论文。

在当今世界，东亚经济的辉煌成就无疑是人们最为关注的亮点。而在这亮点之中，中国已经是而且越来越成为最耀眼的明星。中国已经成为世界上吸引国际投资最多的国家[①]，其强大的需求被公认为推动世界经济前进的重要因素。20 年前还有人怀疑，作为经济总量世界第二、亚洲第一的经济体，而且和中国有着很大的历史隔阂，日本很难和中国有密切的经济联系，当然更不会对中国产生依赖性。但事实却让人们惊奇，日本经济经历了 10 年似乎一筹莫展的低迷，最终却要靠中国这样一个经济总量不足其 1/4 的发展中国家来实现复苏。近年来，中日两国的经济关系迅速发展，彼此间的依赖性和互补性越来越强。日本已连续 12 年成为中国最大的贸易伙伴，而中

[①] 根据国家计委、国家统计局和国家信息中心资料，中经网数据中心整理结果，2002 年中国吸引外资为 493.08 百万美元，美国为 396.33 百万美元，中国首次超过美国。

国在成为日本最大进口国和第二大贸易伙伴之后，其趋势将在较短的几年内超过美国成为日本的第一大贸易伙伴①。与此同时，中日两国间的直接投资也快速增长。尤其是日本对中国的直接投资，在短短的 20 年内增长了 22 倍，其增幅在世界国际投资中居于首位。这不仅给中国经济带来了巨大的推动力，而且这种投资和中日贸易一起对日本的产业结构、就业水平、技术更新等诸方面带来了深刻的积极影响。这就像学术界越来越一致的论断一样，中日经济关系的发展对两国来说都是机遇。但对于任何一国来说，怎样正确地认识这种机遇和充分地利用这种机遇，都是无章可循的新课题，这也是本书研究的动机和意义。

当然，我们不能忽视中国所立足的大环境，这就是东亚。前面我们已经表明，中国和东亚其他国家一起共同构成了世界经济的亮点。相对于外部的国家和地区，东亚国家和地区之间有着更为紧密的联系，这种联系既包含合作又包含竞争。如何在不影响并逐步加强内部团结和周边关系的情况下，在合作与竞争中获得更大利益和实现更大发展，同样是中国面对的具有挑战性的新课题。而且这和前面中日经济关系问题相联系，它们不可偏废地成为一个研究的整体。

为了研究的便利，在此明确三个本书研究用到的关键概念。首先是东亚，本书根据惯例将之理解为东盟 10 国加中日韩，香港和台湾作为中国的一部分只有在需要讨论时才给予注明并加入其中。其次是中国，在一般不指明时中国即指中国内地，在需要讨论香港和台湾时才将中国明确为中国内地。最后是直接投资，本书理解为除了以有价证券形式参与的间接投资以外的、以货币购

---

① 根据日本财务省 2005 年 1 月 26 日发表的 2004 年贸易统计数据，中日进出口总额相对于 2003 年增加 17.9%，达 22.2 万亿日元，超过了日美贸易总额 20.48 万亿日元。但上述统计只是快报值，不一定准确。

买实物形式进行的投资。至于日本和中国在直接投资界定上的微小差异，本书则予以忽略。

本书的研究基于这样的思路。首先从日本对中国直接投资变化的描述开始，以说明这种变化所表现出来的具体状况和长期趋势。在此基础上研究这种状况和趋势的动因，对此本书将从中国因素、日本因素和一些国际的综合因素方面给予探讨。接下来将是对上述变化带来的影响进行研究，对此本书将采取由内到外的顺序，先是分别研究对日本和对中国的影响，然后研究对中日经济关系的影响。最后是以竞争日本投资为视角研究对中国与东亚其他国家经济关系的影响。立足于前面所有的研究成果，本书的最后是对中国扩大和优化日本投资的策略的再探讨。在此，它将体现作者的一个思想，就是强调全面地即从中日两国之间和东亚范围两个方面来分析问题和提出建议。根据此思路，本书的研究将形成一个完整的框架。

应该说，做研究的主要目的是创新。本书也一样，而且力求在这方面做出更好的表现，这不仅因为本书研究的主题需要创新，而且因为日本对中国投资的变化作为新课题提供了创新的空间。本书是作者在阅读和总结了大量资料以及对日本亲自访问和考察的基础上完成的，对衡量指标的选择、分析问题的方法和研究问题的视角都进行了反复的思考。综观本论文，作者认为比较重要的创新有如下几个方面。

第一，用"雁行模式"在中国内部的重构来解释近年来日本对中国投资的发展。本书重新研究了"雁行模式"，指出"雁行模式"的提倡者是政府而实践者是企业，分析了两者因利益不一致所导致的行为差异。同时指出了"雁行模式"存在的三个条件，并证明中国内部的状况与之相符。然后在说明东亚间"雁行模式"难以维持的基础上，指出"雁行模式"在中国内部实现了重构。

第二，分析了中国与东亚其他国家的引资博弈，提出了针对日本投资的内部策略和外部策略。对此，本书分析了中国和东亚其他国家在吸引日本投资方面的特殊关系和相对变化，指出以东盟为主的东亚其他国家和中国在吸引日本投资方面的竞争，并分析了东盟国家"内部靠政策"和"外部靠联合"的竞争手段。由此强调中国在制定策略时不仅要注意中国内部问题，而且要注意由东亚其他国家构成的外部环境，从而提出了扩大和优化日本投资的内部策略和外部策略。

第三，以吸引日本投资为视角，提出了东亚经济合作的悖论。在此本书分析了投资转移的两种方式，并以此为基础分析了中国与东亚其他国家（以东盟为对象）合作或不合作时的投资转移情况，同时也分析了合作与不合作时的其他利弊，得出了当前中国与东盟合作并非有利的结论。但同时也指出了中国应注意选择合作内容的次序，以实现长期的利益。

当然，这些创新更多的是对一些实际问题的理论思考，其正确性和完备性还有待在理论上，尤其是实践上的检验。作者希望在以后的时间里能再到更多的中日两国的政府部门和企业进行访问和实地考察，以得到对某些问题更深刻的认识。

本书的结构安排如下。第一章是文献述评，即对本书所依据的经典理论以及各种资料和研究成果给予综述和评价。它包括五部分内容，即经典理论的回顾、日本对中国投资的变化和动因、日本对中国投资变化的影响、东盟与中国经济合作的动机和利益、中国的策略。本书的研究从第二章正式开始。第二章研究日本对世界投资的发展历程及现实状况。它通过日本对世界投资的发展历程和对各地区投资的状况，说明日本对外投资的目的和导向，并进一步说明日本对东亚投资的倾向性和战略选择，以此作为研究日本对中国投资的重要背景。第三章研究日本对中国直接投资总量的变化，它通过对三个指标的衡量来反映上述总量的真实状况和长期趋势，即日本对中国直接投资总额的变化、中国占日本对外直接投资总额比重的变化、日本占中国外来直接投资总额比重的变化。第四章研究日本对中国直接投资结构的变化，它同样通过三方面的考察来反映真实状况和长期趋势，即产业结构的变化、技术含量结构的变化、地区结构的变化。在前两章的基础上，第五章研究日本对中国直接投资变化的动因，从四个方面给予解释，即日本的促进因素、中国的吸引因素、一个特殊解释——雁行模式在中国内部的重构、其他因素。第六章到第九章都是研究上述变化所带来的影响。第六章研究对日本国内经济的影响，分为对产业空心化的担忧、对就业水平的影响、对产业结构的影响和其他影响四个部分。第七章研究对中国国内经济的影响，分技术与管理、就业与人才、观念与制度、资金补充和融资便利、出口增加和贸易改善共五个部分来进行。第八章是对中日国际经济关系的影响——以贸易为主，从中日贸易的表现、原因分析和实证研究三个方面给予阐述。第九章是对中国与东亚其他国家经济关系的影响，分四部分进行研究，即对日本在东亚其他国家投资的影响、中国和东亚其他国家的引资博弈、引资博弈的理论分析、东盟与中国经济合作的动机与利益。第十章研究与日本对外投资密切相关的东亚生产网络，通过四个部分的研究说明东亚区域内生产分工的加深和东亚国家或地区之间相互依赖性的增强。第十一章是本书的最后一章，即中国策略选择的再探讨，它从内部策略和外部策略两方面给予阐述，从而全面地提出了中国扩大和优化日本投资的策略。

　　本书写作的任务分配如下：杨宏恩负责序言、第 1~7 章和第 11 章的写作；王晶负责第 8~10 章的写作。两位作者在写作中进行了多次充分的交流，对对方的写作都给予了很多宝贵的意见。最后，杨宏恩承担了对全书的统稿工作。同时，作者非常感谢社会科学文献出版社屠敏珠等编辑老师，他们指出了本书原有的一些缺陷并给出了合理建议，使本书在内容与形式上都更加完善。

目　录

CONTENTS

第一章
文献述评

作为世界经济和中国经济中的热点和新事物，日本对中国直接投资具有显著的表现和重要的研究意义，这些在序言中已经给予了说明，在此不再重复。但正因为这些，笔者在收集资料的过程中遇到了相当多的困难。总的来讲，有关日本对中国投资的资料更多的是一些新闻性评论，有价值的、系统的学术研究并不太多，研究专著则少之又少。同时，这方面的资料还包括一些官方的统计数据，这虽然给分析提供了便利，但这些数据的分散和不全面也给作者带来了不少麻烦。所以，笔者在采用与本书主题直接相关的资料的同时，还应用了大量的间接资料。这些资料构成了本书写作的主要参考文献。笔者相信，参考文献的相对不足，给作者留下了运用经济学知识进行思考进而实现创新的空间。

第一节　经典理论回顾

在本书写作的过程中，国际直接投资方面的经典理论将贯穿其中，它们是本文分析问题和形成观点的基础。这种基础作用一方面体现为对经典理论的运用，另一方面体现为在借鉴但并不拘泥于经典理论的条件下对现实进行的思考。所以，本书的文献述评首先从对经典理论的回顾开始。

一　垄断优势论

1960 年，美国经济学家海默（S. H. Hymer）在其博士论文《一国企业的国际经营活动：对外直接投资研究》中，提出了垄断优势论，首次创立了国际直接投资理论，开创了国际直接投资理论研究的先河。

传统国际资本运动理论的基本假定是市场完全竞争，而海默认为，完全竞争是一种理想状态，在现实中并不常见，较多存在的市场条件是不完全竞争。在完全竞争的市场条件下，企业不具有支配市场的力量，它们生产同类产品，有获得所有生产要素的平等权利，因此，对外直接投资并不给企业增加优势。相反，在不完全竞争的市场条件下，跨国公司才可以通过实行集中经营、阻止其他企业进入，形成一定的市场垄断，这样既可获得垄断利润，又可减少由竞争造成的损失。所以海默认为市场的不完全竞争是跨国公司进行国际直接投资的根本原因，而跨国公司特有的垄断优势是其实现对外直接投资利益的条件。

海默认为跨国公司拥有的垄断优势主要有以下几个方面：①技术优势；②先进的管理经验；③雄厚的资金实力；④全面而灵通的信息；⑤规模经济；⑥全球性的销售网络。在此基础上，其他学者又对垄断优势的内容给予了发展。其实，对垄断优势论的发展正是体现在对垄断优势内容的进一步认识上。约翰逊（H. G. Johnson）在 1970 年发表的一篇论文《国际公司的效率和福利意义》中指出："知识的转移是直接投资过程的关键。"知识包括技术、专有技术、管理与组织技能、销售技能等一切无形资产。凯夫（R. E. Caves）于 1971 年 2 月在《经济学》杂志上发表了论文《国际公司：对外投资的产业经济学》，从产品差别能力的角度对垄断优势论进行了补充。他强调跨国公司所拥有的使产品产生差别的能力是其拥有的重要优势。

垄断优势理论也存在着许多局限性：垄断优势理论主要是对美国对外直接投资研究的成果，并且研究的对象是技术资金实力雄厚、独具对外扩张能力的大型跨国公司，对于发展中国家的对外直接投资及中小企业的对外直接投资没有进行分析。该理论无法解释为什么拥有独占技术优势的企业一定要对外直接投资，而不是通过出口或技术许可证的转让来获取利益。另外，垄断优势理论也不能解释物质生产部门跨国投资的地理布局。

二　内部化理论

内部化理论是由英国学者巴克莱（P. J. Buikley）、卡森（M. Casson）和加拿大学者拉格曼（A. M. Rugman）完成的。1976年，巴克莱与卡森在合著的《跨国公司的未来》一书中对传统的国际直接投资理论提出了批评，并提出了新的对外直接投资理论，标志着内部化理论的形成。拉格曼在1981年出版的《跨国公司的内幕》一书指出，市场内部化是将市场建立在公司内部的过程，以内部市场取代原来固定的外部市场，从而对内部化理论进行了完善。最早提出内部化思想的是美国学者科斯，在其1937年发表的论文《企业的性质》中就指出市场的运行是有成本的，市场失效和市场不完全会导致企业的交易成本增加，而企业可以通过改善行政组织形式、组织内部交易来节约市场运行成本。

与垄断优势不同的是，内部化理论并不是强调企业特有的各种优势本身，而是强调企业通过内部组织体系以较低成本在内部转移该优势的能力，并认为这才是企业发生对外直接投资的真正动因。因为只有直接投资，在国外建立自己能够控制的子企业，才能以较低的成本将特有优势转移到国外，以便获得最大化的利润。因此，内部化理论被认为是西方跨国公司理论研究的一个重要转折。垄断优势论从不完全竞争的市场结构来研究发达国家企业海外投资的动机与决定因素；而内部化理论则转向研究各国企业之间的产品交换形式、企业国际分工与生产的组织形式，并论述了由于外部市场机制的不完全所导致的企业内部分工与生产组织形式的变革。

内部化理论也存在局限性。首先，跨国公司实行内部化主要是对高技术含量的知识产品实行内部化，这就势必阻碍新技术、新产品在全世界范围的迅速普及，从而在一定程度上阻碍生产力的发展。其次，内部化理论未能科学地解释跨国公司对外直接投资的区域分布，因而常常受到区位优势论经济学家的批评。

三　产品生产周期理论

1966 年，美国哈佛大学教授维农（R. Vernon）在垄断优势理论的基础上，发表了题为《产品周期中的国际投资和国际贸易》的论文，提出了产品生命周期理论，对国际直接投资的动因做出了另一种解释。后来他又对该理论做了发展和完善，认为跨国公司拥有知识资产优势，具有新产品创新能力，并且极力维持企业所拥有的技术优势地位，以获得新产品的创新利润。但是新技术的发展日新月异，跨国公司不能长期垄断这些新技术，新产品一旦上市就会被竞争者仿制。新产品必然要从研制创新阶段过渡到产品的成熟阶段，然后再过渡到产品的标准化阶段。所以，跨国公司只有把企业拥有的技术优势和企业在特定东道国所获得的区位优势结合起来，才能发生直接投资进而给投资者带来利润。

根据产品生命周期理论，国际直接投资的产生是产品生命周期三个阶段更迭的必然结果。该模型假设世界上存在三种类型的国家：第一类是新产品的创新国，通常指最发达的国家，如美国；第二类是较发达国家，如欧洲各国、日本和新兴工业化国家；第三类是发展中国家。随着新产品依次经历创新阶段、成熟阶段和标准化阶段，其生产的区位选择也依次从最发达国家向较发达国家，再到发展中国家转移。1974 年，维农发表了《经济活动的选址》。在这篇论文中，他进一步发展了产品生命周期理论，引入了"国际寡占行为"来解释跨国公司的对外直接投资行为。他把所有跨国公司都定义为寡占者，并把它们分为三类，即技术创新期寡占者、成熟期寡占者和衰退期寡占者，与产品生命周期发展的三个阶段相对应。

但是，产品生命周期理论同样存在缺陷。同垄断优势论一样，该理论还是没能解释清楚发达国家之间的双向投资现象。而且，该理论对于初次进行跨国投资且涉及最终产品市场的企业较适用，而对已经建立国际生产和销售体系的跨国公司的投资并不能做出有力的说明，因为这些全球性跨国公司可以直接在国外发展新产品。特别是 1970 年代以后，许多公司的产品研究开发阶段就已突破了国界，对此该理论更无法解释。

四 国际生产折衷理论

国际生产折衷理论由英国里丁大学国际商业与国际投资教授、著名的跨国公司专家邓宁提出。该理论初步形成于 1976 年他题为《贸易、经济活动的区位和跨国企业》的论文中，但对其系统阐述直到在 1981 年出版的《国际生产和国际企业》一书中才完成。国际生产折衷理论是目前解释跨国公司直接投资的最具影响的理论。该理论将前述的垄断优势论、内部化理论及产品生产周期理论三者紧密结合起来，把企业进行跨国经营的决定因素概括为三类优势，并把这三类优势的拥有程度作为判断跨国企业经营方式选择的依据和条件，认为对外直接投资是由所有权优势、内部化优势和区位优势三者综合作用的结果。

所有权优势指一国企业拥有或能够得到而别国企业没有或难以得到的生产要素禀赋、产品的生产工艺、发明创造能力、专利、商标、技术和管理技能等。不过邓宁在此更为强调的是知识产权这类无形资产。内部化优势是指企业为避免不完全市场带来的影响而把企业的优势保持在企业内部。邓宁认为，市场的不完全性包括两方面内容：一是结构性的不完全性；二是认识（主要是信息）的不完全性。区位优势是指特定国家或地区存在的出口阻碍而不得不选择直接投资，或者使投资比出口或技术转让更有利的各种因素。前者如关税和非关税贸易壁垒，后者如劳动力成本相对便宜、优惠的吸引外资政策等。邓宁还指出，对国际直接投资来说，所有权优势和内部化优势是投资国的推动因素，区位优势是东道国的吸引因素。

该理论由于是对以前理论的综合，因而具有更好的解释力，但它也存在缺陷。首先，该理论仍然停留在微观层面分析国际直接投资的行为，而近年来宏观因素对国际投资的影响越来越明显。其次，该理论仍然将企业的利润最大化作为跨国公司对外投资的主要目标，但这与近年来跨国公司目标多元化的现实极不相符。

五 边际产业扩张论

1977 年日本一桥大学教授小岛清出版了其代表作《对外直接投资论》一书，标志着其国际直接投资理论即边际产业扩张论（也称为边际优势论）的形成。在 1981 年第 5 次再版的《对外贸易论》和 1982 年出版的《跨国公司的对外直接投资》等论著中，小岛清对自己的理论做了进一步的补充。小岛清认为，传统的国际直接投资理论对跨国公司的分析忽略了宏观因素的影响，尤其是忽略了国际分工原则的作用。边际产业扩张理论的核心是，对外直接投资应该从投资国已经处于或即将处于比较劣势的产业部门，即边际产业部门依次进行。这些产业部门又是东道国具有明显或潜在比较优势的部门，但如果没有外来的资金、技术和管理经验，东道国这些优势就不能被利用。因此，投资国对外直接投资就可以充分利用东道国的比较优势。他认为，日本的传统工业部门之所以能够比较容易地在境外找到有利的投资场所，就是因为它向具有比较优势的国家和地区进行了直接投资。

小岛清指出，美国的对外直接投资主要分布在制造业，这种投资是建立在"贸易替代型"结构的基础上，对外投资的产业是美国具有比较优势的部门。这些产业的对外投资使美国丧失了通过出口而增加的巨额贸易顺差，引起国际收支不平衡和贸易条件恶化。而日本的对外直接投资与美国不同，资源开发型投资占有相当大的比重，而在制造业方面的投资则属于"贸易创造型"，即对外直接投资不仅没有取代国内产品的出口，反而开辟了新的市场，并带动与此产品相关联的其他产品的出口，从而将对外直接投资与对外贸易两者有机地结合起来。因此，日本的对外直接投资实际上是补充日本比较优势的一种有效的手段。小岛清还根据自己的理论给出了以下推论：①国际贸易与国际直接投资可建立在同一理论基础上；②日本式的对外直接投资和对外贸易的关系是互补的；③应该立足于"比较成本原理"进行判断；④投资国与东道国在同一产业的技术差异越小越容易移植。

边际产业扩张理论所研究的对象是日本跨国公司，反映了日本这个后起的经济大国在国际生产领域寻求最佳发展途径的愿望，比较符合20世纪六七十年代日本对外直接投资的实际，尤其比较符合日本对东亚投资的实际。该理论从宏观因素对跨国公司的投资行为进行分析，对很多实际现象具有很好的解释力。但1980年代以来，日本对外直接投资也偏向于对发达国家的制造业进行投资，向贸易替代型转化，该理论无法解释这些新变化。尤其是近年来，很多日本跨国公司对中国的投资已从比较劣势产业转向比较优势产业，对此，边际产业扩张论在解释方面显出了很大的局限性。

第二节 日本对中国直接投资的
变化和动因

严格地讲，研究投资的变化必须从总量和结构两个方面给予分析和讨论。从现有的文献看，它们都或多或少地对这两方面给予了关注，这是一个体现全面性的很好的特点。因此，本部分的文献述评要从三个方面来进行，即总量变化、结构变化及变化的动因。

一 总量变化

自1979年日本开始对华直接投资以来，经历了一个起伏多变的发展过程。总的来说，1980年代中期以前基本上处于尝试阶段，投资额较小，并且70%以上集中在期限短、风险相对小的非制造业。1980年代中期以后，由于日元大幅度升值，日本企业开始大规模向海外转移生产，对华直接投资迅速增加。1991～1997年，日本对华直接投资实际投入年均增长率接近40%。1995年，日本对华直接投资实际投入额为31.1亿美元，超过1979～1990年的累计额。这期间，日本对华直接投资迅速增长的主要原因是中国经济持续高速的增长，1992年又确立了市场经济改革目标，日资企业看好中国的发展前景。1997年以后，受日本经济低迷、亚洲金融危机等因素影响，日本对华直接投资出现滑坡，2000年才转为增加（社科院日研所，2004）。2001年，鉴于中国加入WTO临近以及投资环境不断改善，日本对华直接投资大幅度增加，在当年世界对华直接投资总额中所占比重上升到9.8%。直到最近两年，日本对华直接投资在经历了严重萎缩之后，才开始显现出一定的回升势头，但迄今仍远未形成类似1990年代中期以前的强劲增长态势。2002年，日本对华直接投资项目数虽增至2745项，但仍与

1993 年 3488 项存有较大差距；合同金额虽增至 52.98 亿美元，但仍仅相当于 1995 年 75.92 亿美元的 2/3；实际使用金额虽达到创纪录的 52.74 亿美元，但仍仅比上年增长 12.5%，尤其是在中国吸收外资总额中的比重，甚至还由上年的 9.28% 下降为 7.94%。

应该说，有关文献对日本对中国投资总量的研究是相当充分的。它们通过不同指标和不同参照对象对投资总量的变化给予了描述。尤其可喜的是，有些学者注意到了东亚的特殊关系，在日本投资方面将中国和东亚其他国家进行了比较。但上述文献也存在不足。首先，上述文献更多地注意实际投资金额，没有充分认识到合同投资金额的作用。正像笔者在本书中所说，合同投资金额体现了投资者的真实投资愿望，消除了从合同到实际之间一些不确定因素的影响，对投资者的未来投资具有同等重要的解释力，因而对它的衡量同等重要。[①] 其次，上述文献更多的是独立地分析各个阶段的投资金额，表述了不同时期日本对中国投资的真实状况，但没有从总体上给出日本投资的长期趋势。而且，上述文献也缺乏对 21 世纪以来日本对中国投资总量的详细研究，因而也使现有文献显得相对不足。

二 结构变化

在产业结构方面，彭晋璋（1999）给予了很好的概括性描述。1980 年代，日本企业的对华直接投资不仅投资项目少、投资金额小，而且对非制造业的投资比重比较大。一直到 1990 年，对非制造业的投资比重都超过 50%。1991 年对制造业的投资比重首次超过非制造业，达到 53%，以后逐年扩大，在 1995 年达到 78%。截至 1996 年上半财政年度结束（9 月底），日本制造业对华投资累计额约占日本对华投资累计总额的 64%。从发展趋势看，非制造业

---

① 薛军：《日本对华直接投资的新趋向》，《国际经济评论》2003 年第 6 期。

的对华投资比重逐步下降，而制造业的对华投资比重逐步上升，已经成为对华直接投资的主流。①

在地区结构方面，徐安生（2003）和张玉明（1999）的观点较具有代表性。徐安生指出，日本对华投资主要集中在沿海地区的江苏、辽宁、上海、广东和山东等省市，其中江苏省占日本投资总额的20%，辽宁占17.1%，上海占15.8%，山东占7.3%。近年来，随着日本对华直接投资的扩大和我国全方位、宽领域对外开放格局的形成，日本企业已开始向我国内陆及西部地区进行投资，地域集中度过高的情况有所改变。② 张玉明认为，由于近年来中国政府致力于引导外商向内陆地区投资，特别是为此出台了一系列优惠政策，使内陆地区的投资环境得到改善，而且因为内陆地区是中国重要的消费品市场和主要的原材料市场，日本企业对内陆地区的投资已开始增加。所以，虽然日本企业在中国内陆地区的投资数额在全国投资额中所占的比例较小，但从实际投资的企业数来看是逐渐增加的。③

上述有关的文献，应该说在研究日本对中国投资结构方面做到了一定的深度。尤其是在产业结构方面，许多学者，如刘昌黎（1998）进行了全面和深刻的探讨。虽然对地区结构的考察相对较少，但也得出了较为一致的客观结论。然而上述文献也存在不足，那就是几乎没有将技术含量结构作为一个独立的部分给予研究。很多学者探讨日本投资技术含量的变化是在探讨产业结构的变化中附带进行的，另外一些学者则完全没有探讨。在提高国内技术水平越来越成为吸引外资的首要目的的现实下，没有充分的对技

---

① 彭晋璋：《中日投资合作策略》，中国发展出版社，1999。
② 徐安生：《"十五"期间日本对华直接投资研究》，《广东广播电视大学学报》2003年第3期。
③ 张玉明：《日本企业对中国直接投资及中国吸引外资政策》，《日本学刊》1999年第3期。

术水平结构变化的探讨将使对投资结构的研究存在缺陷。

三　动因方面

应该说，上面的经典国际投资理论也一样解释了日本投资中国的动因。但除了小岛清的比较优势论以外，其他理论都是从跨国公司的微观角度来分析投资动因的。小岛清的比较优势论虽然从宏观角度对日本投资动因给予了解释，但它只是众多因素中的一个方面。而且，在当前的现实下，小岛清的理论对很多日本投资的新变化也失去了解释力。下面的文献更多地在宏观方面从各个角度给出了日本对中国投资变化的动因。

朱小焱是在这方面做得较为全面的学者之一，他从国际、日本、中国三个角度给予了分析。① 在国际方面，首先，全球经济的总体发展为日本对华投资提供了良好环境；其次，全球资金供求相对不平衡为日本资金外流提供了广阔舞台；再次，贸易摩擦的存在形成了日资输出的直接诱因；最后，来自欧美经济一体化的挑战加速了日本外资输出进程。在日本方面，首先，规避贸易摩擦是直接动因；其次，日元升值和资本过剩是重要背景；再次，日本经济特殊"体质"的决定作用；最后，对成本降低的追求。在中国方面，首先，改革开放和吸引外资政策的出台；其次，中日经济的互补；再次，经济交流基础的巩固；最后，政治友好氛围的辅助。应该说上述分类对研究是相当有用的，但对于可以从属于两个或两个以上方面的投资的动因，上述讨论没有给出明确划分为哪一类别的依据。而且，上述分析至少因为缺少两个方面内容而显得不全面。这两个方面是中国加入 WTO 和西部大开发，对此加藤弘之（2004）和徐梅（2003）分别

---

① 朱小焱：《日本对华直接投资研究》，《安徽农业大学学报（社会科学版）》2002 年第 11 期。

给予了阐述。

另外较为系统地研究日本对中国投资变化动因的文献是日本的官方调查。日本经济企划厅管辖下的综合研究开发机构（简称NIRA）曾组织了一个由专家学者组成的研究班子，自1994年7月至1997年8月，对在华日资投资企业进行了比较深入的研究。在研究过程中，他们的一份调查结果表明，在被调查的日资企业中，有36.1%的企业把"中国市场有吸引力"作为到中国投资的第一理由，有21.1%的企业把"寻求低廉劳动力"作为第一理由，有17.3%的企业把"建立出口加工基地"作为第一理由。把以上三个理由作为首要投资动机的日资企业占被调查企业总数的74.5%。另外，有8.3%的企业把"董事长和总经理的决策"作为第一理由，而对此真正的理由还是这些企业经营者做出投资决策的经济动机（彭晋璋，1999）。如果考虑到这个因素，以上述三个理由为主要对华投资动机的企业比重至少在80%。[①] 不可否认这种调查具有很好的客观性，但也必须看到它也具有很大的片面性。这种片面性主要体现在问卷的设计上。一方面，这种问卷主要是针对企业而设计的，问卷的内容主要停留在微观层面，很少涉及宏观问题；另一方面，问卷的设计者往往来自日本，他们很少考虑促使日本投资的中国因素。

所以，总的来看，有关日本对中国投资变化动因方面的文献主要在全面性和客观性方面还存在不足。而且，现有文献虽然注意到了日本投资在东亚的特殊表现，但没有将中国和东亚其他国家间经济状况和经济关系的相对变化作为分析日本投资变化的依据，这是一个很大的缺陷。

---

① 彭晋璋：《中日投资合作策略》，中国发展出版社，1999。

第三节　日本对中国投资变化所
带来的影响

本部分的文献述评将按照文章中的内容分四部分。它体现了这样的顺序，先是对日本、中国国内经济的影响，再是对中日两国国际经济关系的影响，最后是对中国与东亚其他国家经济关系的影响。

一　对日本国内经济的影响

对中国投资引起的最受日本国内关注的问题是产业空心化。对此，江瑞平（2003）给出了最为充分的讨论。以经济长期严重萧条为背景，对外直接投资与产业转移导致的国内产业空心化问题，在日本引起高度重视与普遍担忧。由于中国内地正在成为日本对外直接投资与产业转移的主要目的地，越来越多的日本企业正将其主要生产和经营基地从日本国内转移到中国内地，从而也使对华直接投资与产业转移被视作导致日本产业空心化的主要因素，并将此作为所谓"中国威胁论"的主要依据。[①] 通过分析，江瑞平指出，当前日本的对外直接投资与产业转移的进展程度及其导致的产业空心化被过分夸大了，即使在日本有一定程度的产业空心化，其根本症结也在国内而不在国外，更不能完全归罪于对外直接投资与产业转移。在日本对外直接投资、产业转移从而导致产业空心化方面，"中国因素"作用有限，远不足以构成"中国威胁论"的主要论据。在对产业空心化分析的基础上，江瑞平对

---

① 江瑞平：《日本产业空心化的实态、症结及其"中国因素"》，《日本学刊》2003 年第 3 期。

另外一个受日本国内关注的问题，即就业状况恶化问题，给予了分析。江瑞平指出，日本失业问题空前恶化的主要症结在日本国内，对外直接投资与产业转移只是很小的次要因素，结构升级迟缓导致结构性失业增加、企业破产严重导致破产企业职工失业，以及企业雇佣制度僵化、劳动力结构不合理等，才是导致日本失业日趋严重的真正根源。[①]

上述两方面因为是负面影响而备受关注，而对于正面影响，现有的文献较少进行系统论述。但刘昌黎和金凤德（1990）关于日本对外投资对日本国内经济的影响的研究很有借鉴价值。两位学者为此总结了七个方面，即：①巩固了国外市场，扩大了对外贸易；②保证了日本所需原材料的稳定供应；③充分利用了国外廉价的劳动力资源，增强了国际竞争力；④扩大了剩余资金的海外运用，推动日本加速走上金融、资本大国的道路；⑤促进了产业结构调整，实现了有利的国际分工；⑥推动了企业国际化的发展，向"日本跨国公司"时代迈进；⑦提高了日本在国际经济合作中的地位，改善了日本同世界各国的关系。虽然上述阐述有些脱离实际，但它不失为一个很好的研究日本对中国投资对日本经济影响的思路。而且上述论述体现出的全面性，在当前的有关研究中并不多见。

所以，从总体来看，在有关的文献中，有关日本对中国投资对日本经济的负面影响的研究相对充分，而对正面影响的研究相对不足。从现有的文献看，一些对正面影响的阐述是通过对负面影响的反驳得出的，而另外一些专门针对正面影响的研究则做得不够全面。

---

① 江瑞平：《日本产业空心化的实态、症结及其"中国因素"》，《日本学刊》2003 年第 3 期。

二　对中国国内经济的影响

应该说，有关日本投资对中国经济影响的文献相对丰富，很多学者从不同的角度给予了探讨。下面将最有代表性的几个学者的研究成果给予表述。

首先是王志乐（1998），他将上述影响分为五个方面：①引进资金。指出日本跨国公司投资不仅弥补了我国建设资金的不足，而且分担了我国企业的投资风险，使一些急需的项目及时投产。②引进技术。说明透过日本投资引进了一批填补空白的技术、工艺或设备，通过中日企业合作使我国的产品具有高科技含量，通过中日企业合资不间断地获得新技术。③学习管理。指出日益增加的日本企业在华投资为中国管理人员学习日本式的企业管理提供了一个极好的机会。中国管理人员通过合资合作，深入日本企业管理结构的内部近距离学习、模仿乃至消化、创新。④开发人才。说明日本在华企业为实现人才开发当地化，建立了大规模的人才培训体制。这种人才培训体制由企业、投资管理公司（地方总部）和母公司三个层面构成，在企业中对各级各类人员进行全面培训。⑤推动竞争和促进发展。对此，从促进中国企业的发展壮大、促进电子电器行业振兴和促进经济繁荣三个视角给予了阐述。王志乐的研究还有一个能证明其极具价值的原因，就是这些研究成果都建立在作者的实地调查基础之上。①

同时，很多学者是从全部外商投资对中国经济的影响进行分析的，因为在影响方面，日本的投资和其他外商投资并无太大差别。在此来看稻田实次（1998）的分析。通过吸收外国投资，可以期待得到资金、先进技术、经营管理方法、扩大出口市场等经济效果。根据中国对外贸易经济合作部的资料，截至1996年底：

---

① 王志乐：《日本企业在中国的投资》，中国经济出版社，1998。

①在中国的固定资产投资额中，外国投资（实际利用金额）所占的比例是 14.9%，但是福建省却高达将近 60%。②外商投资企业的进出口额（1371 亿美元）占中国进出口总额（2899 亿美元）的比例为 47.3%。③外商投资企业雇佣的职工人数为 1750 万人，占全国的 2.5%。④税收从 1995 年的 659 亿元增加到 870 亿元，占全国工商税收的 14.3%。① 不难看出，在资金、技术、管理的影响之外，上述分析还强调了贸易、就业、税收方面的影响。

另外，于灵（1999）从资本形成、就业创造、外贸扩张、技术提高四个方面给予了阐述；赵晋平（2003）在和其他国家对比的基础上，从吸收就业、增加税收、保持贸易盈余三个方面给予了分析。在此，必须提到的一个研究成果是，桑百川（2000）从制度创新效应、推进改革效应和观念更新效应三个方面论述了外商投资的非经济影响，这对本书的写作很有启发。

三 对中日国际经济关系的影响

国际经济活动包括国际投资、国际贸易和国际金融，所以研究日本对中国投资对中日国际关系的影响就意味着研究上述投资对中日两国国际贸易和国际金融的影响。事实上，研究对国际贸易的影响的文献较多，因此这方面的文献述评也以此为主。

在中日贸易的表现方面，很多学者，如刘淑琪（2002）都给予了相当充分的描述，在此不再一一列举。更重要的是，在这方面有大量的官方统计资料可供参考和研究。日本财务省（原大藏省）、经济产业省（原通产省）以及如贸易振兴机构的其他部门都会有相应的贸易统计资料公布。例如日本财务省 2005 年 1 月 26 日发表 2004 年贸易统计（快报），指出中日进出口总额增加 17.9%，达 22.2 万亿日元，超过了日美贸易总额 20.48 万亿日元。同时强

---

① 〔日〕稻田实次：《日本企业对华投资的现状与课题》，东北亚论坛，1998。

调这标志着日本最大的贸易伙伴由美国变为中国，具有划时代意义。

分析中日两国贸易互补性的文献也相当丰富，在此以于津平（2004）的分析作为代表。发展水平的不同和资源禀赋的差异决定了中日之间的贸易以行业间贸易为主，两国之间在经济上的互补性大于竞争性。中国对日本的出口以劳动密集型低技术成分的机械电子产品（如家电）、纺织和食品为主，而日本对中国的主要出口项目为资本和技术密集型的机械电子产品（如电机）、汽车和化学制品。两国在产品生产上比较优势的差异是行业间贸易形成的主要原因。中日两国在经济上的互补性特征表明，加强中日经济合作不仅有利于两国比较优势的发挥，而且在短期内也不会对两国经济形成明显的冲击。中日贸易可以使双方达到取长补短的目的。

在以日本对中国投资的变化来解释中日贸易良好表现方面，有关的研究并不是很多，但王洪亮和徐霞（2003）却做出了显著的成果。通过格兰杰（Granger）因果检验法，两位学者得出了以下结论：①长期和短期中，总出口、制成品出口与对外直接投资（FDI）之间都具有双向的格兰杰因果关系；②长期中，FDI是初级产品出口、总进口及初级产品和制成品进口的格兰杰因果关系，但这只是单向的；③初级产品出口、总进口及初级产品和制成品进口对 FDI 仅有短期的格兰杰因果关系。①

对这部分文献来说，日本对中国投资与中日贸易之间关系的研究仍然很少。已经有一些学者从逻辑关系上给予了探讨，但仍不够充分和系统，实证方面的研究则几乎没有。上述两位学者虽然给出了最有代表性的研究，但在分析时数据较少，使其结果存

---

① 王洪亮、徐霞：《日本对华贸易与直接投资的关系研究（1983～2001）》，《世界经济》2003 年第 8 期。

在不足。

四 对中国与东亚其他国家经济关系的影响

这部分文献主要体现在日本对中国投资的相对增加和对以东盟为主的东亚其他国家投资的相对减少上。关志雄（2003）指出，中国与日本处于互补关系，而与东盟（ASEAN）各国则处于竞争关系。互补关系意味着双方相互合作的余地很大，彼此是一种双赢的关系，而竞争关系则可能是一种零和博弈。据日本财务省公布的对外直接投资实绩显示，2002 年对华投资与前一年相比增加了 19.1%，而对东盟各国的投资均出现减少。国际协力银行开发研究所发表的《2003 年度海外直接投资调查征询结果（第 15 次）》也清楚地表明，对外投资的制造业企业在东盟与中国之间更多地把中国作为海外业务据点的趋势正在不断加剧。日经报纸 2004 年 7 月进行的调查也指出，日本的制造商们正将他们的生产活动从东南亚转移到中国。①

伴随此情况出现的是中国和东亚其他国家在引资方面的竞争。染川弘文（1994）指出，包括越南、缅甸、印度等国家的外资引进政策正趋于正规化，纷纷（对中国）诉诸对比优势，日本企业海外投资的选择范围扩大。从中国商务部历年的研究报告以及刘迪辉（1994）和田贵明（2003）的有关著作中可以看出，东亚其他国家近年来的投资政策修改具有和中国竞争的性质。赵晋平（2004）指出，中国在引资方面的政策优势正在逐步消失。但在很多方面东亚其他国家和中国无法相比，尤其是中国巨大的现实市场和潜在市场。张晶（2004）研究认为，中国有一个由 13 亿消费者形成的巨大市场，过去 10 年里，全世界 30% 的煤炭、36% 的钢

---

① 关志雄：《日本的直接投资加速向中国转移——东盟与中国的竞争日趋激烈》，http://www.rieti.go.jp/users/kan-si-yu/cn/c040126.html，2003。

铁、55%的水泥都是中国消费的。中国城市居民收入每年增长15%，形成了一支庞大的消费大军。[①]

中国与东亚其他国家在吸引包括日本投资在内的外来投资方面的竞争是一个还未引起足够重视的新问题，所以在此方面进行研究的文献并不多，系统的研究迄今为止笔者没有见到。东亚是一个经济联系相对紧密的特殊区域，中国和日本都作为其中的成员。在研究日本对中国投资的时候，如果不考虑东亚其他国家的反应，则这样的研究成果必然存在缺陷，这也就是当前有关文献的缺陷。

第四节　东盟与中国经济合作的动机和利益

如上所说，目前已有大量研究中国与东盟经济合作的成果，这其中包括很多针对东盟实际收益的研究。然而，对于东盟与中国经济合作的动机，很多人只是在研究相关问题时表明自己的观点。作者以为，对动机的认识是其他相关研究的基础，如果没有对东盟的合作动机给予清晰的认识，相关的研究就会受到限制。所以，本书的研究述评侧重于合作动机方面，而对现实收益的研究述评则力求简单。

张蕴岭是目前国内对此问题有专门研究的屈指可数的学者，早在 2002 年《中国—东盟全面经济合作框架协议》签订之前他就指出，尽管东盟存在竞争担心，但还是同意与中国建立自由贸易区，其根本原因是东盟不仅看到了竞争压力的一面，同时也看到了机会的一面：一个拥有 13 亿人口、经济持续发展的大市场，对东盟来说意义重大。2008 年初，他又对此问题给予了充分论述，

---

① 张晶：《日本经济复苏的动力来自中国》，《国际技术经济导报》2004 年第 4 期。

指出东盟启动东亚合作的利益基础是救助被金融危机破坏的经济网络，从而奠定经济恢复增长的基础。中国东盟专家组对此问题也给予了明确的分析，其主要观点是，东盟担心中国入世将使中国的外资吸引力增加而外资更多地流入，从而不利于其经济恢复，而与中国经济合作则会增加东盟地区对外资的吸引力，同时可以利用中国市场。

事实上，对于东盟为什么与中国经济合作，很早就有学者给予了关注。Jonathan（1998）认为，1990年代以来，东盟已经逐渐形成一致看法，即中国是该地区的新的增长引擎。兰德尔·施韦勒（2001）指出，东盟对中国的接触政策是一种保险性和综合性的接触，东盟通过与中国多方面的交流以加深双方的相互依赖，确保在与中国的经济交往中获得利益。新加坡《联合早报》（2001）的观点则更加直白：搭乘中国经济快车、借中国的东风成了东盟国家发展经济的一条出路，东盟除了与巨龙同行已没有其他的选择。与此同时，我国的很多学者在研究相关问题时也表达了自己的观点。许宁宁（2002）认为，中国经济的发展的确让东盟国家看到了中国的活力和增长势头，看到了中国的大市场，这是他们敢于依靠中国的一个重要前提。曹云华（2002）指出，东盟国家都意识到，中国已经成为亚洲经济的快速列车，谁能搭上这趟快速列车谁就有一个光明的前景。曹云华（2003）还指出，面对一个强大而具有潜力的中国，东南亚国家只能采取积极的姿态与中国合作，因为合作更符合东南亚国家的利益。而赵琼（2004）认为，东盟为了摆脱困境，实现经济的再次腾飞，将目光投向了经济日益强盛的中国，中国巨大的市场和地缘优势为东盟经济找到了更大的发展空间，因此，东盟各国采取积极的态度加强与中国的全面经贸合作。

至于东盟在与中国的经济合作中得到的实际收益，很多学者已经形成这样的共识，即东盟与中国的经济合作极大地推动了东盟国家对中国的出口。江瑞平（2006）、陈康（2005）、陆建人（2007）、闫波（2007）等学者都表达了这样的观点：中国强劲的经济增长产生了大量的需求，与中国的经济合作（以建设中国—东盟自由贸易区为主要特征）增加了东盟对中国的出口，而出口的增加推动了东盟国家的经济增长。

综上所述，现有文献对东盟与中国经济合作的动机和现实收益给予了合理的分析，对以后的研究很有借鉴意义。但现有文献也存在不足。首先，现有文献没有对东盟的合作动机和现实收益给予很好概括。其次，现有文献在分析深度上也存在不足，而这些缺陷都是没有对问题进行针对性研究所产生的必然结果。另外，现有文献的一个不足是，未能用定量方法对其观点给予验证，数据不足是导致这种状况的主要原因。本书的研究会努力克服这些不足。

第五节　中国的策略

不难理解，扩大和优化日本投资的策略基本上适用于所有外来投资，反过来说，针对所有外来投资的策略也适用于日本投资。事实上，一些学者所提出的针对日本投资的策略和针对所有外来投资的策略根本没有区别。正是基于这个理由，在此一样把有些学者研究外来投资策略的文献纳入本书的述评对象，并且按照从一般到个别的顺序将其放在了前面。

对于从一般意义上探讨扩大和优化外来投资的策略，本书综合邵望予（1994）、陈飞翔（1995）、黄莞苓和赵进（2001）等人的观点，具体表述如下。

（1）加大市场化改革力度，改善宏观和微观投资环境

加入 WTO 后，我国要按照市场经济规律深化和加快国企改革，使国企适应市场经济的变化，适应国际惯例的要求，为外资的进入提供有效的载体。与此同时，要加快市场化改革的进程，取消那些实际上并不有效或执行成本大于收益的对外资的限制措施，如对跨国公司利润汇回的限制措施就常常因跨国公司之间调拨定价策略的实施而失效，并为外资企业的经营提供配套的要素和服务，其中包括建立符合国际惯例的立法和司法制度、会计审计制度、市场经济秩序和履行契约的程序等，以使我国市场经济体制逐步与国际惯例接轨，为外资进入提供更好的体制条件。

（2）合理引导外商直接投资的投向，优化投资结构

现阶段我国国民经济发展中的突出矛盾主要表现为基础产业和基础设施发展的不足制约了其他行业的发展。针对基础设施、基础产业投资额大、建设周期长、投资回收慢等特点，运用税收减免、信贷担保、加速折旧等多种经济手段来引导和吸引外资投向能源、交通、环保等基础产业和基础设施。同时要采用多种形式积极引导外资投入高新技术产业，并加快外资进入我国高新产业的速度。促使外商投资与我国产业结构优化更好地结合起来，并且逐步引导外商投资向中西部发展，引导一批外国的战略投资者参与西部开发。

（3）完善市场法规，加强对外商直接投资的管理

第一，要加强对外商投资项目的研究。第二，建立和完善资产评估制度，防止外资转移企业利润导致中方资产流失。第三，防止大型跨国公司可能形成的行业垄断对我国市场造成冲击、危及我国的经济安全。第四，对外资注册资本依法监督检查。

（4）加强社会基础设施建设

除部分经济发达的中心城市以外，我国很多地区的社会基础设施仍然很不完备。所以，要以经济中心城市为重点，继续加强机场、港口、铁路、公路以及信息、通信设施的现代化建设，使中心城市和国内各地区的交通、通信更为便捷，为外商投资进入内地创造条件。

（5）创新外商直接投资方式

中国加入 WTO 以后，新的国际环境要求我国改革传统的投资手段，逐渐适应并采用全球流行的兼并收购、资产重组等新的投资方式，以简化外商投资的手段，缩短从投资到形成生产力的时间，降低投资的成本。可以把开放与改革结合起来，充分发挥现有企业资源的作用，优化资源配置。同时，可以加强资本市场的监管与调控力度，在有效规避风险的情况下实现国内资本市场与国际资本市场的接轨。

对于从个别意义上探讨扩大和优化日本投资的策略，刘昌黎（1998）做出了最为充分的论述。[①] 笔者去掉了刘昌黎论述中较为一般的和上述文献基本相同的内容，将对日本投资具有针对性的策略表述如下。

（1）争取在华日本企业的再投资

再投资是当前国际直接投资的新特点，在日本对外直接投资中也占有重要的地位，尤其是 1990 年代前期，海外日资企业的制造业再投资额已超过了日本财务省（原大藏省）申报额的规模。因此，今后我国在吸引日本直接投资时，除关注新的客户外，还要把目光投向身边的在华日资企业，使其扩大再投资。鉴于再投资主要取决于当地经营的效益和发展前景，所以一定要以国民经济持续、稳定、快速的发展为中心，为外商创造越来越好的投资环境，确保其经济效益不断提高，从而使其对现状满意，对未来充满信心，把经营利润用于再投资。

（2）鼓励日本企业对国有企业的收买和合并

国际的企业收买和合并已成为国际直接投资的主要形式。1990 年代中期以来，日本对亚洲各国企业的收买和合并迅速增加。由于我国国有企业，特别是大型国有企业的性质和地位，所以在

---

① 刘昌黎：《日本对华直接投资研究》，东北财经大学出版社，1999。

改革开放之初，我国政府没有认真考虑过向外商出售国有企业的问题。然而，随着我国国有企业改革的深入，特别是国有企业实行股份制改革以来，向外商出售部分国有企业的可能性越来越大了。所以必须加快国有企业的改革，减轻国有企业的沉重负担，以利于日本企业的收买和合并。同时，还应该研究国际企业收买、合并的规律，以便有针对性地解决收买、合并中的有关问题。

（3）进一步认识日本对外直接投资的发展规律

对欧美的投资表明，日本制造业投资的扩大和再投资以商业投资和金融业投资为条件。相比之下，由于日本对华直接投资中非制造业投资滞后，商业投资和金融业投资都没有太大的发展，没有形成完备、方便的流通渠道和资金筹措渠道，制约了日本对华直接投资的扩大和再投资。因此，今后在继续坚持以制造业为中心吸收日本直接投资的同时，要逐步放开第三产业，特别是商业和金融业的投资领域，适当扩大商业投资和金融业投资。也就是说，只有遵循日本对外直接投资发展的规律，既有重点又兼顾全面，才能真正迎来日本对华直接投资大发展的新局面。

可以看出，上述文献在研究策略时没有注意到东亚国家的特殊关系，没有注意到日本对东亚投资的历史和现状，进而没有注意到在吸引日本投资方面中国和东亚其他国家的竞争关系。所以，上述文献中所提出的策略就不可能做到全面，这也正是上述文献的缺陷。

第二章

大背景：日本对外投资的
发展与评价

正如题目所显示的那样，本书研究日本对中国投资的变化及影响。然而为了很好地实现研究目的，不能独立地研究日本对中国投资。很明显，日本对中国投资是日本对外投资的有机组成部分，其变化是日本对外投资整体战略演变的必然结果和历史进程的延续。因此，研究日本对外投资将为研究日本对中国投资提供一个重要的大背景，有助于全面而准确地把握日本对中国投资及其相关问题。事实上，本书在研究日本对中国投资时始终没有脱离东亚的大环境及其在东亚国家间（尤其是中国和东盟）产生的相互影响，这样做不仅可以更全面地认识日本对中国的投资，而且也可以感觉到，这根本就是研究日本对中国投资不可缺少的条件。后面的研究也可看到，东亚始终是日本对外投资最重要的地区之一，而日本对中国的投资相对于日本对东亚其他国家的投资而言，扮演了一个越来越受关注的角色。

第一节　日本对外投资的发展历程

在人们探讨日本对外投资的时候，一个最受关注的词汇和现象就是"广场协议"（Plaza Accord）。因为在"广场协议"的作用下，日本对外投资开始了与此前显著不同的大规模增加。在后面的研究中可以看到，日本对中国的大规模投资也开始于"广场协议"发生的 1985 年。"广场协议"的核心是美国为了改变对日贸易逆差而迫使日元升值，它对日本的影响不仅在日本对美国的贸易上，从当前来看，它对日本的海外投资进而对整个日本经济的发展都产生了重大而深远的影响。因此，很多人将 1985 年作为研究日本对外投资历程的起点，至少将 1985 年之后的日本对外投资作为研究的主要内容。本书对此给予了同样的重视，但正因为 1985 年（"广场协议"）之后的日本对外投资已经存在较多的研究成果与共识，且笔者需要考察日本投资重点向东亚以及中国转移的过程与原因，所以本书对1985 年之前的日本对外投资历程给予了侧重的研究。也正是基于此，本书选择了更长的时间序列数据来展现日本的对外投资历程（见图2 - 1)，并以"广场协议"为分界点给予分别阐述。

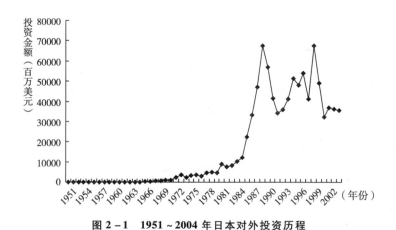

图 2 - 1　1951 ~ 2004 年日本对外投资历程

一　"广场协议"之前的日本对外投资

对于"广场协议"之前的日本对外投资，有三个时间作为阶段性的标志非常值得关注，即日本对外投资开始的 1951 年，作为日本经济转折点和对东亚投资步入正轨起始点的 1965 年，及日本对外投资第一次大规模增长开始的 1972 年。但同时也注意到，由于"广场协议"之前的投资金额相对于之后的投资金额太小，在一个趋势图中很难考察"广场协议"前日本对外投资的变化，所以截取了图 2 - 1 中 1951 ~ 1983 年的片段来单独研究（见图 2 - 2）。下面以此为依据给予分别描述。

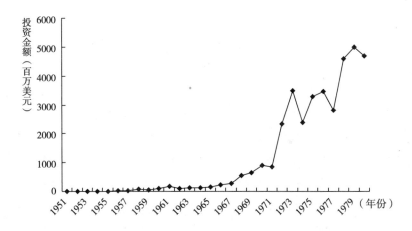

图 2 - 2　1951 ~ 1980 年"广场协议"前的日本对外投资变化

　　一般认为，1951 年日本针对印度电缆制造技术的合作是日本对外投资的开始。然而，由于当时日本仍然处于战后经济恢复阶段，发展经济的压力让日本将对外出口作为了其最主要，甚至唯一的对外经济活动。很显然，出口可以为日本带来购买技术等生产要素所必需的外汇，而对外投资在当时的经济状况下并不受重视。因此也就可以理解，随后逐渐兴起的对外投资的一个主要原因也是为出口提供便利。在当时，美国是日本的主要出口市场，因此日本对外投资起始阶段（主要指 1950 年代前半期）的一个重要特征就是在美国建立大量综合贸易商社。尽管在此期间日本也有诸如对亚洲和欧洲的少量投资，但对美国的综合商社的投资占了日本对外投资的绝大多数，以至于从整个 1950 年代，日本对美国的投资超过了对除北美洲以外任何一个大洲的投资。从 1950 年代后半期，尤其是 1958 年开始，日本对外投资的另一个重要目的开始显现出来，即取得资源。日本是一个资源匮乏的岛国，在其经济发展的过程中，尤其是经济发展水平达到一定高度的时候，大量的资源需要从国外取得。当然，取得外部资源的主要途径有两种：一是进口，二是对外投资。对日本来说两者都是重要的方式，但是随着资源输出国（一般是发展中国家）民族意识的觉醒，通过进口取得资源越来越难，而通过对外投资方式则显得更加便利。此时日本取得资源的对外投资集中在南美洲，以巴西为中心。应注意到，南美洲不仅是自然资源丰富的地区，而且当时南美洲各国的收入水平都比较高，同样也是日本国内产品出口的重要市场。因此，就很自然地看到下面的比较数据，在 1951～1960 年日本对外投资的累积金额中，美国作为第一位占 40%，南美洲作为第二位占 37%，两者之和超过了总额的 3/4。与此同时，日本对亚洲的投资占总额的 21%，而对欧洲的投资仅占 1.5%。从产业结构来看，在 1951～1960 年日本的对外投资中，矿业投资金额占投资总额的比重最大，为 31%，接下来的次序是：木制品（包括纸制品）投资（18%）、商业投资（14%）、纤维制品投资（10%）、运输机械投资（5%）。尽管商业投资在投资金额上只占 14%，但从投资件数看，商业投资却占据绝对地位（55%）[①]，这反映了商业投资相对于制造业投资单位投资较少的特点。所以，此时日本对外投资的产业分布同样充分地显示了上述日本对外投资的两个目的。

进入 1960 年代，日本的对外投资又出现了一些新的变化，其

---

① 日本经济产业省：《财政金融统计月报》，1973 年 9 月。

中一个新的变化就是日本加快了对亚洲，尤其是东亚地区的投资步伐。当然，这一时期日本对外投资的总体趋势仍然没有改变，美国和南美洲仍然是日本对外投资的最重要地区。而且，相对而言，日本加大了对南美洲的投资扩张，使 1960～1965 年日本对南美洲投资的累计额超过了美国。与此同时，日本在此时期也开始了和扩大了对中东、非洲和欧洲等地区的投资。当然，不可否认的是，此时日本对亚洲投资的增加速度在其对外投资的变化中最为显著。这是亚洲（主要是东亚）第一次在日本的对外投资战略中受到较大的重视，而基于本书研究的侧重性，对这种变化将给予更大的关注。对于这种变化的原因，作者认为以下几个方面尤为重要：首先，亚洲地区（主要是东南亚）同样资源丰富，符合了当时日本对外投资的主要动机及获取资源的要求，对此投资的产业数据可以提供充分的证据，即日本这一时期对东亚的矿业投资占总投资的 1/3；其次，东亚其他国家或地区作为日本的邻居，日本需要将其培养成未来的出口市场和劣势产业转移的基地，这是基于长期战略的考虑；最后，一个最为实际的原因是，东亚国家或地区在此时制定和实施了一些新的外资鼓励政策，如 1960 年 1 月韩国制定了《促进外资引进法》、1960 年 9 月中国台湾制定了《鼓励外资条例》、1960 年 10 月泰国开始实施《鼓励产业投资法》。

　　1964 年（或 1965 年），或者说 1960 年代中期，是日本经济发展的转折点，同时也是日本对外投资的重要转折点。很多日本学者（斋藤优，1985）认为，1960 年代中期是日本经济发展中的转折点，这可以从以下两个最为重要的特征上得到证明：①国际收支在这一时期从赤字转为盈余（1964 年日本国际收支首次转为盈余，1965 年猛增到 10.49 亿美元）；②就业状况从劳动力过剩转为劳动力不足。不难看出，国际收支和就业状况是宏观经济的两个极为重要的方面，而它们表现出来的上述变化恰恰构成了对外投资的推动因素。因此，1960 年代中期是日本经济的转折点，同时也是日本对外投资的转折点。当然，这其中有一个非常重要的推动因素，那就是这一时期日本对海外投资采取的种种优惠政策，其中 1964 年设立的海外投资亏损准备金制度，是这些政策的突出代表，它极大地推动了日本企业对外投资的积极性。而且，与之相应的是，日本对东亚的投资也在此时期步入正轨，这其中对韩国和印度尼西亚的投资是其突出的标志，而对这两国的投资也是这一时期日本对世界投资中的亮点。除了上述日本国内的激励因素，这一时期日本与韩国签订《日韩条约》（1965 年）及印尼颁布《引进合资法》（1967 年）则是上述两个亮点的最直接解释。巧合的是，笔者掌握的全面资料很多都是从 1965 年开始的。

进入 1960 年代后半期，日本对外投资继续并更加以资源开发为重点。在此有一个有趣的现象是，日本对其早期资源开发投资对象南美洲的投资大幅度减少，使南美洲占日本对外投资的比重由 1960 年代前半期的 40% 下降到后半期的 13%。当然，一个直观的原因是，日本有了资源开发投资的很好的替代对象，这就是亚洲和澳大利亚。以澳大利亚为例，日本在那里进行了旨在开发铁矿等的大型投资，使澳大利亚占日本对外投资的比重由 1960 年代前半期的 1% 上升到后半期的 11%。与此同时，随着日本产业结构的升级，日本开始更多地参与发达国家间的生产分工，同时，为了更广泛地占据欧洲市场，日本在此时期对欧洲的投资开始大量增加，使欧洲占日本对外投资的比重由 1960 年代前半期的 4% 上升到后半期的 21%。从产业结构来看，非制造业的矿业投资毫无疑问占据了最大比重，而在制造业投资中，与矿业相关的铁或非铁金属产业占据了最大比重，对电机产业和化学产业的投资则继续保持了上升的趋势。

1972 年是日本对外投资第一次大规模增长的起点，作为日本对外投资发展进程中最为重要的时刻之一，它始终让人印象深刻。

从数据上看，1972 年之前的日本对外投资金额都没有超过 10 亿美元，如 1969 年、1970 年、1971 年的投资金额分别是 6.65 亿、9.04 亿、8.58 亿美元，而 1972 年日本的对外投资金额一举增加到 23.38 亿美元，而且此后的投资金额在此基础上保持了快速的发展，如 1973 年、1974 年、1975 年的投资金额分别是 34.94 亿、23.95 亿、32.80 亿美元。这个现象可以在图 2 - 2 中清晰地表现出来。可以看到，在经历 1971 年以前的缓慢增长后，日本对外投资在 1972 年有一个明显的增加，而且此后开始了明显不同于以前的快速增长，而这个现象同样体现在日本对美国、亚洲等不同国家与地区的投资中。也正基于此，才说 1972 年是日本对外投资第一次大规模增长的起点。至于为什么日本对外投资在 1972 年开始大规模增加，笔者认为以下两个方面的原因最值得重视：①1971 年日本设立了资源开发投资亏损准备金制度。获取资源始终是日本对外投资的重要目的之一，在对外投资早期尤其是这样，这在前面的论述中已有非常清楚地反映，所以资源开发投资亏损准备金制度的设立大大地提高了日本企业对外投资的积极性。②作为美国归还冲绳的代价和履行美日共同声明的承诺，日本开始了对作为美日战略伙伴的东亚国家的大规模投资。从图 2 - 2 可以看到，正是从这时起，日本对亚洲（主要是上述东亚国家）的投资开始大幅度增加，也是从这时起对亚洲的投资开始超过对美国等地区的投资。

二　"广场协议"之后的日本对外投资

上面曾经提到，日本早期的对外投资有两个主要目的，一是为对外出口提供便利，二是为国内发展提供能源支持。应该说，日本通过对外投资很好地实现了这两个目的。但这也给日本带来了问题，具体到对外出口方面，由于当时日本的主要出口对象是美国，日本对美国的大量出口就意味着美国的大量贸易逆差，而这就是美国推动"广场协议"签署的直接动因。也就是说，美国要通过"广场协议"迫使日元升值，从而抑制日本对美国的出口和扩大美国对日本的出口以减少贸易顺差。应该说，"广场协议"是行之有效的，其后日元相对于美元开始了快速而大幅度的升值。表2-1显示了1985年后日元的升值状况。从表2-1可以看到，在"广场协议"以前，日元兑美元的汇率基本上在1美元兑200~300日元波动，同时也保持了一定的升值趋势。① 1984年，日元汇率是1美元兑251.58日元，而到签订"广场协议"的1985年末，上述汇率变成1美元兑200.60日元，升值幅度达20%以上。此后，日元在一个很高的幅度下持续升值，在10年后的1994年，上述汇率变化为1美元兑99.83日元，突破了1美元兑100日元的大关。

表2-1 日元相对美元升值过程（年终值）

单位：日元/美元

年份	汇率	年份	汇率	年份	汇率
1974	300.95	1984	251.58	1994	99.83
1975	305.15	1985	200.60	1995	102.91
1976	293.00	1986	160.10	1996	115.98
1977	240.00	1987	122.00	1997	129.92
1978	195.10	1988	125.90	1998	115.20
1979	239.90	1989	143.40	1999	102.08
1980	203.60	1990	135.40	2000	114.90
1981	220.25	1991	125.25	2001	131.47
1982	235.30	1992	124.65	2002	119.37
1983	232.00	1993	111.89	2003	106.97

资料来源：日本银行调查统计局历年《经济统计年报》、《金融经济统计月报》。

---

① 事实上，1970年以前日元相对于美元的汇率在固定汇率制下长期保持在1美元兑360日元的水平。

尽管此后日元没再进一步升值，但其汇率维持在了 1 美元兑 100 日元左右的水平。相对于"广场协议"之前的 1984 年，日元的升值幅度达到了 60% 以上。可想而知，这样大幅度的日元升值，形成了日本对外出口的障碍并对日本对外投资形成了巨大的推动力。

图 2 - 1 可以非常直观地看到了"广场协议"后日本对外投资的迅猛发展的态势。恰如作者想要展现一个长期的完整的日本对外投资的变化历程一样，图 2 - 1 在一个长达 40 年的时期内显示了日本对外投资的变化。有意思的是，在这个并非随意选定的 40 年中①，签订"广场协议"的 1985 年作为中点将日本对外投资分成了截然不同的两部分。1985 年之前的日本对外投资金额一样有着快速的发展与变化，但由于相对于 1985 年之后的投资金额而言太小，所以之前的日本对外投资的曲线只能保持在接近于 x 轴的位置。这也反过来衬托了 1985 年后日本对外投资金额的急剧增加。从图 2 - 1 可以清楚地看到，1985 年之后的日本对外投资曲线相对于之前的曲线高出很多。有一组数据能够和这种趋势相互印证，1965 ~ 1984 年日本对外投资金额的总和是 706.41 亿美元，而"广场协议"之后的 5 年间（1985 ~ 1989 年）日本对外投资金额的总和是 1824.64 亿美元，也就是说，日本对外投资在"广场协议"之后 5 年的累积额是"广场协议"之前 20 年累积额的 2.58 倍；如果将日本对外投资在"广场协议"前后两个 20 年的累积额进行比较，则后者是前者的 12.52 倍。由上面的分析可以看出，"广场协议"构成了日本对外投资过程中最为重要的推动因素。

不妨专门考察一下"广场协议"后日本对美国的投资。尽管美国倡议签订"广场协议"的主要目的是减少相对于日本的贸易逆差，但从事实来看，"广场协议"并没有明显改变美国的贸易状

① 上面曾经谈到，选择 1965 年做数据描述的起始点是因为 1965 年（或者说 1960 年代中期）是日本经济的转折点，也是日本对外投资的转折点。

况。然而，并没有被准确预料到的是，日本对美国以及一些采取盯住美元汇率制度的国家的直接投资开始大幅增加。后面的研究可以知道，日本对中国的投资同样在此时开始了大幅度的增加。图 2-3 可以清晰地看到"广场协议"对日本对美国投资的影响，同时也可以看到日本对美国投资与对世界投资的关系。值得注意的是，图 2-3 中"广场协议"后日本对美国投资金额的曲线与对世界投资金额的曲线惊人的相似，由此可以相信，对于由"广场协议"激发的日本对外投资的扩张，美国是最大的受益者。

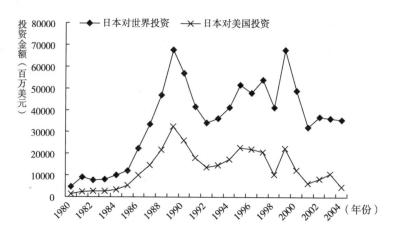

图 2-3 1980～2004 年后日本对美国投资与对世界投资的比较

对于"广场协议"后的日本对外投资发展过程，有两个时间应该值得关注：一是日本"泡沫经济"崩溃的 1990 年，二是发生东亚金融危机的 1997 年。这两个事件都使日本对外投资在快速发展的进程中遭遇挫折。"广场协议"推动的日元升值使日本对外投资急剧扩张，几年之内就达到了日本对外投资的最高额，即 1989 年的 675.4 亿美元，然而日元升值也给日本国内经济带来了问题。日元升值使日本国内资本以及一些国际资本流入证券市场和房地产市场，造成了虚拟经济的膨胀，并且与实体经济日益脱离。从经济规律上讲，这种脱离带来的经济泡沫必然崩溃或剧烈调整，而当时日本政府的一些政策失误加剧了这个过程，这就出现了所谓的 1990 年日本"泡沫经济"的崩溃。"泡沫经济"的崩溃使日本银行业以及与之相关联的各种产业都遭到了严重打击，从此日本经济进入了"失去的十年"。当然，在这种打击下，日本的对外投资出现了急剧的减少。然而，应该想到，日本对外投资不可能像日本经济那样进入"失去的十年"，而是恰恰相反，一些国内投资者在遭受重创后反而会寻求将资本投向国外，尤其是在日本国内经济持续低迷的情况下。所以，像在图 2-1 中显示的那样，尽管日本对外投资在"泡沫经济"崩溃的打击下连续三年（1990～1992 年）大幅度减少，但在 1993 年后又开始很快地回升。应该说，1993 年后的日本对外投资又进入了一个快速发展的时期，这次快速发展的势头一直延续到发生金融危机的 1997 年。1997 年是"广场协议"后日本对外投资的又一个发生转折的重要时刻。东亚金融危机发生在东亚内部，它首先使作为日本主要投资对象的东亚国家的经济遭到严重破坏，同时也进一步恶化了日本经济，这两个原因都导致了日本对外投资的减少。在此，有必要更多地讨论一下东亚国家经济环境的破坏，这导致了日本海外投资企业的利润率降低，甚至破产。面对东亚一些国家（尤其是东南亚国家）经济环境的破坏，很多日本企业减少了投资，甚至将已有的投资转移出去。所以我们看到了一个有趣的现象，在日本对东亚投资减少的同时，对欧洲等地区的投资反而出现了不同程度的增长。当然，从总体上看，东亚金融危机导致的内部和外部环境的变化还是使日本对外投资在总体上开始减少，尽管后来的部分年份有所反弹，但总体水平再也没有达到"泡沫经济"崩溃前和东亚金融危机前的水平。

下面也不妨考察一下"广场协议"后日本对外投资产业结构的变化。正如上面描述的那样，日本早期对外投资以扩大出口和获得资源为主要目的，因而"广场协议"之前的日本对外投资的产业结构中矿业投资和商业投资占据最大的比重。上述两个产业往往被划入非制造业，而在制造业的对外投资中，与上述矿业投资密切相关的金属产业投资则占据最大比重。然而，"广场协议"后日本对外投资的产业结构是否发生变化了呢？答案应该是肯定的。下面同样在将所有产业分成两大部分的基础上给予分析。首先看包括矿业和商业的非制造业，图2-4显示了其内部各产业投资额的变化。可以看到，在"广场协议"签订前的几年，矿业投资和商业投资仍然占据着日本对外非制造业投资的最大比重。在投资总量并不很高的情况下，对它们的投资远远高于金融保险业和服务业。这种状况在1985年"广场协议"之后就发生了明显的变化。在图2-4中可以清楚地看到，1982年，曾处于第一位的矿业投资，在1985年之后相对于其他三个产业一直处于最后一位；商业投资虽然有所上升，但仅仅能和服务业投资处于相当的水平，而相对于金融保险业投资却已差距甚远。也就是说，传统的日本对外投资最多的两个产业再也不能位居首位。再来看日本的制造业对外投资。在此，我们最关心的是金属产业投资相对于其他产业投资的变化，作为与矿业密切相关的产业，日本对外金属产业的投资曾经占据制造业投资的首位。从图2-5可以看到，1980~1984年，日本对金属产业的投资连续大于对化学产业和运输机械产业的投资，事实上，在此期间日本对金属产业的海外投资的确占据了对制造业海外投资的最大比重。接下来的一个明显的变化是，在签订"广场协议"的1985年，日本对外金属产业的投资就开始迅速减少，因而其投资额就已经低于仍在上升的对运输机械产业的投资额。接下来的发展趋势更加明显，1986年，日本对外投资中金属产业投资额始终低于化学产业和运输机械产业的投资额，事实上它也明显低于对电器机械产业的投资额，但由于电器机械产业投资的数据波动较大，不便绘入趋势图中而未做更多比较。综合上面日本对外制造业和非制造业投资变化的分析，可以得出结论，即"广场协议"后日本对外投资的产业结构发生了巨大变化。具体地讲，"广场协议"前以矿业、商业以及金属业为主要对象的投资产业格局已经发生变化，代之而起的是以金融保险业、服务业、化学产业、运输机械产业为主要对象的投资。

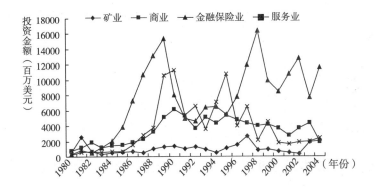

图 2 - 4　1980～2004 年日本对外投资产业结构变化（非制造业）

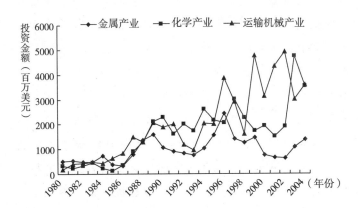

图 2 - 5　1980～2004 年日本对外投资产业结构变化（制造业）

第二节 日本对外投资的区域变化

正像本章开头所说的那样，研究日本对外投资为研究日本对中国投资提供了大背景，而东亚作为中国所在的并与中国联系最密切的地区，研究日本对中国的投资必须在充分认识中国与东亚国家相互作用的基础上更多地关注日本对东亚地区的投资。这是本研究的一个侧重，对此，本书要通过研究日本对外投资的区域变化来体现。具体做法是将日本对亚洲（以东亚为主）的投资与日本对美国、欧洲等世界经济发展重要地区的投资进行比较，而比较的内容主要是投资总额和投资产业结构两个方面。

一 日本对亚洲、美国、欧洲投资金额的相对变化

在上一节，为了对日本早期对外投资的历程给予详细的说明，本书详细地描述了日本早期对外投资的主要目的及其投资在各地区之间的变化。概括地讲，日本早期对外投资的主要目的有两个，即扩大出口和获得资源。在此动机之下，作为最大出口市场的美国和资源丰富的南美洲成为日本早期对外投资的两个主要的地区。然而随着各种条件的变化，欧洲成了另一个日本为扩大出口而投资的重要地区，而亚洲则替代南美洲成为了日本进行矿业投资最多的地区。也正如第一节中描述的那样，这些变化经过了几个重要时刻，如 1960 年代，尤其是 1965 年左右的日本经济结构的转折。事实上，对于这一时期日本对各地区的投资，虽然没有像后面其他时期那样的详细年度数据，但幸运的是，可以用包括上述各个重要时期的累计数据给予描述。从表 2 - 2 可以看出，日本早期的对外投资以北美洲（主要是美国）和南美洲为主，截至 1968 年，上述两个地区占日本对外投资的比重最大，

分别为 28.5% 和 21.4%。也就是说，在当时日本对上述两个地区的投资就占到了其对整个世界投资的一半以上。但也如上一节所分析的，由于日本对其他地区投资的增加，尤其是亚洲等地区对南美洲的日本矿业投资的替代，上述两个地区占日本对外投资的比重在此期间有一个下降的趋势。从已掌握的年度数据来看，从 1967 年开始，日本对亚洲的投资已经超过了对南美洲的投资，而且再也没有被后者超过（见表 2－3）。从表 2－2 中还可以看到，截至 1968 年的日本对外投资累计额中，欧洲占 10.7% 而中东占 13.9%。考虑到当时美国是日本主要的出口市场而中东是日本获得资源的主要对象，对中东投资的累计额所占的比重超过欧盟也并不奇怪。而且有意思的是，在年度数据上欧洲所占的比重也是在 1967 年超过了中东，从此后者再也没有超过前者（见表 2－3）。上面的分析让人们看到了早期日本对外投资的地区变化，同时也给了人们一个认识，即从长期来看，美国、亚洲、欧盟是日本对外投资最多的三个地区。这也是下面的研究中采取三者进行比较的理由。

表 2－2　日本早期对外投资地区分布（1968 年累计）

单位：百万美元，%

地区	北美	南美	亚洲*	欧洲	中东	非洲	大洋洲	合计
累计值	552.545	413.640	365.446	207.008	268.349	60.262	69.446	1936.696
比重	28.5	21.4	18.9	10.7	13.9	3.1	3.6	100

*　日本财务省（原大藏省）1969 年《财政金融统计月报》提供的是对东南亚投资的数据，本处对亚洲投资的数据是根据日本财务省（原大藏省）1973 年《财政金融统计月报》数据计算而来。

资料来源：日本财务省（原大藏省）《财政金融统计月报》，1969 年 9 月。

表 2 - 3　1965 ~ 1973 年日本对外投资地区分布

单位：百万美元

地区 \ 年份	1965	1966	1967	1968	1969	1970	1971	1972	1973
北美	44	109	57	185	129	192	230	406	913
美国	33	71	53	145	119	94	216	356	801
南美	62	55	44	40	100	46	140	282	822
亚洲	35	28	93	78	197	167	237	401	998
东亚"四小龙"	5	9	17	17	40	60	96	227	449
东盟四国	27	16	73	59	71	105	138	172	544
中东	11	25	20	28	38	28	36	236	110
欧洲	5	2	31	153	93	335	84	935	337
非洲	2	4	2	43	18	14	21	34	106
大洋洲	0	4	27	31	89	123	110	42	208

资料来源：日本财务省网站统计资料和财务省政策研究所《财务评论月报》，2005。

　　正如第一节所说，1960 年代中期（1965 年前后）是日本经济的转折点，是日本对外投资的转折点，同时也是日本对亚洲（主要是东亚）投资开始步入正轨的时刻。图 2 - 6 和图 2 - 7 看到了这样的现象，在"广场协议"（1985 年）前很长的时间内，日本对东亚的投资多次超过对美国和欧洲的投资。图 2 - 6 显示的是 1965 年后日本对三个地区投资的全部变化历程，但由于"广场协议"后的投资额较大而使之前相对较小的投资额在趋势图中不便观察，所以我们将图 2 - 6 中"广场协议"前的片段独立出来以便观察（图 2 - 7）。从图 2 - 7 中可以看到，在 1965 ~ 1984 年的 20 年时间里，日本对亚洲的投资有 11 年超过对美国和欧洲的投资；

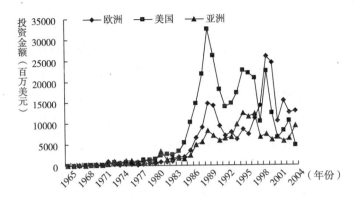

图 2 - 6 1965 ~ 2004 年日本对美国、欧洲、亚洲
投资的变化与比较

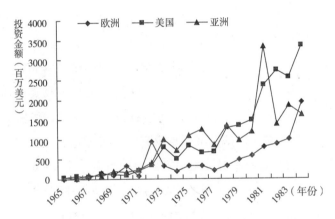

图 2 - 7 1965 ~ 1984 年日本对美国、欧洲、亚洲
投资的变化与比较

尤其是 1973 ~ 1978 年连续六年超过美国和欧洲排在第一位，这可谓日本对亚洲投资增长的"黄金时期"。在此，不妨从日本的角度考虑一下这个"黄金时期"背后的原因，或者说是什么原因影响了这一时期日本对亚洲的投资。很显然，1971 年日本设立资源开发投资亏损准备金制度应该是一个最为重要的原因。上面提到，从 1960 年代中期开始亚洲已经成为日本资源投资的首要对象，而

另一个重要问题是，日本的资源开发投资在亚洲（尤其是东南亚）遭遇了最严重的民族主义[①]。所以，这一制度的实施消除了一些有意对亚洲进行资源开发投资的日本企业的后顾之忧，在整体上推动了日本对亚洲的投资。另一个重要的原因则应该是日本响应美国加大对东亚一些国家投资的要求，而这是日本付出的美国归还冲绳的代价和履行的美日共同声明的承诺。总的来讲，这一时期日本国内政策和战略的变化使亚洲成了日本对外投资的最青睐对象。

1985 年（"广场协议"签署之年）无疑是日本对外投资规模变化的重要时刻，同样也是日本对外投资地区分布变化的重要时刻。前面已经详细讨论了"广场协议"对日本对外投资的巨大影响，而在图 2-6 中一样可以看到这样的态势，而且可以看到，美国在日本对外投资方面是最大的受益者，它接受的日本投资金额曲线远远高于其他地区并且和日本投资总额曲线极其相似；而欧洲是另一个重要的受益者，它在这一时期接受日本投资金额的曲线在很多时候都大大高于亚洲。同时我们也注意到，经历了"广场协议"，日本对亚洲的投资再也没有前一时期的相对优势，而且再也没有同时超过日本对美国和对欧洲的投资。图 2-6 清楚地显示出，很多时候日本对亚洲的投资与日本对另外两个地区的投资相比差距甚远，这也从一个侧面反映了"广场协议"的影响力。然而也可以理解，"广场协议"是美国以及三个欧洲国家与日本签订的，因而"广场协议"所引起的日元升值会更多地带动日本对这些国家的投资。因此也可以做出总结，这一时期日本国内外政策和环境的变化使美国和欧盟成了日本对外投资的最大受益者。

上面谈到，"广场协议"后日本对亚洲的投资再也没有同时超

---

① 在此，所谓民族主义即指对外国公司开发本国资源的抵制。对日本的资源开发投资来说，民族主义最严峻的地区是东南亚。参见（日本）中央大学经济研究所编《战后日本经济——高速增长及其评价》，第 289 页。

过日本对美国和对欧洲的投资。这很明显是"广场协议"的作用，对此上面已做了清楚的分析。然而，还有一个因素在近期维持这种趋势方面起了重要的作用，那就是 1997 年的东亚金融危机。事实上，1990 年日本"泡沫经济"崩溃之后，美国、欧洲等发达国家同样陷入了经济衰退之中，日本对亚洲的投资曾有一段连续的增长，并在几年的时间内都超过欧洲（见图 2-6）。东亚金融危机彻底扭转了日本对亚洲投资上升的势头，并且使一些潜在投资转移到了欧洲，使日本对欧洲的投资再次大大超过了亚洲。因此，对于又一个日本对外投资面临的国内外环境的重大变化，亚洲再次没有成为日本投资的青睐对象，反而遭遇了挫折。

总的来说，日本对亚洲的投资在其早期的激励政策下获得了很大的发展，但在中后期的"广场协议"签订和东亚金融危机的背景下却没有获得足够的激励，甚至遇到了一定的障碍。但无论如何，亚洲（尤其是东亚）都是日本对外投资的主要对象，而且随着世界经济区域化进程的加深和东亚地区经济的快速发展，日本投资者对亚洲的青睐程度会越来越高。

二　日本对亚洲、美国、欧洲投资的产业变化

在本章第一节描述日本早期对外投资变化的时候，相应地描述了日本对几个主要地区投资的产业变化，给人的一个总体印象是：日本对美国和欧洲的投资以能够帮助出口的商业投资为主要内容，而对亚洲等地的投资以能够获取资源的矿业投资为主要内容。然而，随着时间的推移和各种条件的变化，日本对这些地区的投资产业结构发生了什么变化呢？这是在此要研究的问题。当然，由于侧重于研究对亚洲投资产业结构的变化，所以同样采取上述三个地区比较的方式。

还是先从早期的日本投资谈起，不过不再把时间段划分得很细。如前所述，1972 年是日本对外投资第一次大规模增长的开始，

所以首先以 1972 年作为时间点来研究之前的日本对不同地区投资的产业结构。表 2 - 4 显示了相关的数据。从表 2 - 4 中可以看到，从开始到 1972 年的日本投资中，非制造业投资仍占据了绝对比重，达 73.0%，也就是说，非制造业对外投资基本上是制造业对外投资的 2.7 倍。同时我们也能看到，日本的对外非制造业投资主要是在北美洲（以美国为主）和欧洲，它们这两项投资的累计额分别高达 1211 百万和 1577 百万美元，而排在第三的对亚洲的非制造业投资仅为 645 百万美元，其他各地区的非制造业投资则更少，均不足 500 百万美元。也正因为日本对亚洲的非制造业投资相对较少，反而使其得到的制造业投资高于非制造业投资，这也是一个相对于前两个地区较为特别的现象。

在非制造业投资中，矿业投资是最大的一项，它几乎占到了非制造业投资的一半。而相对于日本对外投资总额，矿业投资所占的比重为 35.1%。因此，矿业无疑是早期日本对外投资的最重要产业。按照前面的分析，获得资源是日本早期对外投资的两个主要目的之一，上述数据给予了很好的证明。前面的分析也提到，日本进行矿业投资的主要对象首先是南美洲，而后逐渐被亚洲、澳大利亚等地所替代，然而表 2 - 4 中的数据却显示欧洲是最大的矿业投资对象，其投资额达到了 824 百万美元，是对亚洲矿业投资的约 2.2 倍。事实上，这是由一个特殊情况造成的：1972 年，日本以取得股份的方式向英国石油开发公司进行了 780 百万美元的巨额投资，使日本对英国的投资累计而达到 1410 百万美元，超过美国成为第一投资对象国，而欧洲也成了日本矿业投资最多的地区，图 2 - 7 中日本对欧洲投资明显高于对美国和亚洲投资的状况就是由此事件引起的。如果忽略上述特殊情况，就会发现前面的分析没有错误，在三者的比较中，日本对亚洲的矿业投资高于对美国和欧洲的投资。也就是说，亚洲是早期日本矿业投资的重要地区之一，而在此期间日本对亚洲投资的快速增长都是以此产业为主

要对象。在日本对外的非制造业投资中，另一个占据较大比重的是商业投资，它在日本对所有产业的投资中也排在第二的位置，

表 2-4 日本对各地区投资产业结构（1972 年以前累计）

单位：百万美元,%

产业\地区		北美	欧洲	亚洲	南美	中东	非洲	大洋洲	合计	比重
制造业	粮食	12	8	35	18	—	4	22	99	1.5
	纤维	10	1	292	90	—	22	2	417	6.4
	木材、纸浆	218	—	31	10	—	—	37	296	4.6
	化学	13	18	44	57	—	1	7	140	2.2
	金属	2	10	70	117	—	1	37	239	3.7
	机械	21	15	30	60	1	—	1	128	2.0
	电机	29	3	101	33	2	1	3	172	2.7
	运输机	0	4	33	97	1	—	7	142	2.2
	其他	7	5	88	13	3	1	1	118	1.8
	合计	312	64	724	495	7	32	117	1751	27.0
非制造业	农林业	6	0	59	10	0	—	8	83	1.3
	渔业	3	0	17	11	0	11	7	49	0.8
	矿业	202	824	371	165	377	85	250	2274	35.1
	建设业	8	1	7	31	—	0	0	47	0.7
	商业	569	76	39	48	1	1	23	757	11.7
	金融保险业	200	123	79	120	3	1	16	542	8.4
	其他	223	553	73	106	—	17	8	980	15.1
	合计	1211	1577	645	491	381	115	312	4732	73.0

资料来源：根据日本财务省（原大藏省）1973 年 9 月《财政金融统计月报》整理。

其比重是 11.7%。按照前面的分析，美国以及欧洲是当时日本最需要开发的市场，所以美国和欧洲也是当时日本最主要的商业投资对象，表 2-4 中的数据也证明了这一点，日本对北美地区（以美国为主）的商业投资达 569 百万美元，明显高于其他地区；对欧洲的商业投资为 76 百万美元，排在第二位；而对亚洲的商业投资则很少。

在日本早期对外制造业投资中，占据最大比重的一项是纤维业投资，它占日本对外投资累计总额的比重是 6.4%。纤维业对外投资是日本劳动密集型产业转移中最突出的内容，除了矿业投资外，它是早期日本对亚洲投资的另一个主要内容，而且在后来矿业投资日益减少的时候，纤维业投资仍保持了长时间的增加。表 2-4 显示，1972 年以前日本对亚洲纤维业投资的累计额是 292 百万美元，远远高于北美洲的 10 百万美元和欧洲的 1 百万美元。联想到当时亚洲的整体技术水平，这样大量的纤维业投资是被欢迎的。日本对外制造业投资中另一个亚洲占据最大比重的是电机产业投资，其投资额为 101 百万美元，而该产业在北美和欧洲的投资额分别为 29 百万和 3 百万美元。另外，在运输机产业、机械产业、金属产业和化学产业上，日本对亚洲的投资都超过对美国和欧洲的投资，但同时都低于对南美洲的投资。这更反映了日本当时对美国和欧洲投资的目的集中在为出口提供便利上，也反映了日本当时产业发展与美欧国家存在差距或不具有优势。而且，也正因为上述产业的投资，使得这一时期日本在亚洲的制造业投资超过了非制造业投资。同时，因为上述几个产业是具有较高技术含量的，所以其对亚洲的投资是很有意义的。但遗憾的是，它们的投资额都相对较小。

下面考察"广场协议"后的日本对上述三个地区投资的产业结构变化，这当然是由于资料上的限制，但笔者也认为，此处的研究可以在较大时间跨度上进行比较，而不像对投资变化历程研

究那样对数据的连续性有严格的要求。事实上，笔者有 1989 ~
2004 年日本对上述各地区及其具体国家投资的产业结构的所有数据，因受篇幅的限制，只选择了上述三个地区 4 个年度的数据进行对比。而且，由于侧重于比较日本对上述三个地区投资的产业状况，且对前期的考察采用的数据是累计金额，所以没有再改变表2 - 5中的数据的单位（即百万日元）。

首先来看 1989 年的状况。1989 年，日本对外的非制造业投资仍然超过制造业投资，但相对差距已经缩小。具体到对美国、欧洲和亚洲的投资，一个明显不同于以前的现象是，日本对亚洲的非制造业投资也超过了制造业投资。在非制造业投资中也有明显的变化，即矿业和商业不再是最大的投资对象，代之而起的不动产业投资、服务业投资和金融保险业投资要比前两者的投资大得多。这是一个惊人的变化，而且对美国、欧洲和亚洲都是这样。对此，可以看几个表 2 - 5 中的具体数据：矿业作为早期日本对亚洲和欧洲投资最大的产业，在 1989 年日本对上述两个地区的矿业投资分别为 285 百万和 415 百万日元，分别在非制造业投资中排在第 7 位和第 5 位，分别相当于第 1 位产业（亚洲为不动产业，欧洲为金融保险业，见图 2 - 5）的投资额的约 1/5 和 1/21。对亚洲来说，这个变化更加突出和有意义。因为随着经济发展水平的提高，非制造业的投资会越来越需要，至少非制造业投资要和制造业投资均衡发展。日本对三个地区的制造业投资同样发生了很大变化，一个显著的特征是，亚洲在很多原来被投资较多的产业上几乎都被美国和欧洲超过，仅仅在对纤维产业的投资上亚洲还高于美国和欧洲。但是纤维产业属于劳动密集型产业，对亚洲的纤维产业投资相对较多并不具有非常重要的意义。对亚洲来说，日本的电器产业投资保持了较快的发展趋势，但相对于美国来说仍然相差甚远。具体来说，日本对亚洲的电器产业投资从早期相当于美国

表 2－5　1989～2004 年日本对美国、欧洲、亚洲投资产业结构

单位：百万日元

		1989			1994			1999			2004		
		美国	欧洲	亚洲	美国	欧洲	亚洲	美国	欧洲	亚洲	美国	欧洲	亚洲
制造业	食品	726	184	752	306	137	257	283	12961	323	312	20	393
	纤维	178	244	260	50	85	519	32	16	264	36	9	140
	木制品	173	16	81	5	11	65	31	20	48	—	25	101
	化学品	1653	687	390	1364	320	963	603	264	789	239	2864	625
	金属制品	1435	91	413	246	43	510	503	230	776	551	54	585
	机械	735	969	468	887	317	410	541	164	367	105	447	631
	电器	3635	1003	1243	885	339	1439	16061	722	1054	197	886	1070
	运输机械	1781	599	190	362	465	416	610	2377	679	367	461	2492
	其他	1518	357	548	687	223	817	469	730	662	102	99	541
制造业合计		11834	4150	4345	4792	1940	5396	19133	17484	4962	1909	4865	6578

续表

	1989			1994			1999			2004		
	美国	欧洲	亚洲	美国	欧洲	亚洲	美国	欧洲	亚洲	美国	欧洲	亚洲
农林业	95	2	26	6	21	19	—	—	5	—	7	—
渔业	2	14	30	1	6	168	—	2	14	—	—	16
矿业	232	415	285	42	49	187	91	318	135	40	754	88
建筑业	414	33	381	125	2	176	112	11	56	—	82	18
商业	3161	1929	879	1377	1810	630	1214	1874	1143	600	674	658
金融保险业	6060	8508	1421	2151	1605	1211	1048	5931	863	618	6730	1089
服务业	9601	1235	1479	4895	719	1132	2231	2200	288	911	621	603
运输业	226	75	521	243	68	340	174	394	476	780	114	81
不动产业	11525	3024	1486	4371	304	526	999	761	130	171	14	186
其他	83	—	11	—	—	—	—	—	9	—	—	—
非制造业合计	31399	15235	6519	13211	4584	4389	5869	11491	3119	3120	8996	2739

（行标题左侧分类：非制造业）

资料来源：日本总务省统计局网站。

的 4 倍左右变化为只相当于美国的 1/3。所以，总的来说，在 1989 年的时候，日本对美国和欧洲的制造业投资已经大大超过了对亚洲的制造业投资，而前两者仍保持了来自日本的非制造业投资方面的优势。

其实，在 1989 年表现出来的日本对美国和欧洲多个产业的投资都超过亚洲的一个重要原因是"广场协议"，这在前面已经分析得非常清楚。然而，1994 年的情况又不同了，因为 1990 年后日本的"泡沫经济"崩溃和西方主要国家的经济衰退，日本对美国和欧洲的投资出现了大幅减少，这尤其是体现在制造业投资上，这一点能通过表 2–5 中 1994 年和 1989 年的数据对比看得非常清楚。尽管亚洲也受到了影响，但影响很小，且只是在非制造业的投资上。从表 2–5 中可以看到，日本对亚洲的制造业投资不但没有减少，而且从 1989 年的 4345 百万日元增加到 1994 年 5396 百万日元，增加了 24.19%，与此同时，日本对美国和欧洲的制造业投资却分别下降了 59.5% 和 53.3%。具体来看，对美国投资下降最多的三个制造业产业分别是电器、运输机械和金属产业，分别从 3635 百万、1781 百万、1435 百万日元下降到 885 百万、362 百万、246 百万日元；对欧洲投资下降最多的两个制造业产业分别是电器和机械产业，分别从 1003 百万、969 百万日元下降到 339 百万、317 百万日元，由于其总额本身就不大，其下降幅度也远小于美国；对亚洲投资增长明显的三个制造业产业分别是化学、运输机械和纤维产业，分别从 390 百万、190 百万、260 百万日元增加到 963 百万、416 百万、519 百万日元。在日本对三个地区的非制造业投资上，1994 年相对于 1989 年的变化是非常一致的，即均出现了较大程度的减少。具体来讲，对三个地区投资下降最多的非制造业产业主要是不动产业、服务业和金融保险业。

下面看 1999 年的情况。1999 年，日本对亚洲的制造业投资趋势再次和对美国、欧洲的投资趋势发生背离：在 1994 年当日本对美国和欧洲的制造业投资出现减少的时候，亚洲的状况是增加；而 1999 年日本对美国和欧洲的制造业投资出现了增加，但对亚洲的制造业投资却出现减少。能想到，在此之前出现了一个更加不利于日本对亚洲投资的事件，那就是 1997 年的东亚金融危机。在前面已做过分析，东亚金融危机对日本在东亚的投资影响很大，对日本在美国的投资影响很小，而对日本在欧洲的投资没有负面影响。从表 2 – 5 中 1999 年和 1994 年的数据比较可以看到，日本对美国和欧洲的制造业投资分别从 4792 百万、1940 百万日元上升为 19133 百万、17484 百万日元，而日本对亚洲的制造业投资却从 5396 百万日元下降到 4962 百万日元。对于美国，投资额上升最大的制造业产业是电器产业，它从 1994 年的 885 百万日元上升到 16061 百万日元，上升了 17.15 倍；日本对欧洲投资额上升最大的制造业产业分别是食品和运输机械产业，分别从 137 百万、465 百万日元上升到 12961 百万、2377 百万日元，分别上升了 93.61 倍和 4.11 倍；而日本对亚洲很多制造业产业的投资都略有下降。对于非制造业的投资，美国却没有像欧洲那样获得明显的增长，而是和亚洲一样基本沿袭了前一阶段的下降趋势。从表 2 – 5 中可以看出，日本对欧洲非制造业投资的大量增加来源于其对服务业和金融保险业投资的恢复；而日本对美国非制造业投资的大幅减少却主要根源于对不动产业、服务业和金融保险业投资的减少。但总的来看，1999 年日本对亚洲的投资相对于对美国和欧洲的投资处于劣势，但如果考虑到投资所蕴涵的技术水平，情况则会好一些。

最后来看代表最近时期的 2004 年。从表 2 – 5 来看，2004 年的情况对亚洲来说显得很好。总的来看，2004 年相对于 1999 年的变化与 1994 年相对于 1989 年的变化非常相似。当然，这主要体现在日本对三个地区的制造业投资上。从具体数据来看，日本对美国的制造业投资从 19133 百万日元骤然下降到 1909 百万日元，下降幅度高达 90%；日本对欧洲的制造业投资也从 17484 百万日元下降到 4865 百万日元，下降幅度也达 72.2%；而日本对亚洲的制造业投资却从 4962 百万日元增加到 6578 百万日元，上升幅度达 32.6%。以上这些特性都和 1994 年相对于 1989 年的变化非常相似，但不同的是，此次对美国和欧洲制造业投资的减少以及对亚洲制造业投资的增加几乎完全是由对个别产业投资的减少或增加引起的。具体来讲，对美国投资急剧减少的产业是电器产业，对欧洲投资急剧减少的产业是运输机械和食品产业，而对亚洲投资急剧增加的产业是运输机械。2004 年相对于 1999 年非制造业投资的变化也和 1994 年相对于 1989 年的变化差不多。总的来看，日本对三个地区的非制造业投资都处于下降趋势。具体来看，主要的变化还是来自不动产业、服务业和金融保险业等产业，但具体地区的增减有所出入。然而，2004 年相对于 1999 年非制造业投资有一个明显的变化，那就是日本对三个地区的商业投资都出现了明显减少。

在此不妨做一个简短的总结。在研究中可以看到近年来日本的对外投资在减少，这是日本经济自身问题造成的，在此不必去做更多的研究。而在日本对外投资减少的背景下，日本对亚洲的制造业投资总体上在增加，而且投资增加的重点在具有较高技术含量的电器和运输机械产业上。这显示了日本政府和企业对投资亚洲的重视，也显示了日本对亚洲投资的良好趋势。

第三节　日本对东亚投资的战略

在前面谈日本对亚洲投资的时候，曾多次注明日本对亚洲的投资主要在东亚，下面明确地谈一下日本对东亚投资的战略。对于日本对东亚投资的战略，其实并不是一个难以回答的问题，但却是一个难以证明的问题。像笔者一样，很多研究东亚经济问题的学者都认为，日本对东亚投资采取的战略是边际优势战略，然而包括提出比较优势理论的小岛清，都没有对上述结论给予实证检验。本节的任务就是运用经济计量手段对其给予验证。

一　思路与假设

谈到边际优势战略，人们自然会想到边际优势理论，这一著名的论著来自于日本一桥大学教授小岛清（1977）。但笔者要强调的是，边际优势战略所代表的经济行为早已存在，只是由小岛清概括出来，这也是本节在做实证研究时采用部分 1977 年以前数据的原因。小岛清特别强调国际分工的重要性，将国际投资和国际贸易统一在国际分工的基础上，指出国际投资不是简单的资本流动，而是包括资本、技术、管理方式和人力资本在内的总体转移。因此，对外投资应从本国处于比较劣势的边际产业依次进行，这就是本书所谈边际优势战略的理论基础。按照小岛清的理论，国际投资一方面可以通过相近水平的技术转移把东道国的比较优势发掘出来，另一方面可以使母国集中资源开发新的技术并形成新的产业。因此，对外投资将会扩大母国的出口，这是一种单向的正相关关系。同时，按照小岛清的分析，对边际产业的产品需求应通过向海外投资的企业进口来实现。由此看到，小岛清论述的投资与贸易的关系更多的是母国投资与进口之间的关系，这也是一种单向的正相关关系。

从上面的分析可以看到，小岛清已经清楚地描述出了边际优势战略下母国对外投资与对外贸易之间的关系，而这也恰恰就是边际优势战略的特征。试想一下，如果能够证明日本在东亚的投资具有上述特征，也就可以认为日本对东亚投资的战略是边际优势战略。而这就是我们计量研究的思路。

当然，为了较好地完成计量研究，还要重新整理和明确上述特征。也就是说，将在小岛清相关分析的基础上，对日本对东亚投资和贸易的关系进行进一步的概括和推论。这就构成了下面计量检验的基本假设：①投资对出口无替代效应。因为对外投资的产业是国内的边际优势产业，如果不对外投资，其生产将会停滞，资产将会向其他产业转移，所以，即使不对外投资也不会继续生产进而出口其产品。②投资对出口有带动效应。这是一个普遍存在的现象，且由于日本企业的特殊经济战略，在日本对外投资中更具有现实性。基本的理由是，基于各种关系的存在，对外投资企业会向在母国的母公司或长期合作的公司购买原材料、零部件和半成品，这些活动直接增加了母国的出口。③投资对进口有促进效应。在母国处于边际优势的产业对外投资，并不说明所有这些产业在国内没有需求，而只是因为在国内生产的有利条件不再具备，所以在国内减少生产或没有生产的情况下，一些对外投资企业的产品必然销往母国，这增加了母国对东道国的进口。④进口对投资有促进效应。母国向东道国的进口给母国同类产业以成本和价格的压力，激励其对外投资将产品销回以确保国内市场，而对于其他的资本所有者来说，进口给了他们投资的导向，促使他们对外投资，以在东道国生产的产品来满足国内需求，所以进口推动了对外投资。

二　日本对东亚投资和贸易的历史进程及两者关系的描述

很多人都知道，日本对东亚的投资是以边际优势战略为原则，而这主要是基于小岛清及其以后学者的论述。但正像前面所说，虽然小岛清理论的提出是在 1977 年，当时他出版了代表作《对外贸易论》，但他所论述的日本对外投资边际优势战略的实践在此之前很早就已开始了，小岛清不过是将这种实践予以理论的提炼。也就是说，如果日本对外投资的确采取边际优势战略的话，这种战略在 1977 年以前就已存在，这就消除了本书采用 1977 年以前数据可能产生的不必要的误解。

上面已显示，本书采用的作为日本投资和贸易对象的东亚国家和地区是东亚"四小龙"、东盟四国（泰国、马来西亚、印度尼西亚、菲律宾，也称亚洲"四小虎"）和中国，这是基于东亚经济研究的惯例，而且这些国家和地区与日本有更强的经济联系，因此也具有更好的代表性。在此，不再对日本与这些国家或地区双边关系下的数据进行描述①，而是对日本与这些国家和地区总体之间的数据及其表示的关系进行研究。这是因为，东亚作为一个密切联系的整体，日本与这些国家和地区的双边经济联系往往会延伸到第三方，在此意义下，单独描述日本与一方的经济联系并不比描述日本对其他东亚国家和地区的总体的经济联系有更好的解释力。而且，后者让我们保持了与后面研究的连贯性。

图 2 - 8 显示了 1965 ~ 2003 年日本对上述东亚国家和地区投资和贸易（出口和进口）的变化趋势。不难看出，无论投资、出口和进口都保持了长期快速增长的态势。同时，图 2 - 8 也显示了投资

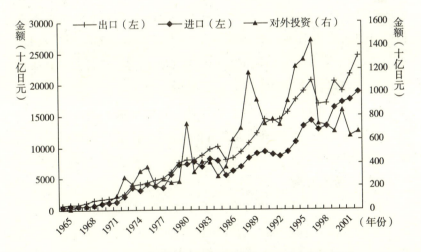

图 2 - 8　日本对东亚投资与贸易的长期趋势和相互关系

---

①　事实上笔者拥有的原始数据恰恰是日本对不同国家和地区的双边数据。

和贸易（出口和进口）之间很好的相关性，但是这种相关性只延续到 1997 年。1997 年对三种数据来说都是一个波峰，相对于 1997 年在 1998 年都大幅下降。而且之后，出口和进口状况在短期内得到恢复，而投资始终（截至 2003 年）没有恢复到 1997 年的水平。众所周知，1997 年发生了举世闻名的东亚金融危机，因此不难理解，日本的投资战略发生了重大调整，使相关数据发生了结构性变化，这在后面的检验中也得到了证明。所以，本研究将针对于 1997 年（含）以前的数据，图 2 - 8 给了我们这样做的直观的理由。

三　数据分析和模型设定

（一）数据说明

本书中日本对上述东亚国家和地区的投资、出口和进口数据均来自日本总务省统计局网站的统计资料，这些数据是以日本与单一国家或地区的统计值列出的，基于前面谈到的理由，本书将这些数据进行了加总。对于出口和进口，1985 年（含）以前的数据的单位为百万日元，之后的数据为十亿日元，为了统一单位，本书将 1985 年（含）以前的数据的单位转化为十亿日元，并做了四舍五入处理。对于投资，原始数据的单位为百万美元，本书将之乘以汇率并将单位转化为十亿日元，并同样做了四舍五入的处理。其中，汇率数据来源于世界货币基金组织（IMF）数据库，汇率为年终值。

（二）断点检验

在上面日本对东亚投资和贸易历史进程的描述中可以看到，发生金融危机的 1997 年，投资和贸易的金额开始了大幅度减少，在之后的几年中，出口和进口得到了恢复，而投资却维持了下降的趋势。这似乎显示，相对于 1997 年（含）以前，日本对东亚投资和贸易之间的关系发生了变化。下面对此给予检验，即断点检验（Chow Breakpoint Test）。既然投资相对于出口和进口之间的关系发生了变化，本检验依据以投资为因变量、以出口和进口为自变量的单方程模型[①]来进行。根据断点检验的原理，考察在 1997 年前后投资与出口和进口的关系是否发生了变化，即考察出口和进口的系数是否发生了变化。表 2 - 6 是检验的结果。

表 2 - 6　断点检验（1997 年）

原假设	F 统计量	Prob （ > F）	似然比	Prob （ > LR）
无断点	4. 800400	0. 006970	14. 12346	0. 002742

通过表 2 - 6 的检验结果显示，无论是通过 F 检验法还是似然比法，都可在 1% 的显著水平上拒绝"无断点"的原假设。也就是说，在 1997 年前后，投资相对于出口和进口发生了趋势变化，或者说，投资与出口和进口之间的关系发生了结构性变化。因此，本书的研究采用 1997 年（含）以前的数据。

（三）单位根检验

由于经济数据一般具有长相关性，上述三种数据可能存在单位根，也就是说它们的时间序列可能是非平稳的。为了避免由于数据的非平稳性带来的伪回归，下面对三者数据进行单位根检验。

根据 ADF（Augmented Dickey-Fuller）单位根检验的要求，最优滞后结构的选择主要依据 AIC（Akaike Information Criterion）和 SIC（Schwarz Information Criterion）两个准则，如果两者一致，则选择一个最优滞后阶，不一致则选择两个。首先是对水平（level）数据进行单位根检验（见表 2 - 7）。

---

① 　即 $FDI = \beta_0 + \beta_1 EX + \beta_2 IM$。

表 2 - 7　水平数据的单位根检验

变量	最优滞后阶	临界值	检验值	结论
投资	5	1. 296830	- 3. 7076 (1%)	存在单位根
			- 2. 9798 (5%)	
			- 2. 6290 (10%)	
出口	3 (AIC)	1. 898989	- 3. 6752 (1%)	存在单位根
			- 2. 8665 (5%)	
			- 2. 6220 (10%)	
	2 (SIC)	1. 811607	- 3. 6661 (1%)	
			- 2. 9627 (5%)	
			- 2. 6200 (10%)	
进口	2	0. 282937	- 3. 6661 (1%)	存在单位根
			- 2. 9627 (5%)	
			- 2. 6200 (10%)	

注：检验值大于临界值即通过检验。

通过表 2 - 7 的单位根检验结果可以看出，投资、出口和进口的水平数据都存在单位根。为了确定变量的单整阶数，下面对投资、出口和进口的 1 阶差分数据进行单位根检验（见表 2 - 8）。

表 2 - 8　1 阶差分数据的单位根检验

变量	最优滞后阶	临界值	检验值	结论
投资	5	- 2. 943449	- 3. 7076 (1%)	不存在单位根
			- 2. 9798 (5%)	
			- 2. 6290 (10%) *	
出口	1	- 3. 656775	- 3. 6661 (1%)	不存在单位根
			- 2. 9627 (5%) **	
			- 2. 6200 (10%) *	
	0	- 3. 698013	- 3. 6576 (1%) ***	
			- 2. 9591 (5%) **	
			- 2. 6181 (10%) *	

续表

变量	最优滞后阶	临界值	检验值	结论
进口	0	-4.656190	-3.6576（1%）*** -2.9591（5%）** -2.6181（10%）*	不存在单位根

注：*、**、***分别表示在10%、5%、1%显著性水平上通过检验。

通过表2-8中的检验结果可以看到，投资、出口和进口的1阶差分数据不存在单位根。由此也说明，上述投资、出口和进口的水平数据为1阶单整或 I（1）过程。

（四）模型设定

由于本书研究的是日本对东亚投资与其对东亚出口和进口两个方面的关系，即要验证投资与出口之间和投资与进口之间是否存在因果关系，所以本书采用格兰杰因果关系检验法（Granger Causality Test）作为主要研究手段。

根据格兰杰因果关系检验法，可以认为有关投资（FDI）、出口（EX）和进口（IM）的预测信息全部包含在这些变量的时间序列中。格兰杰因果关系检验的原理是判断某些变量的信息是否能改进对其他变量的预测，具体到本书，即为检验过去的投资、出口或进口是否会对未来的出口、进口或投资有影响。可以通过估计 VAR 模型来实现这一目的。对于本书的研究，有两种 VAR 模型可供选用：一种是直接表示投资与出口或投资与进口关系的两变量的 VAR 模型；另一种是在考虑到另一变量影响的条件下综合反映两变量（投资与出口或投资与进口）关系的三变量的 VAR 模型。笔者认为，在考虑到其他变量影响的条件下来考察两个变量的关系更加符合本书研究的实际。因此，本书模型设定为：

$$FDI_t = \sum_{i=1}^{n} \alpha_i^1 FDI_{t-l} + \sum_{i=1}^{n} \beta_i^1 EX_{t-i} + \sum_{i=1}^{n} \gamma_i^1 IM_{t-i} + U_{1t} \quad (1)$$

$$EX_t = \sum_{i=1}^{n} \beta_i^2 EX_{t-i} + \sum_{i=1}^{n} \alpha_i^2 FDI_{t-i} + \sum_{i=1}^{n} \gamma_i^2 IM_{t-i} + U_{2t} \qquad (2)$$

$$IM_t = \sum_{i=1}^{n} \gamma_i^3 IM_{t-1} + \sum_{i=1}^{n} \alpha_i^3 FDI_{t-i} + \sum_{i=1}^{n} \beta_i^3 EX_{t-1} + U_{3t} \qquad (3)$$

其中，FDI、EX、IM 分别代表日本对东亚的投资、出口和进口，α、β、γ 为不同变量的系数，U_{1t}、U_{2t}、U_{3t} 为随机扰动项，t 为时间。检验投资对出口是否具有格兰杰因果关系，即检验 β_i^1 和 α_i^2 是否全不显著；检验投资对进口是否存在格兰杰因果关系，即是检验 γ_i^1 和 α_i^3 是否全不显著。该模型还可以检验日本对东亚出口和进口之间是否存在因果关系，但这不是本书的主要研究对象，因此只做附带性的考察。

四　检验结果

根据格兰杰因果关系检验的原理，应该首先进行上述 VAR 模型的参数估计，而在此之前一项重要的工作是进行最优滞后结构的确定。本书认为，在表现本书的研究意图上，确定模型的最优滞后结构具有十分重要的直观意义，所以将最优滞后结构的确定过程显示为表 2-9。

表 2-9　VAR 模型滞后结构确定

Lag	Logl	LR	FPE	AIC	SC	HQ
0	-592.1485	NA	1.53E+16	45.78066	45.92582	45.82246
1	-581.3758	18.23076	1.35E+16	45.64429	46.22495	45.81150
2	-575.0530	9.241092	1.71E+16	45.85023	46.86638	46.14284
3	-567.1751	9.695763	2.03E+16	45.93655	47.38820	46.35457
4	-544.9688	22.20638	8.71E+15	44.92067	46.80782	45.46410
5	-536.4618	6.543853	1.24E+16	44.95860	47.28124	45.62743
6	-498.2471	20.57710*	2.36E+15*	42.71132*	45.46945*	43.50556*

注：带 * 的选择标准对应的滞后阶为最优滞后阶。

通过表 2 - 9 可知，由日本对东亚的投资、出口和进口组成的 VAR 模型的最优滞后阶为 6。在此基础上，本研究进行 VAR 模型的参数估计，再对 VAR 模型的参数估计结果进行 F 检验，即得到表 2 - 10 的格兰杰因果关系检验结果。

表 2 - 10 格兰杰因果关系检验结果

因变量	自变量	原假设	滞后阶	临界值	显著性	结论
DINVE-MENT	DEXPORT	出口不是投资的原因	6	6.902969	0.3299	不能拒绝原假设
	DIMPORT	进口不是投资的原因	6	25.55824	0.0003 ***	拒绝原假设
DEX-PORT	DINVEMENT	投资不是出口的原因	6	12.19319	0.0578 *	拒绝原假设
	DIMPORT	进口不是出口的原因	6	7.154674	0.3068	不能拒绝原假设
DIM-PORT	DINVEMENT	投资不是进口的原因	6	15.34743	0.0177 **	拒绝原假设
	DEXPORT	出口不是进口的原因	6	14.71422	0.0226 **	拒绝原假设

注：DINVEMENT、DEXPORT 和 DIMPORT 分别为投资（investment）、出口（export）和进口（import）的 1 阶差分；*、**、*** 分别表示在 10%、5%、1% 显著性水平上通过检验。

通过表 2 - 10 可以看到：①可以在 10% 的显著性水平上拒绝"投资不是出口的原因"的原假设，所以投资是出口的原因，但不能拒绝"出口不是投资的原因"的原假设，所以出口不是投资的原因，因此，投资对出口具有单向的因果关系；②可以在 5% 的显著性水平上拒绝"投资不是进口的原因"的原假设，所以投资是进口的原因；同时，可以在 1% 的显著性水平上拒绝"进口不是投资的原因"的原假设，所以进口也是投资的原因，因此，投资与进口具有双向的因果关系。这和本书第一部分以比较优势战略为条件所做的投资与出口和进口关系的理论假设的结果基本相同。而且从程度的比较来看，投资与进口的关系相对于投资与出口的关系更加密切。

另外，通过表 2 - 10 还可以发现，出口是进口的原因，但进口不是出口的原因，出口对进口具有单向的因果关系。这并非是本书关注的问题，但与此相关有一个问题值得关注和解释：出口是进口的原因，进口是投资的原因，那么是否能推论出出口也是投资的原因？如果能如此推论，则和前面得出的结论相矛盾。如何对此给予解释呢？当然，答案是不能做此推论。这是因为，与日本对东亚出口相关联的进口是对一些在日本居于相对优势产业的具有较高科技含量的产品的进口，这部分进口构成日本出口的生产要素的需求，而与日本对东亚投资相关联的进口是对一些在日本居于边际优势（即相对劣势）产业的产品的进口，这些产业尽管在日本有需求，但由于生产成本或经济结构调整等因素而无法生产，因而构成了对外投资。所以，出口推动的进口和推动投资的进口不具有相同的内容，因此上述推论不成立。但是，这个不成立的推论更深刻地说明了本书研究的边际优势战略下日本对东亚投资与出口和进口之间的关系。

于是可以做出总结，在日本对东亚投资的过程中，日本的投资与其出口和进口之间存在如下关系：①对外投资推动本国出口的增加，本国出口对本国对外投资没有作用或作用不明显；②对外投资推动本国进口的增加，本国进口同样推动本国对外投资的增加；③投资与进口的关系相对于投资与出口的关系更加密切。不难看到，这种母国对外投资、出口和进口之间的关系正是本书前面描述的边际优势战略的特征。因此，可以相信，日本在对东亚投资的过程中采取的是边际优势战略。

第三章
日本对中国直接投资
总量的变化

十几年来，日本对中国的直接投资发生了显著的变化，这引起了国际社会的广泛关注。这种关注的首要原因在于对投资总量变化的认识，因而本书的研究也从对投资总量变化的衡量开始。接下来的问题是，应该采用什么样的衡量方法。在此，必须明确本书进行投资总量变化衡量的一个基本观点，它是衡量方法选择的原则和依据，即本书在反映日本对中国直接投资真实状况的基础上强调对长期趋势的研究。因此，本书认为，任何单一的方法都不能实现对投资总量变化的充分认识，因为它们都不可避免地忽略一些并不直观的因素。本书既强调投资总量的绝对变化，又强调投资总量的相对变化，因而采用三个指标对日本投资总量的变化给予衡量，即日本对中国直接投资总额的变化、日本占中国外来直接投资总额比重的变化、中国占日本对外直接投资总额比重的变化。

第一节　日本对中国直接投资总额的变化

在谈到总量变化的时候，人们最为关注的是不同时期的具体

数字，联系到本书就是不同年份的投资金额，所以本书也将日本
对中国直接投资的具体金额作为总量衡量的第一个对象。在本书
中，对投资金额体现为数字的具体衡量同样体现为两个指标，即
合同投资金额和实际投资金额。但不同的是，本书并不像通常的
做法那样更多地关注实际投资金额，而是给予合同投资金额同样
的关注。本书认为，合同投资金额体现了投资者的真实投资愿望，
它消除了从合同到实际之间一些不确定因素的影响，对投资者的
未来投资具有同等重要的解释力，因而对它的衡量同等重要。

正是基于同时体现合同金额和实际金额的考虑，此处研究所
依赖的数据只能依据中国的统计，因为日本的统计中没有合同投
资金额的数据。这样在数据利用上就受到了一点限制，即根据中
国商务部的统计，日本对中国投资金额的数据只能从1986年开始
（见表3-1），尽管笔者拥有日本统计的1979年开始的投资实际金
额数据。"二战"后严格意义上的日本对中国直接投资是从1979
年中国实行改革开放的基本国策开始的①，而此前的邓小平访日对
这种投资活动起到了关键的影响②。但1979～1983年，由于没有
实施具体的相对完善的确保投资安全的措施，很多日本投资者都
抱以观望态度，因而投资无论是项目数、合同金额还是实际金额
都很少。1984年，在经过几年我国改善投资环境和日本投资者探
索投资经验的基础上，沿海经济特区和开放城市的设立成为新的
契机，使日本对中国的直接投资大大增加，因此这一年也成了日
本对中国直接投资蓬勃发展的开始。根据前面已表明的观点，本
书注重于长期趋势的研究。所以尽管1979～1983年处于试探期的

---

① 薛军：《日本对华直接投资的新趋向》，《国际经济评论》2003年第6期。
② 1978年10月22～29日，国务院副总理邓小平访问日本，这是新中国领导人对
　 日本的首次正式友好访问。

日本对中国投资的数据没有被显示①，已有一定增长的 1984 年和
1985 年的数据也没有被体现，下面的分析也一样能很好地实现本
部分的研究目的。

表 3 - 1　1986 ~ 2003 年日本对中国直接投资

单位：个，万美元

年　份	项目数	合同投资金额	实际投资金额
1986	94	28282	26335
1987	113	30136	21970
1988	237	27579	51453
1989	294	43861	35634
1990	341	45700	50338
1991	599	81220	53250
1992	1805	217253	70983
1993	3488	296047	132410
1994	3018	444029	207529
1995	2946	759236	310846
1996	1742	513068	367935
1997	1402	340124	432647
1998	1198	274899	340036
1999	1167	259128	297308
2000	1614	368051	291585
2001	2019	541973	434842
2002	2745	529804	419009
2003	3254	795535	505419

资料来源：中国商务部外资司，2004。

---

① 事实上，由于当时对日本投资未予重视和统计工作的不足，我国根本不存在这
　方面的数据。

　　通过表 3 - 1 可以看到，1986 年日本对中国投资的合同金额和实际金额分别是 28282 万美元和 26335 万美元，而到 2003 年时上述两个数据则变化为 795535 万美元和 505419 万美元，增长倍数分别为 27.13 倍和 18.19 倍，平均每年的增长都在一倍以上。其中 1986 ~ 1990 年充满了调整的迹象。1987 年和 1988 年相比可知，前者的合同投资金额大于后者，即合同投资金额出现了衰退。然而有意思的是，前者的实际投资金额又小于后者，即实际投资金额却在增长，而且增长的幅度很大，达到 2.5 倍。1990 ~ 1995 年是增长最快的阶段，无论合同投资金额还是实际投资金额都实现了大幅度的增长，增长幅度平均在两倍左右。1996 ~ 2000 年明显是一个调整期，合同投资金额连续下滑，而实际投资金额在维持了两年的增长后也开始下滑。而在 2000 年以后，两方面数据都又进入了上升阶段。所以，总的来看，日本对中国投资无论是合同投资金额还是实际投资金额都体现出了长期增长的趋势。

　　为了直观地体现上述长期趋势，将表 3 - 1 中的数据绘制成图 3 - 1。除了将 1979 ~ 1983 年作为第一阶段外，从图中可以看到，日本对我国投资的发展还可以分为四个阶段。在分别说明这四个阶段之前，需要说明的是，由于合同投资金额和实际投资金额的变化在时间上的差异，必须选择其一作为划分的依据。在这里，可能更多的学者会以实际投资金额的变化作为依据。但笔者认为，正因为合同投资金额表明了投资者的真实愿望，消除了从签订合同到实际投资过程中的一些客观和不确定因素，所以在此问题上合同投资金额更应成为考察的标准，而实际投资金额只做相应的分析。据此，上述的四个阶段为：第二阶段，1984 ~ 1990 年，平稳发展阶段；第三阶段，1991 ~ 1995 年，高速发展阶段；第四阶段，1996 ~ 1999 年，下滑调整阶段；第五阶段，2000 ~ 2003 年，再次飞跃阶段。再加上 1979 ~ 1983 年作为第一阶段即观望试探阶段，共计五个阶段。实际投资金额的变化也同样地体现为五个阶段，除了时间都略微滞后外①，波动也略微平缓，但表现了同样的内容和含义。由此可以看到，日本对中国直接投资一直在积极地进行，这种努力贯彻始终而且十分明显，出现了一个加强、调整、再加强、再调整的良好态势，表现了长期发展的趋势。

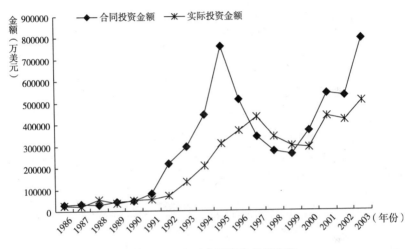

图 3-1　日本对中国投资总量变化

为了更明显和更全面地表现这种长期趋势，下面将表 3-1 的数据进行适当的处理。这就是采用移动平均法，依次将连续五年的数据加总平均。但为了简洁，本书不再对这些经过移动平均的数据列表，而是将其直接绘制在坐标图中（见图 3-2）。通过图 3-2，可以更清楚地看到上述趋势，两条曲线都趋于平坦，尤其是实际投资金额的变化，表现为一条连续向右上方倾斜的平滑线。这进一步证明，日本对中国直接投资的长期趋势是稳定而高速的增长。

---

① 实际投资金额变化相对于合同投资金额变化滞后反映了直接投资的惯性。其原因之一是，一项投资可能需要多年的连续投资才能得到回报。

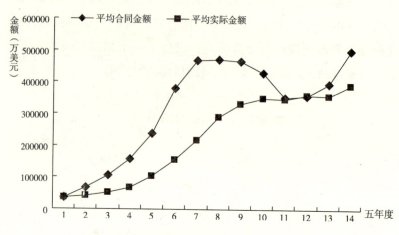

图 3 - 2　　日本对中国投资五年移动平均趋势

注：横轴坐标 1 表示 1986 ~ 1990 年五个年度，2 表示 1987 ~ 1991 年五个年度，依次类推。

第二节　中国占日本对外直接投资总额比重的变化

　　日本对中国直接投资占日本对外直接投资总额比重的变化是第二个重要的总量衡量对象。可以认为，一个国家对外直接投资的总额是其对外投资总体愿望的真实显示，而对某个国家的投资额所占的比重则显示了对这个国家进行投资的愿望的程度，同时这一比重的变化则表明前一国家对后一国家投资的长期趋势。对此进行衡量的最大优点是，它消除了来自整个世界的和投资国自身的一些影响。具体到当前的问题来说，如果日本对中国的投资在某年减少了，但与此同时它对整个世界的投资也减少了，就可以认为日本对中国的投资并没有出现消极状况。这一点只有通过对上述比重的衡量才能看到，对其他方面的衡量则可能得出相反的结论。

　　为了更为全面地表明上述比重的变化，以更为清楚地表明本书始终重视的长期趋势，下面的分析分两部分进行：首先单纯地考察中国占日本对世界投资总额的比重的变化，以表明基本的态势；其次将上述比重和一些主要国家占日本对世界投资总额的比重进行比较，作为补充以形成全面的认识。

表 3 - 2　日本对中国和对世界投资额及两者比值

单位：亿日元，%

年　份	日本对中国投资额	日本对世界投资额	比重
1990	587	90339	0.65
1991	511	83527	0.61
1992	787	56862	1.38
1993	1381	44313	3.12
1994	1954	41514	4.71
1995	2683	42808	6.27
1996	4319	49568	8.71
1997	2828	54095	5.23
1998	2438	66236	3.68
1999	1377	52780	2.61
2000	858	75292	1.14
2001	1114	54193	2.06
2002	1819	40413	4.50
2003	2152	44930	4.79
2004	3553	40795	8.71

资料来源：日本经济产业省网站。

首先是第一部分，仍然从数据的统计开始。表 3 - 2 给出了不同年份日本对中国的投资额和日本对整个世界的投资额，并相应地给出了两者的比值。应该说明的是，这部分数据依据的是日本的官方统计，这一点和上一节有所不同，对此上一节也曾给予专门的解释。由于日本统计的财政年度和中国不同，因而相同年份的统计数据则会出现差异①，所以不必对本节和上一节中同一数据的数值差异产生误解。应该说，表 3 - 2 显示出了中国占日本对外投资比重变化的良好态势。从 1990 年的 0.65% 到 2004 年的 8.71%，中国占日本对外投资的比重增加了 12.4 倍。整个过程出现了一次明显的调整，而且巧合的是，在这次调整前后的最高值都是 8.71%，并且在每一个增长的阶段中，增长都保持了很好的连续性。

同样的，为了更直观和更清楚地反映中国占日本对外投资总额的比重的上述变化趋势，还是将表 3 - 2 中的数据绘入变化图中（见图 3 - 3）。通过图 3 - 3，可以清楚地看到，1990 ~ 2004 年，上述比重的变化呈现出非常清晰的三个阶段，即 1990 ~ 1996 年的上升阶段、1997 ~ 2000 年的下降阶段和 2001 ~ 2004 年的再次上升阶段。之所以说这三个阶段非常清晰，是因为它们无论上升还是下降都保持了连续性，而且其斜率都在 45 度左右。纵观三个阶段的变化，可以同样看到一个加强、调整和再加强的良好态势。笔者特意在图 3 - 3 中添加了上述比重变化的趋势线，它很好地显示了中国占日本对外投资比重快速增加的事实。如果做进一步的分析会发现，1997 年及其以后的几年是东亚金融危机发生及其影响持续显现的几年。在这几年里，经济发展同样遭受严重挫折的日本在客观上减少了其对外投资。而一个更重要的事实是，由于金融危机发生在东亚内部，日本对东亚的投资相对于对世界其他地区的投资减少得更多，这导致了包括中国在内的东亚国家和地区占日本对外投资的比重明显下降。事实上，东盟等一些东亚国家在这一比重上比中国下降得更快。如果考虑到这个因素，就可以将

① 日本的财政年度是从每年的 4 月 1 日到第二年的 3 月 31 日。

日本对中国投资理解为一个集中而快速的增长的过程。

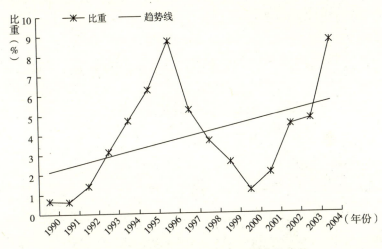

图3-3 中国占日本对外投资比重变化趋势

　　为了更充分地说明这种结论，同时更全面地反映这种趋势，并且显示这种趋势的独特性，下面来做一个重要的工作，即在一个较长的时期内将中国占日本对外投资的比重与世界上一些有代表性的国家进行比较。所谓这种趋势的独特性，即中国占日本对外投资总额的比重的变化，和其他国家占日本对外投资总额的比重的变化相比，所具有的特点和不同之处，据此显示出近年来日本对外直接投资的某种偏好。首先来看表3-3，表中作为中国比较对象的美国、德国和韩国，都是日本主要的具有代表性的投资对象国，在日本经济起飞和高速发展阶段，它们都接受过日本的大量投资，而且三个国家分别位于美洲、欧洲和亚洲，在地域上也具有很强的代表性。在此，无须对表3-3做过于详细的描述，只看四个国家起始和最后年度的数据比较就能看到清晰的结果。在四个国家中，只有中国所占比重在1990年和2004年的比较中是增长，且增长幅度很大，而其他国家的比较结果都是下降。而且，

1990 年，中国所占比重在四个国家中居于最后一位，而到 2004
年，中国所占的比重已经成为第二位，且中国所占比重是德国和
韩国所占比重的 10 倍以上。

表 3-3 不同国家接受日本投资额及其比重比较

单位：亿日元,%

年份	中国		美国		德国		韩国		世界	
	投资额	比重	投资额	比重	投资额	比重	投资额	比重	投资额	比重
1990	587	0.65	43691	48.36	682	0.75	799	0.88	90339	100
1991	511	0.61	38402	45.98	472	0.57	419	0.50	83527	100
1992	787	1.38	24671	43.39	512	0.90	357	0.63	56862	100
1993	1381	3.12	17993	40.60	434	0.98	291	0.66	44313	100
1994	1954	4.71	16936	40.80	249	0.60	289	0.70	41514	100
1995	2683	6.27	18016	42.09	196	0.46	420	0.98	42808	100
1996	4319	8.71	21845	44.07	49	0.10	433	0.87	49568	100
1997	2828	5.23	24789	45.82	358	0.66	468	0.87	54095	100
1998	2438	3.68	25486	38.48	285	0.43	543	0.82	66236	100
1999	1377	2.61	13331	25.26	162	0.31	389	0.74	52780	100
2000	858	1.14	25002	33.21	596	0.79	1094	1.45	75292	100
2001	1114	2.06	13648	25.18	36	0.07	902	1.66	54193	100
2002	1819	4.50	8085	20.01	53	0.13	704	1.74	40413	100
2003	2152	4.79	10014	22.29	141	0.31	763	1.70	44930	100
2004	3553	8.71	11955	29.31	144	0.35	321	0.79	40795	100

资料来源：京都大学调研报告，2004。

下面还是将四个国家占日本对外投资比重的变化数据绘入趋
势图中。考虑到四个国家在占日本外资比重方面差距较大，将比

重的原始数据直接表现在坐标图中会使比重较低的国家的曲线聚在一起，难以展现清晰的比较，因而采用上述四个国家所占比重数据的对数值（见图3-4）。现在暂且不去考虑1990年以前日本对其他三国的大量投资，也不去考虑2004年以后发生了什么，独立地来看在此期间四个国家相关比重的变化。对于美国，日本对它的投资一直占据着很大比重，但在图3-4中可以清楚地看到这个比重在波动中趋于下降，这与中国快速上升的趋势形成了鲜明对比。对德国和韩国，两国的这一比重除在开始阶段略高于中国外，基本上都处于一个比中国低的水平，波动很小，而且长期趋势表现为不增不减或略微减少。所以，综合来看，在四个国家中，中国这一比重的表现是最好的，即中国明显上升，德国和韩国基本不变或略微下降，而美国明显下降。现在还可以来看一下1990年之前和2004年之后的状况，1990年之前三国在接受日本投资方面的辉煌表现更衬托了在此之后的下降与衰落[1]，而2004年之后中国在吸引日本投资方面的更好表现也强化了在此期间的上升势头[2]。在此可以给出一个结论，因为上述三国是世界上日本投资对象中有代表性的国家，中国这一比重在四国中表现最好就意味着在全世界表现最好。现在可以明确上面谈到的近年来日本对外直接投资的某种偏好，即日本投资者越来越愿意将资金投向中国。2002年在北京举行的日本海外投资问卷调查报告会上，日本国际协力银行公布了对日本500家制造业企业的投资意向调查，结果显示，在投资前景普遍看好的地区中，中国排第一位，得票率大大领先于排在第二位的泰国。在此调查中，70%的企业认为，无论短期还是长期，投资中国最有前途。

---

[1]　在此用一组数据来说明。截至1987年，从吸引日本直接投资总额来看，美国为50159百万美元，德国（当时为联邦德国）为172百万美元，韩国为134百万美元，中国仅为100百万美元。

[2]　苏曼丽：《日本对华投资急剧增加》，2004年10月21日《光明日报》。

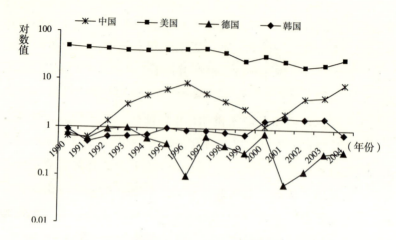

图 3 - 4   各国占日本外资比重的对数值比较

第三节   日本对中国投资与对东亚其他国家投资的比较

在第一章的时候，本书已经显示了对东亚的侧重性，当时将日本对亚洲的投资与日本对美国和欧盟的投资进行了从总量到结构的对比，而且多次强调对亚洲的投资主要是对东亚的投资。现在一样要强调这个侧重性，将日本对中国的投资与对东亚其他国家的投资进行对比。在此，有必要先对东亚给一个明确的界定，按照东亚研究领域的共识，东亚包括东盟 10 国加上中国、日本和韩国，其中中国包括被称为"东亚四小龙"的台湾和香港。当然，在本书的研究中，中国仅仅指中国内地。根据上述对东亚的界定，能够和中国进行对比的接受日本投资的东亚国家就只能是东盟 10国和韩国，下面就在三者数据对比的基础上给予研究。

在第一章描述日本早期对外投资发展历程的时候，曾经发现韩国和东盟中的印度尼西亚、泰国等国家是当时日本对外投资的重点。正如日本学者宫崎义一（1990）所说，日本对外投资在

1970 年之后开始在质和量两个方面真正走上正轨，这个时期出现了两个焦点：印度尼西亚和韩国。[①] 也就是说，在 1979 年之前日本还没有开始对中国投资的时候，日本对东盟国家（在本节后面的研究中以整体出现，简称"东盟"）和韩国的投资已经有了较大的存量和快速发展。表 3 - 4 显示了日本对中国投资开始后（即1979 年之后）日本对上述三个国家和地区的投资情况。可以看到，在日本对中国开始投资的早期，如在作为日本对中国投资第一阶段的 1979 ~ 1985 年，日本对东盟和韩国的投资都远远高于中国。从具体数据看，这一时期日本对两者的投资累计额分别是对中国投资累计额的 27. 82 倍和 2. 36 倍。1986 年之后，日本对中国投资进入了快速发展时期，与此同时，日本对东盟的投资依然保持了原有的较快增长速度，而日本对韩国的投资却增长乏力并减少很快。因此，到 1995 年日本对中国的投资达到第一个连续增长的顶峰时，其投资额与东盟的差距已不太明显，但对韩国的优势却非常明显。具体来看，1995 年，中国、东盟和韩国接受日本的投资分别是 4478 百万、5560 百万和 449 百万美元，中国相当于东盟的80. 54% ，却相当于韩国的近 10 倍。1997 年的东亚金融危机使日本对上述三者的投资都遭受了很大的影响，然而不同的是，在此后的一些年里，日本对中国的投资很快恢复并又以不低于以前的速度快速增长，而日本对东盟和韩国的投资再也没有恢复到曾有的快速增长状态，至少 2004 年之前是这样。2004 年，日本对三者投资的具体数据让人吃惊，此时日本对中国的投资金额已经是对东盟投资的 1. 65 倍，已经是对韩国投资的 5. 4 倍。总的来看，从较晚起步和差距很大到超越，日本对中国投资相对于对东盟和韩国投资来说具有更快的增长趋势。

---

① 〔日〕宫崎义一：《日本经济的结构和演变：战后 40 年日本经济发展的轨迹》，中国对外经济贸易出版社，1990。

表 3 – 4　日本对中国、东盟、韩国投资金额的比较

单位：百万美元

年份 \ 国家或地区	中国	东盟	韩国
1979	14	595	95
1980	12	927	35
1981	26	2839	73
1982	18	801	103
1983	3	974	129
1984	114	910	107
1985	100	937	134
1986	226	856	436
1987	1226	1526	647
1988	296	2714	483
1989	438	4684	606
1990	349	4084	284
1991	579	3696	260
1992	1070	3877	225
1993	1691	3088	246
1994	2565	5133	400
1995	4478	5560	449
1996	2510	6391	416
1997	1987	7835	442
1998	1076	4131	304
1999	770	4109	980
2000	1008	2537	817
2001	1453	3783	563
2002	1766	2336	626
2003	3143	2327	284
2004	4567	2761	845

资料来源：日本财务省政策研究所《月度财务回顾》，经由 JETRO 整理，2005。

　　还可以在坐标图中更加直观地看到上述趋势。在图 3 – 5 中可以看到，在 2002 年（含）以前，日本对东盟的投资始终高于对中

国的投资，而在 2003 年（含）后却被中国超过；日本对韩国的投资只在 1989 年以前的多数时间里高于中国，在此后却始终被中国超过。总的来看，日本对东盟的投资在东亚金融危机前保持了一个上升趋势，此后却变为了下降趋势；日本对韩国的投资近年来一直维持了一个平稳的趋势，没有明显的增减；而日本对中国的投资在图中的长时期内则只呈现出一个上升的趋势。事实上，如果为图 3－5 中的每条投资曲线加上趋势线，则能更加清楚地体现上述趋势，但基于避免图中内容混乱的考虑而不再这样做。

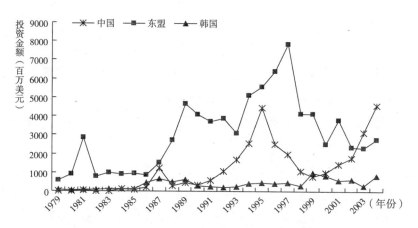

图 3－5　日本对中国、东盟、韩国投资的发展状况比较

通过上面的描述和分析，得到了这样的结论：日本对中国投资比日本对东盟和韩国的投资发展更快，也就是说，日本对中国的投资比日本对所有东亚其他国家的投资都发展得更好。尤其是当人们想到东盟包括 10 个国家，在接受日本投资较早且曾是中国几十倍的情况下却被中国超过，都普遍感受到日本对中国投资的惊人发展速度和影响。当然，其影响更多地被东盟国家所关注，这就是后面要专门研究的东盟与中国外资竞争的基本原因。

第四章
日本对中国直接投资
结构的变化

　　按照现代经济学的一般方法，说明一种经济现象的发展，就必须既有其总量的增加又有其结构的优化。上一章论述了日本对中国直接投资的总量变化是一种良好态势，这一章将着重考察它的结构是否优化或者是否具有优化的趋势。然而笔者注意到，因为"优化"不像"增长"一样易于衡量，它需要特定条件下的明确标准。事实上这也是外资研究领域的一个缺憾，许多人在谈直接投资结构时，总是只给出数据和结论而不给出参照的标准。在此笔者提出自己简单的想法。可以想象一下，一种外来投资结构是否优化，首先要看这种投资结构是否有利于或者是否越来越有利于东道国的需要。东道国的经济状况是不同的，因而其需要也存在差异，这就是上面说的特定条件，它导致不同的国家在外来投资结构是否优化的衡量上有不同的标准。① 但是，投资结构优化的标准也有共性的内容，也就是说，对任何对象的投资都不能走

---

① 根据不同国家的产业发展状况，有的国家更需要制造业投资，而有的国家更需要非制造业投资；有的国家更需要劳动密集型产业投资，而有的国家更需要资本密集型产业投资。

向极端[1]。因此，外来投资结构优化的标准是：①适应或日趋适应东道国经济发展的需要；②对任何投资对象的投资都不过分。在这个标准之下，本章对投资结构的主要内容分别进行考察，以形成对日本对中国直接投资结构的全面认识。

第一节　产业结构的变化

投资的产业结构指的是对各种产业的投资额在投资总额中所占的比重及其对比关系，由于不言而喻的重要性及由此形成的惯例，它总是成为对投资结构考察的首要和主要对象。本书也一样，而且对于产业的划分，本书同样采取了将所有产业分为制造业、非制造业两大类并在此分类下再明细分类的做法。[2] 现在回想一下第三章对投资总量变化阶段的描述，从1979年日本对中国开始现代意义上的直接投资开始，将其投资总量的变化分为五个阶段。与之相应的是，当前讨论的投资产业结构的变化基本重合了这五个阶段，也就是它的重要转折发生的时间基本和投资总量的变化一样，只不过存在是否量变或质变以及程度的差异。[3] 事实上，这种阶段性的重合不是偶然的，也就是说投资总量变化与其结构变化之间存在必然的联系。由于篇幅的关系，在此不做深入分析，而下面的描述会给予清晰的反映。只是需要注意的是，下面的分析会围绕上述阶段来进行。

1979～1983年，是日本对中国投资的观望试探阶段。事实上，笔者并没有收集到这一阶段日本对中国投资的产业结构的具体数

---

① 任何国家都不可能只需要一种产业或一类产业的投资，而不需要其他产业投资。

② 刘昌黎：《日本对华直接投资研究》，东北财经大学出版社，1999。

③ 如1991年，日本对中国直接投资大幅度上升，但这只是上升进程中的一部分，所以只是量变。与此同时，对制造业的投资首次超过对非制造业的投资，而且至今没有反复，所以投资结构发生了质变。

据，而幸运的是，刘昌黎（1998）给出了详细的研究，下面的描述即以此为基础。在这一阶段，日本对中国投资的对象主要是非制造业。按日方统计，非制造业投资额为 0.53 亿美元，制造业投资额为 0.11 亿美元，分别占总投资额的 82.8% 和 17.2%，相比之下前者是后者的将近五倍。在对非制造业的投资中，投资最多的行业为服务业，投资额为 0.32 亿美元，占该类投资总额的 60.4%；其次是矿业投资 0.05 亿美元，投资额比重为 9.4%；接下来依次是商业（投资 0.02 亿美元，占 2.4%）、运输业（投资 0.01 亿美元，1.9%）、其他非制造业（投资 0.14 亿美元，占 26.4%）。对制造业的投资以化学工业为主，投资额为 0.07 亿美元，占该类投资总额的 63.6%；接下来依次为木材和造纸工业（投资 0.02 亿美元，占 18.2%）、电气机械工业（投资 0.01 亿美元，占 9.1%）、其他制造业（投资为 0.01 亿美元，占 9.1%）。可以看出，在这一时期，日本对中国投资不仅规模小，而且投资的产业领域也较小，更加偏重于风险小、回收期短的投资对象，因而投资集中在非制造业。这对应了在此阶段日本投资者观望和试探的心态。

1984～1990 年，随着日本对中国投资总量的增加，其结构也相应发生了变化。在这一阶段，按日方统计，制造业的投资额为 7.05 亿美元，比重上升至 26.2%，同时非制造业的投资额为 19.86 亿美元，比重下降至 73.8%，但投资于非制造业的倾向没有改变。在非制造业中，服务业投资额仍高居首位，为 9.96 亿美元，占投资总额的 37.0%；接下来是不动产业（投资 1.06 亿美元，占 3.9%）、商业（投资 0.52 亿美元，占 1.9%）、渔水产业（投资 0.46 亿美元，占 1.7%）、矿业（投资 0.25 亿美元，占 0.9%）、金融保险业（投资 0.14 亿美元，占 0.5%）、建筑业（投资 0.14 亿美元，占 0.5%）、农林业（投资 0.08 亿美元，占 0.3%）；其他非制造业产业投资为 10.01 亿美元，占 37.2%。在制造业投资中，各类机械工业投资共计为 4.45 亿美元，占投资总额的 16.5%，在该类投资中占据首位；接下来各种产业的投资额和比重依次为：食品工业（0.6 亿美元，2.2%）、纤维工业（0.55 亿美元，2.0%）、化学工业（0.46 亿美元，1.7%）、钢铁和有色金属工业（0.44 亿美元，1.6%）、木材和造纸工业（0.09 亿美元，0.3%）；其他制造业投资为 1.15 亿美元，占总投资的 4.3%。可以看出，在这一阶段，日本对中国的投资在对象上已有相当程度的拓展，产业规模也有相应的提升，但相对于第一阶段来说仍未发生质的变化。

1990 年或者说 1991 年是整个投资结构变化中最重要的转折点，在 1990 年，非制造业投资额仍保持对制造业的优势，而在 1991 年，制造业投资额首次超过非制造业，而且这种状况一直保持至今（见表 4－1 和图 4－1）。在表 4－1 中可以看到，在 1990 年，制造业和非制造业的投资额分别为 237 亿日元和 271 亿日元，分别占当年总投资额的 46.75% 和 53.25%；而在 1991 年，制造业和非制造业的投资额分别为 420 亿日元和 311 亿日元，分别占当年总投资额的 57.46% 和 42.54%，显示了制造业对非制造业在投资产业结构中的逆转。而图 4－1 直观地表明了这种状况：1991 年日本对中国的制造业投资首次超过非制造业投资，之后前者以很大的速度实现增长，很快与后者拉开了距离，直到 2004 年，非制造业投资再也没有超过制造业投资。

下面分析 1991~1995 年即第三阶段投资结构的变化情况。在第三章分析总量变化的时候谈到，这一阶段是日本对中国投资的高速发展阶段，而与此同时，它也是日本对中国投资结构急剧变化的时期，表现为制造业投资额所占比重的急剧增加，这在图 4－1 中显示得相当清楚。表 4－1 中的数据更具体地反映了这种表现：1991 年日本对中国制造业投资金额为 420 亿日元，占当年总投资额的 57.46%；1992 年制造业投资金额变化为 837 亿日元，占当年

表4-1 日本对中国投资产业结构变化

单位:亿日元

产业	年份	1989	1990	1991	1992	1993	1994	1995	1996	1997	1998	1999	2000	2001	2002	2003	2004
制造业	食品	18	13	26	37	77	137	137	207	118	105	29.28	25.03	14.46	91.35	137.84	113.18
	纤维	15	31	95	155	268	349	455	212	274	51	44.04	29.99	42.27	90.46	113.75	119.50
	木制品	2	2	2	4	48	10	68	44	36	10	3.61	5.97	26.66	25.55	6.25	60.55
	化学品	15	17	15	25	110	106	138	98	161	153	99.64	72.36	185.47	175.24	279.83	303.43
	金属制品	8	20	16	38	91	164	347	203	180	94	47.69	49.44	166.27	137.95	177.35	426.04
	机械	57	74	39	65	265	137	463	319	232	114	43.62	94.54	162.54	190.79	399.25	460.57
	电器	107	33	167	246	386	516	904	445	518	163	81.90	357.92	650.25	380.77	496.53	506.45
	运输机械	2	2	12	41	98	233	370	280	122	179	103.67	101.35	257.94	236.30	958.12	1794.99
	其他	52	45	48	226	244	289	485	224	216	169	170.61	119.04	100.30	383.30	204.02	281.58
制造业合计		276	237	420	837	1587	1941	3367	2032	1857	1038	624.06	855.64	1606.16	1711.71	2772.94	4066.29

续表

年份　产业	1989	1990	1991	1992	1993	1994	1995	1996	1997	1998	1999	2000	2001	2002	2003	2004
农林业	0	2	3	7	5	3	17	—	—	—	—	—	—	—	—	—
渔业	7	7	4	16	7	7	10	4	0	—	1.21	—	—	—	—	3.50
矿业	6	29	2	2	—	—	7	6	1	—	—	—	—	5.99	—	1.04
建筑业	5	11	0	9	7	80	86	67	80	81	1.59	2.81	2.34	10.46	162.30	—
商业	12	4	9	31	64	156	249	146	124	44	71.68	61.88	115.93	83.01	248.63	272.64
金融保险业	13	4	14	1	12	1	—	22	—	39	—	4.48	39.05	146.10	175.17	174.61
服务业	235	199	255	283	143	215	173	287	179	97	102.1	167.08	40.84	39.02	81.64	146.62
运输业	20	1	2	34	29	23	47	23	33	11	18.51	5.35	—	5.44	22.98	20.83
不动产业	11	14	22	85	47	146	261	195	131	45	3.37	14.57	11.16	4.63	15.08	15.61
其他	—	—	—	—	—	—	—	—	—	—	—	—	—	—	—	—
非制造业合计	309	271	311	468	314	631	850	750	548	317	198.46	256.17	209.32	294.65	705.80	634.85

资料来源：日本财务省统计局网站。

日本对中国投资的变化与影响

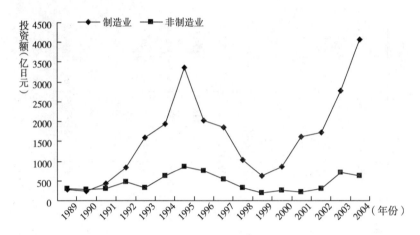

图 4-1　日本对中国投资的产业比较

总额的比重变化为64.14%；以下三年这两个数据的变化分别为1993年（1587亿日元，占83.48%）、1994年（1941亿日元，占75.47%）、1995年（3367亿日元，占79.84%）。而且，在制造业的投资中，增长最快的三项为运输机械、机械（通常称为一般机械）和电器。1991年和1995年相比，这三项增长的倍数分别为29.83、10.87和4.41。暂且不谈这三项投资的增加提高了投资的技术含量，这是下一节要谈的内容，而应强调的是，这三项投资对其他制造业的投资具有很强的引致作用①。因此可以说，在这五年内，日本对中国的制造业投资得到了空前的发展，也可以说，在此期间的投资总量的增加更多的得益于制造业投资的贡献。而这就是前面所说的投资总量变化与投资产业结构变化具有密切联系的很好证据。联想到中国当时的实际，制造业投资恰恰是中国的需要，因而日本对中国投资结构的这种变化无疑是一种好的趋

---

① 也称为带动作用。这几种产业的经营往往需要很多配套企业（一般为中小企业）为其生产零部件和半成品，而这些产业的对外投资会使这些配套企业失去市场。因此，一些企业为了继续拥有原来的客户，就会跟随这些客户而对外投资。

势。同时，这种现象也表明日本投资者对中国投资疑虑心理的彻底消除，换句话说，对以后投资变化的解释将不再以心理因素作为主要影响因素。

1996～1999 年是日本对中国直接投资产业结构变化的第四个阶段，从表 4-1 和图 4-1 来看，这也是一个非常引人注意的阶段，即日本对中国投资中的制造业投资出现了迅速的下降。从数据上看，1996 年的制造业投资额从 1995 年的 3367 亿日元下降到 2032 亿日元，下降幅度达 39.65%。而此后几年一直延续了下降的趋势，下降幅度分别为 1997 年 8.61%、1998 年 44.10%、1999 年 39.88%。从趋势图上也可以看到这样的变化状况，即 1996～1999 年，日本对中国制造业投资的数据构成了一个以较大斜率连续向右下倾斜的曲线。正像在对第三阶段的分析中看到的那样，投资总量的变化已经更多地由制造业投资的变化决定，所以，1996 年开始的投资总量的减少主要是因为制造业投资的减少。[①] 这里有一点非常值得注意，按照表 4-1 的数据，日本对中国的制造业和非制造业投资都在 1996 年开始下降，因此，作为两者合计的投资总量也必然在 1996 年开始下降，而这与表 3-1 显示的数据，即投资总量在 1997 年开始下降产生了矛盾。当然，产生这种矛盾的直接原因是统计上的差异，因为表 3-1 的数据来自中国商务部，而表 4-1 的数据来自日本财务省。然而本研究关注的并不仅于此，尽管中国方面的统计可以用东亚金融危机给予合理的解释，但同样不能认为日本的统计存在错误。既然这样，应该在日本统计基础上考虑为什么日本对中国投资在 1996 年发生剧减。按经济学的常识来看，应该是 1995 年存在一个意外冲击，但这个冲击是什么，笔者会给予进一步的研究。

---

① 事实上，制造业投资的合同金额从 1996 年开始减少，实际金额延续两年后从 1998 年开始减少。

2000～2004 年及近期是日本对中国直接投资产业结构变化的第五个阶段。从图 4－1 可以看到，日本对中国的制造业投资再一次开始了大规模增加，从增长曲线的斜率看，这一阶段的增长趋势接近于 1991～1995 年的第三阶段。这一阶段进一步体现了这样的特征：传统的日本对中国投资较多的劳动密集型产业增长较慢，而一些技术含量较高的产业增长较快。其中以包括汽车在内的运输机械最为突出，2000 年与 2004 年相比，这一投资额增长达 16.71 倍。与此同时，这一阶段还有一个值得注意的现象，即非制造业投资也实现了一个快速的发展，这从图 4－1 可以清楚地看到。在此可以联系一下当时中国的现实，在上一阶段日本对中国进行大量制造业投资的同时，世界上有很多国家也进行了同样的投资。在这种状况下，进行与制造业相关的非制造业投资显得越来越重要。[①] 因此，尽管中国仍需要更多的制造业投资，但吸引大量的非制造业投资却越来越重要。《2004 年世界投资报告》以超过一半的篇幅分析了全球服务业外国直接投资的增长，并且指出，在 2003 年全球吸引外资最多的中国，外资大量涌向服务业将成为必然趋势。

其实，一个国家吸引外来投资的过程总是表现出这样的规律：先是非制造业投资占很大比重，然后制造业投资比重增加而超过非制造业投资，然后再是服务业投资比重的增加。服务业投资增加会对所有的外来投资活动产生极大的推动作用。冼国明（2004）指出，日本和欧盟近年来异军突起成为服务业对外直接投资的主要来源，主要手段为跨国并购，而发达国家服务业吸收的外国直接投资存量大约占 72%，发展中经济体占 25%。[②] 所以，日本对

---

① 这一方面是因为我国经济自身发展的要求，另一方面则是因为投资者自身继续投资的要求。

② 也就是说，从中国当前利用外资的情况看，进一步吸引服务业投资非常必要。

中国投资的产业结构变化既符合了中国的现实需要，也符合了国际投资发展的正常规律，因而体现出良好的趋势。

第二节　技术含量结构的变化

严格来讲，衡量技术含量是十分困难的，因为它只具有相对性而不具有绝对性，很难用具体的数据对其进行描述。与此同时，对技术含量结构变化的衡量具有类似的困难，尽管相对于前者而言较为容易一些，但两者都难以用直接的方式进行。上面所说的后者较为容易的地方就是在于，后者的衡量可以采用很多间接方式。本书在考察日本对中国直接投资的技术含量结构变化时正是应用了间接方式，这些间接方式是分别对三种相关内容进行考察。这三个相关考察对象是高技术含量产业投资在制造业投资中的比重变化、技术含量较高的大型跨国公司的数量变化和投资者研发活动的变化，下面分别给予阐述。

一　高技术含量产业投资在制造业投资中的比重变化

一般来讲，制造业能很好地反映技术含量，所以本研究的考察对象要在制造业中选择。而且，像上一节提到的那样，在外来投资的制造业中最有技术含量的产业应该是运输机械、一般机械和电机（器）等产业。所以此处的考察就先以运输机械和电器产业为对象。1980 年代中期以后，当日本企业打消顾虑而开始对中国扩大投资的时候，食品和纤维产业成了带动这种投资趋势最引人注意的两个产业。众所周知，食品与纤维产业都是劳动密集型产业，因此将其划分为技术含量较低的产业。进入 1990 年代，当日本对中国投资进入第一个高速发展时期的时候，食品与纤维产业依然保持了旺盛的投资势头，而与此同时，电器和运输机械等产业成为可以与前述两个产业相比的快速投资产业。而经过 1990 年代中期以后的发展与调整，到 2004 年时，电器和运输机械产业的投资额已远远超过食品与纤维产业的投资额。上述变化过程可以在图 4-2 中清楚地反映出来，而这很好地展现了日本对中国投资的技术水平的提高。

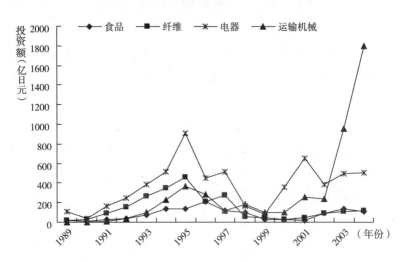

图 4-2　食品、纤维、电器、运输机械四个产业投资变化比较

　　日本驻华大使馆经济部参赞千叶明（2004）对此也有专门的研究，他采用 1990 年、1995 年和 2000 年的数据来说明各个产业投资占所有投资的比重变化（见图 4-3）。在图 4-3 中，通过电机和机械产业（即上述电器和机械产业）在三个年度所占范围的变化，可清楚地看到日本投资中这两个产业的明显增长态势，两者投资额占制造业投资的比重分别从 1990 年的 10% 和 3% 左右上升到 2000 年的 35% 和 10% 左右，而与此同时，曾经作为日本对中国最主要投资产业的纤维产业的投资额所占比重却从 1990 年的 30% 以上下降到 2000 年的不足 5%。虽然并不知道千叶明的数据来源，但其描述清楚地得出了和本研究一致的结论，即高科技含量产业的投资在总投资中的比重越来越大。在此有一点也值得注意，图 4-3 中的运输机（即上面说的运输机械）主要指汽车，作

为目前备受关注的高科技产业和外商投资热点，它在图中也显示了强劲的增长态势，而且这种态势在以后的数据中得到了很好的延续和加强①。

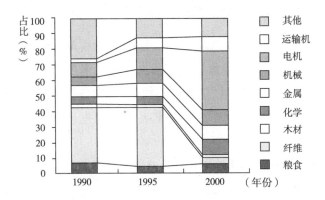

图4-3 日本对华制造业直接投资的产业结构变化（投资件数占比）

资料来源：根据《千叶参赞关于日中经济关系现状演讲的概要》（2004）有关图表整理而成。

下面以电子电器产业为例具体考察高科技含量产业投资的变化。在日本对产业的分类中，电子电器产业即属于上述电机（器）产业。在1996年，日本在中国建立的电子电器企业达332家，比1989年增加了12倍，超过了日本当年在美国建立的企业数（240家），这一组数字说明了电子电器产业投资在中国的强劲增长。关满博（2002）研究指出，在1980年代，日本对中国电子电器产业的投资首先以组装工厂的形式出现。紧接着为了满足中国零部件国产化的要求，从大约1993年起，一些日本投资者开始在中国建立电子电器的零部件工厂。之后由于产业纵向的供求关系，零部件工厂的建立又要求投资建立原材料初级加工工厂。再加上一些

① 吴晓燕:《全军挺进：警告拦不住日本车商的中国投资热》，南方网，www.southcn.com，2002。

为大企业提供专项产品的中小企业的投资，逐步形成了包括组装工厂、零部件工厂、原材料加工工厂以及其他加工工厂的投资在内的庞大投资规模。

二 技术含量较高的大型跨国公司的数量变化

在开始的相当长一段时间，甚至整个 1980 年代，日本对中国投资的主体主要是一些中小企业，投资方式主要是合资。这种现象是基于本研究在分析总量变化和产业结构变化时曾指出的原因，即开始阶段的疑虑心理。因而日本大型跨国公司的进入也表现出了上面常常提到的阶段性。在整个 1980 年代，在对中国投资方面表现最为突出的日本大型跨国公司应是三洋电机，1983～1985 年，它陆续在中国建立了 3 家独资企业和 3 家合资企业。这些企业分别是深圳三洋电机（蛇口）有限公司、深圳三洋半导体（蛇口）有限公司、深圳鸟取三洋电机（蛇口）有限公司、深圳华强三洋电子有限公司、广东（佛山）三洋冷气机有限公司、北京三洋电子有限公司。与此同时，另外一些著名跨国公司也开始了投资，如松下建立北京松下彩色显像管有限公司、三菱建立上海三菱电梯有限公司以及富士通建立福建富士通通信软件公司等。而且，在1980 年代末期，日立、马自达、佳能等著名公司也加入了对中国投资的行列（王立军，1998）。

从 1990 年代开始，日本大型跨国公司加快了投资中国的步伐，仅在 1990 年代的前两年，日本大型公司对中国投资的项目数就超过了前十几年的总和。表 4 - 2 列出了在上述两年内这些公司及它们的主要投资项目。通过表 4 - 2 可以看出，在短短的两年间，日本众多大型跨国公司开始了对中国的投资和新的投资。在此以后的数据显示，也正是从这时起，日本大型跨国公司开始了对中国的大规模和系统化的投资。其对中国的投资战略也开始改变，从以占有市场为主变化为占有市场和扩大生产并重。并且随着疑虑心理的逐步消除和投资经验的增加，投资方式越来越多地采用独资经营。①

表 4-2　1991~1992 年日本大型跨国公司对中国投资主要项目

母公司名称	在中国建立的公司名称	公司所在地	生产内容
松下	北京松下通信设备有限公司	北京	BP 机
	方宝（广州）电熨斗有限公司	广州	电熨斗
三洋	大连三洋制冷有限公司	大连	大型吸收式冷冻机
日立	日立华胜信息系统有限公司	北京	电脑软件
	北京日立电梯服务有限公司	北京	电梯安装及维护
欧姆龙	欧姆龙大连有限公司	大连	电子体温计、低频治疗仪等
东芝	东芝大连有限公司	大连	印刷电路板
本田	五羊本田摩托车有限公司	广州	摩托车
	天津本田摩托车有限公司	天津	摩托车
夏普	上海夏普电器有限公司	上海	空调机、微波炉等
富士通	北京富士系统工程有限公司	北京	计算机软件开发
	南京富士通通信设备有限公司	南京	光纤传输系统
	深圳深通打印设备有限公司	深圳	打印机
日本电气（NEC）	首钢日电电子有限公司	北京	半导体
	天津日电电子通信工业有限公司	天津	电话交换机
	武汉日电光通信工业有限公司	武汉	光数字传输设备

资料来源：根据日本财务省（原大藏省）和日中贸易振兴机构有关统计资料（2003）整理而成。

在上述趋势之下，日本各大跨国公司对中国的投资蓬勃开展，除了上面提到的公司以外，三井、住友、索尼、第一劝业、芙蓉、

----

① 更多的独资经营当然也与中国的政策有关。

三和等公司也纷纷来中国投资。截至 1996 年底，松下公司在中国建立生产或销售公司共 34 家，三洋公司建立 29 家，日立公司建立 19 家，东芝公司建立 16 家。根据《日本经济新闻》2004 年对日本 119 家主要大企业的调查，在回答问卷的企业中，89 家企业称"已在中国开展事业"或"计划在中国开展事业"；在这 89 家企业中，88% 的企业表示要在今后 3 年内扩大对中国的投资规模，82% 的企业认为中国作为生产基地和消费市场都具有吸引力。而且，资料显示，已经进入中国的公司的投资领域越来越广，以松下公司为例，它在中国建立的这些公司可以生产彩电、洗衣机、空调机、冰箱、录像机、传呼机、音响设备和各种零部件，涉及了松下公司所有重要部门，在中国形成了自己完整的生产体系。在这些大公司的积极影响和带动下，日本一些大规模综合商社也开始投资中国，同样以 1996 年为界限，伊藤忠商事公司在中国设立了 220 家子公司，丸红公司设立了 123 家，三菱商社设立了 102 家，三井物产公司设立了 99 家。以上述状况为基础，一些日本大型金融机构也开始在中国投资。这一切共同构成了一个以大型跨国公司为主的良好的整体发展态势，伴随着这种态势而发展的是日本对中国直接投资的技术含量的迅速提高。

三 投资者研发活动的变化

世界各国的投资者大量涌入中国，使中国在 2002 年成为世界上吸引外资最多的国家①，外国投资者之间以及外国投资者和中国内部投资者之间的竞争日趋激烈。在这种情况下，日本投资者对中国投资的内容和行为方式也发生了很大的变化。很多大企业的投资已经实现了从劳动密集型到资本密集型再到技术密集型的转变，或者是三种投资内容并存。而且日本投资的行为方式也早已

----

① 参见本书序言注①。

突破了传统的小岛清理论的局限，很多公司投资的产业已不再是日本比较劣势的产业，而是比较优势产业（薛军，2003），这明显地体现在其研发活动的变化上。近年来，日本著名的大公司陆续开始在中国设立名副其实的研发中心（见表4-3），用最新的技术生产最新的产品，可以说是把其生产活动的核心层搬到了中国。

表4-3　截至2002年日本跨国公司在华设立的研发机构

序号	研发机构	行业	所在地区
1	JVC（北京）技术开发中心有限公司	IT	北京
2	SMC—清华大学气动技术中心	光机电一体化	北京
3	北京岛津分析中心	生物医药	北京
4	北京三菱移动通信设备有限公司研发中心	IT	北京
5	北京索鸿电子有限公司	IT	北京
6	恩益禧—中科院软件研究所有限公司	IT	北京
7	富士通研究开发中心有限公司	IT	北京
8	松下电器（中国）有限公司研究开发部	IT	北京
9	松下电器研究开发（中国）有限公司（简称CMRD）	IT	北京
10	索尼爱立信移动通信产品（中国）有限公司北京研发中心	IT	北京
11	资生堂中国研究所（北京资生堂丽源化妆品有限公司）	精细化工	北京
12	东芝（中国）研究开发中心	IT	北京
13	广州本田技术中心	汽车	广州
14	本田摩托车上海研发中心	汽车	上海
15	东芝（上海）有限公司	IT	上海
16	日本富士通深圳公司	IT	深圳
17	西安NEC无线通信设备有限公司	IT	西安
18	青岛帝科精细化学有限公司研究所	精细化工	青岛

资料来源：根据商务部、科技部等机构的调查统计结果总结而成。

这将有利于日资企业引进当地高素质管理技术人才，吸收先进技术，并从所在地的现实中确立相应的开发课题，推进当地化经营。如佳能公司社长御手洗富士夫所说，中国的优势不仅仅是低价劳动力，而且具有最先进技术的开发潜力，把开发和生产部门都转移到中国可以实现"制造的理想"。

日本是世界上研发投入最多的国家，其每年的研发投入平均占到 GDP 的 3% 以上（冯昭奎，2003），大大高于中国平均不到 1% 的水平①。甚至日本中小企业都有较大的研发投入，在 2004 年访问日本东京一家中小企业的时候，笔者看到它有大量的研发人员，而且看到中国的海尔公司向它发出的订单。所以，日本在中国建立大量的研发中心，不仅表明了日本投资者的态度和预示了日本对中国投资的未来趋势，更重要的是，它提升了日本对中国投资的技术水平结构，将对中国未来的技术发展起到很大的推动作用。

下面通过一组调查数据来了解日本跨国公司在中国设立研发机构的理由。2002 年，日本贸易振兴会对一些在中国投资的日本公司进行了问卷调查，让企业对在中国设立研发机构的理由进行多项选择，调查结果如图 4-4 所示。可以看出，迅速应对当地市场是日本跨国公司在中国设立研发机构的首要理由，这反映了很多公司寻求更快更好地占领中国市场进而在中国长远发展的心理。降低成本和利用当地人力资源是日本跨国公司在中国设立研发机构的另外两个最为重要的理由，事实上，两者之间有着非常密切的联系。在当地设立研发机构所能节约的最大的成本是研发人员的工资成本，日本对中国的投资更是这样，因为同样岗位的日本研发人员工资要比中国研发人员工资高得多。而且，中国相对于日本又有着更加丰富的人力资源。所以，在某种意义上说，日本跨国公司利用中国当地的人力资源就是在降低成本。日本跨国公

---

① 以 1999 年为例，中国的研发经费仅占当年国内生产总值的 0.71%。

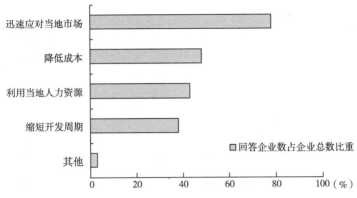

图 4 - 4　日本跨国公司在中国设立研发机构的理由

司在中国设立研发机构的第四个重要理由是缩短开发周期，这是一个显而易见的事情，因为脱离生产实践在母国研发，在跨国公司的生产效率上是有损失的。

　　下面再从具体的数据上看一下日本跨国公司在中国研发经费的变化，本研究采用了 2000 年以后的数据，而且同样将其体现在趋势图中（见图 4 - 5）。从 2001～2004 年的数据来看，日本跨

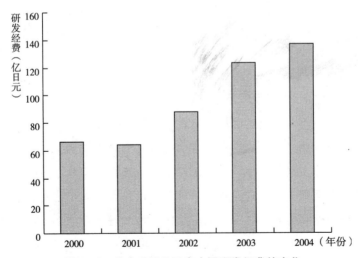

图 4 - 5　日本跨国公司在中国研发经费的变化

国公司在中国的研发经费有了快速的增长，从 2001 年的 64 亿日元增加到 2004 年的 137 亿日元，增长了一倍多，平均每年增长率在30% 左右。在图 4 - 5 中能更清楚地看到上述趋势，即近年来日本跨国公司在中国的研发经费连续快速的增加。对于中国经济的未来发展来说，这是日本对中国投资最有意义也最值得关注的方面之一。

第三节　地区结构的变化

如前所述，衡量一种投资结构是否优化的标准主要取决于是否适应东道国的需要，这也正是探讨日本对中国直接投资地区结构变化具有很大意义的原因所在。中国经济发展存在着极大的地区差异，因而任何能促进内地经济发展的投资活动都适合我国的需要。在考察之前，为了便利，同样也是按照惯例，特将上面所说的地区分为沿海和内地，它们所分别包括的省市则显示在相关的图表里。下面将分两个步骤来考察日本对中国直接投资地区结构的变化。

一　对日本在中国投资地区结构的状态评价

首先用 1996 年的数据来显示日本对中国投资地区结构的总体状况。通过表 4 - 4 可以看出，直到 1996 年，日本对中国沿海的投资相对于内地仍占有绝对优势。两者所占比重分别为沿海 87.1%、内地 12.9%。由于统计中沿海包含的省份和直辖市较多，在此不再做倍数的比较。但很明显的是，像辽宁、山东、广东等省份所占日本投资的比重普遍高于内地省份 5 ~ 10 个百分点。这就是人们常常指出的日本投资的问题之一：地区结构的不合理。事实上，包括日本对中国投资在内的所有外国投资都是从沿海开始的，这是我国近代落后的历史背景和现代经济发展的具体条件决定的。同样地，日本在中国各地区投资的具体产业也反映了这样的特征。在表4－5中可以看到，日本对中国东部地区的所有产业的投资额都高于中部和西部，仅华东地区就占日本对中国投资总额的一半以上（50.39%）。尽管中西部地区在某些产业上可能拥有比较优势，但在日本的投资上丝毫没有体现出来，由此可以相信，区位优势是日本以及其他跨国公司选择投资地点的最大因素。在同处东部地区的不同区域的比较上，日本在华东地区的投资额也明显高于其他地区，这也显然是因为华东地区的区位优势更加明显。只有在区位差别不大的情况下，

表4－4　1996年日本对中国沿海和内地投资比较

单位：%

	上海		19.2		
	北京		8.3		
	天津		6.6		
	辽宁	15.3		大连	9.7
沿海	江苏	10.7		苏州	1.2
（87.1）	山东		9.2		
	广东	7.2		深圳	2.5
	浙江		4.9		
	福建		2.7		
	河北		2.2		
	海南		0.8		
	广西		0.1		
	吉林		3.2		
内地*	黑龙江		1.6		
（12.9）	湖北	1.4		武汉	0.8
	河南		1.3		
	四川	1.1		重庆	0.7

*　内地只列出部分省份。

资料来源：三菱综合研究所编《投资中国一览表》，1997年4月。

表4-5 2003财年日本对中国各地区投资产业状况

单位：亿日元

产业＼地区	中国合计	华东	华南	华北	东北	中部	西部
农林、水产业	27	13	4	6	3	0	1
矿业	4	0	0	0	2	0	2
建筑业	39	21	9	7	1	0	1
食品	302	82	36	119	43	7	15
纤维	629	405	40	106	51	16	11
木制品、纸	40	21	3	9	5	2	0
化学品	481	234	95	80	41	8	23
石油制品	14	3	0	7	0	2	2
橡胶制品	62	34	10	9	8	0	1
玻璃、土石制品	114	49	23	25	14	2	1
钢铁	83	32	19	18	7	5	2
非铁金属	79	44	9	8	6	4	8
金属制品	219	106	33	42	28	4	6
机械	378	194	57	66	39	12	10
电器机械	640	275	163	121	58	10	13
运输机械	224	77	43	42	9	15	38
精密机械	126	65	17	26	13	4	1
其他制品	179	76	21	43	33	2	4
运输仓储业	159	78	24	37	18	0	2
批发业	483	361	35	50	33	2	2
零售业	22	9	4	5	1	0	3
金融保险业	23	7	5	8	2	1	0
证券业	0	0	0	0	0	0	0
不动产业	58	27	0	17	10	0	4
服务业	309	140	29	85	32	6	17
其他	170	98	9	35	14	5	9
合计	4864	2451	688	971	471	107	176

资料来源：根据日本经济产业省《通商白书》（2005）第2章第2节相关内容整理。

当地产业发展的比较优势才会被考虑，在表4-5中，西部地区的某些产业的日本投资额高于中部地区可认为是对这种分析的一个证明。总的来说，沿海的东部地区接受的日本投资要比其他地区大得多，而且在各种产业的日本投资上都具有优势。

二 日本对中国投资地区结构的变化趋势

正如前面多次强调的那样，本书非常重视对变化的研究。也就是说，尽管在绝对额较低的情况下，只要有好的发展趋势就会得到肯定和重视。因此，不能单纯地看某一时点的数据，而要将不同时期的数据给予比较。在此，表4-6适合了上面的要求。通过表4-6可以看到，沿海地区占日本投资的比重在1988年、1990年和1993年分别为98.66%、91.63%和88.27%，虽然仍占绝对优势，但其比重却具有下降的趋势；与此同时，内地占日本投资的比重在这三年分别为1.34%、8.37%和11.73%，具有大幅度上升的趋势。相比之下，在占日本投资的比重方面，5年间沿海地区下降了10多个百分点而内地上升了10多个百分点。这符合了投资发展的规律，也归功于中国政府近年来的政策。[①]

表4-6 1988年、1990年和1993年日本在沿海和内地投资的变化

单位：件，亿美元，%

年份	沿 海				内 地			
	件数	比重	金额	比重	件数	比重	金额	比重
1988	208	92.44	2.95	98.66	17	7.56	0.04	1.34
1990	288	85.97	1.97	91.63	47	14.03	0.18	8.37
1993	2818	81.54	24.92	88.27	638	18.46	3.31	11.73

资料来源：根据日本经济产业省《通商白书》（2005）第2章第2节相关内容整理。

---

① 随着中国西部大开发战略的实施，中国政府为外商投资中西部地区提供了更多的市场准入机会，对投资于中西部地区的外商从税收、外资持股比例等方面给予了更多的优惠，国家有关部门和地方政府也陆续出台了相应的具体优惠措施，鼓励更多的国外投资者到中西部投资。

　　从当前看，日本投资向内陆地区倾斜的趋势已比较明显。1991 年日本对中国内陆地区的投资项目数，仅占当年日本对华投资总项目数的 5.8%，而 1998 年这一比例上升到 11.5%。从 2000 年开始我国决定实施西部大开发战略，为了吸引外资制定了一系列更加优惠的政策。日本企业纷纷去西部考察，许多日本大企业在重庆、成都、西安等地设立了办事处，以获得更多和更大的商机。日本国际贸易促进委员会也于 1997 年 3 月成立了"中国内陆、中西部投资委员会"，随着各项工作的开展，日本企业对内陆地区的投资方向会更加明确。今后日资企业必定会以东部的合作企业和基地为依托，进一步加大对内陆地区，特别是西部地区的投资力度。

第五章
日本对中国直接投资变化的动因

按照经济学中已成共识的观点，任何经济活动只有同时实现总量增长和结构优化才能认为是发展。通过前两章的分析可以认为，日本对中国直接投资实现了积极的发展。换句话说，发展是这种投资变化的表现和结果，也是它的现实状况和未来趋势。那么为什么会出现这样的状况和趋势呢？联想到日本在更早的时候先对欧美国家而后对一些东亚其他国家的大幅度投资，以及中日之间经济之外的特殊关系，近年来日本对中国投资变化的原因尤其引人注意。本章将进行这方面的研究。为了清楚，本章的研究仍要分类进行，即从中国和日本两个角度考察上述动因。但正如将要看到的那样，一些来自于日本的因素恰恰以与中国的比较为条件，反之亦然。所以下面划分的来自日本的或来自中国的因素不一定具有绝对性，只不过更多地与某国相关而做了相应归类。而且，对于一些无法做上述分类的、由两国共同形成的因素，本章会给予单独的分析。

第一节　日本的促进因素

所谓日本的促进因素，是指来自于日本的促使投资者投资中国的因素。这种因素依赖于日本经济各个方面的现实状况，但导致这种状况的更深层次的原因则不局限于日本自身。而且，通过下面的分析还可以看出，本章所讨论的这些因素往往是互为条件、互相影响的。

一 经济结构调整的需要和产业发展势差的推动

日本对外投资的发展基本上是以小岛清的边际产业转移理论为指导的。[①] 按照小岛清的理论，对外投资总是从在国内已处于或将处于比较劣势的产业开始，这些已处于或将处于比较劣势的产业即边际产业。这是日本长期以来奉行的对外投资理论所形成的对中国投资的促进因素。从日本的实际情况看，1980 年代以来，纺织工业和钢铁工业已处于基本饱和的状态，汽车和电机机械工业已显示出成熟的特征。对这些产业来说，投入更多的国内资源扩大其生产已是无效率或低效率的了，促使它们继续发展和实现更多价值的最好途径就是对外投资。与此同时，一些如信息通信产业的新兴产业已开始规模化发展，这种发展需要越来越多的资源。而且，考虑到日本所面对的国内和国际发展环境，其解决问题的最好途径是产业结构的调整和升级。而要实现产业结构的调整和升级，非常重要的途径就是对与之存在产业差距的国家或地区，如东亚，尤其是中国进行投资。所以，对中国的投资适应了日本经济结构调整和升级的需要。

而且，一个非常重要却总是被忽略的问题是，两个国家在同样产业的发展上差距越大，拥有优势的国家向处于劣势的国家投资的动力越大。[②] 这和上面的讨论并不矛盾，具体到日本对中国的投资，某一产业虽然在日本已处于劣势，但相对于中国的同一产

---

① ［日］小岛清：《对外直接投资：跨国经营的日本模式》，普雷格出版社，1978。
② 这可从产品生产周期理论中推论出来，但却与边际产业转移理论的推论不一致。

业仍具有优势。可以想象，许多国家，尤其是东亚的一些新兴工业化国家，通过日本的投资实现了诸多产业的发展和进步，这些产业整体水平提高的同时也就拉近了和日本同类产业的差距。而中国的情况则不同，正因为日本首先在上述国家进行投资，中国的同类产业和日本仍具有相对较大的差距，这就强化了日本对中国投资的愿望。与此同时，由于中国自身的特点，中国有更多这样的产业，而且对这些产业的需求很大，容易使这些产业形成规模效益，这也强化了日本对中国投资的愿望。所以，在调整经济结构的条件下，一些同类产业发展水平的较大差距可以作为近年来日本对中国投资迅速发展的原因。这可以称为势差理论[①]。

二　日元升值和过剩资本的存在

众所周知，从总体来看，本币的升值将阻碍本国商品出口。这是因为，虽然本币升值不影响以本币标明的商品价格，却抬高了以外币标明的同一商品的价格，因而阻碍了外国消费者进而是商家对此商品的购买。但是，对于本国的生产者来说，本币的升值却使对外投资更加有利。理由很简单，本币的升值使本币在国外购买投资品时更加具有购买力。事实上，日元升值构成了日本长期以来对外投资的重要原因。下面来了解一下日元近些年来升值的状况。实际上，从布雷顿森林体系瓦解到现在的漫长时期，日元币值始终保持波动中上升的趋势。从 1971 年突破长期保持的 1 美元兑 360 日元的比价以来，1978 年，上述外汇比价已升至 1 美元兑 201.4 日元。1978 年以后，在日元币值持续上升过程之中，影响最大的急剧上升有两次。第一次起始于 1985 年 9 月，直接原

---

① 2004 年初在日本东京三井战略研究所的访谈中，华裔研究员沈才彬阐述了经济发展水平的势差概念，并分析了它对后进国家追赶先进国家的重要作用。这对笔者很有启发，因而将之运用到国际投资领域。

因是著名的西方五国（英、美、德、法、日）的"广场决议"。从1985年9月至1988年1月，上述外汇比价从1美元兑244.19日元升至1美元兑128.27日元，在短短一年零四个月间日元币值上升近一倍。第二次起始于1993年2月，其原因仍是迫于美国的压力。这次升值从1993年的1美元兑124.8日元升至1995年的1美元兑96.45日元，而且更引人注意的是，这一比价曾于1995年4月19日突破1美元兑80日元达到1美元兑79.75日元。通过以上内容可以看出，日本对中国投资的过程同时也是日元升值的过程。这里有一点非常重要，中国长时间以来实行的是盯住美元的汇率制度，因此，日元相对于美元的升值就意味着相对于人民币的升值。所以，日元升值促进了日本对中国的直接投资。

同时，长期的日元升值和贸易顺差一起导致了日本国内大量过剩资本的形成，尽管两者并不是日本过剩资本形成的全部原因，而且可以认为是经济良好发展促成的积极原因。在下面的讨论中还会指出，国内需求不足也是过剩资本形成的重要原因，但却是消极原因。下面从经常收支和外汇储备两方面来看日本国内过剩资本情况。从经常收支看，1992年日本经常收支盈余首次突破1000亿美元大关，为1176亿美元，1993年再创1314亿美元的新纪录。尽管1994年较1993年略有下降，为1291亿美元，1995年比上一年又减少了14.3%，为1106亿美元，但直至1996年连续4年维持在1000亿美元以上。从外汇储备看，1990年以后的一段时间，日本外汇储备一直居世界第一位，1991年为689.8亿美元，1993年为955.89亿美元，1994年突破1000亿美元，1996年再创新高，达到2178.67亿美元（李春来，2002）。上述统计数据表明，日本国内的过剩资本相对比较雄厚。而资本是要追逐利润的，联系到本章即将讨论的中国的吸引因素，大量过剩资本的存在将直接推动日本对中国的投资。

三　经济停滞和国内需求不足

日本经济在"二战"以后曾取得辉煌的成就，但从 1990 年代以来却陷入了长期的停滞状态。1991～1995 年，日本的年均实际 GDP 增长率仅为 0.6%。更为严重的是，1997 年和 1998 年实际 GDP 增长率连续两年出现了负增长，分别为 −0.4% 和 −1.9%，达到了"二战"以后日本经济增长率的最低水平。而且，经济低迷的状况一直延伸至 21 世纪初。一个明显的表现是，日本经济在 2000 年上半年略显回升后又再度滑坡，在该年的第三季度经济增长率下降为 −0.6%，创下了 21 世纪以来的第一次负增长。在以后截至 2003 年的时间里，日本经济形势也一直不容乐观。接下来回到本节的问题，即经济停滞对日本国内投资的影响。其实，我们并不能看到经济停滞对投资活动的直接影响，它往往是通过影响国内需求变化再间接地影响投资活动。很显然，经济停滞会造成多数人收入的减少或丧失，因而导致国内整体需求的不足，需求的不足会导致生产的相对过剩，最终会强制性地促使国内投资的减少。在减少国内投资的同时，投资者就会将这些资金转向国外，这就是日本国内需求不足推动日本对中国直接投资的理由。

下面看一下日本国内需求不足的状况。根据 2000 年 2 月日本经济贸易工业部公布的报告，在 1990 年代，曾占日本 GDP 60% 的个人消费支出以平均每年 0.63% 的速度下降，最低时只占 GDP 的 55%，接近"二战"后的最低水平。这很好地显示了整个 1990 年代日本国内需求不足的状况，而且这种状况同样延伸至 21 世纪初。根据日本总务省发表的对 2000 年各年龄段家庭收支状况进行的调查，2000 年日本各年龄层月平均消费支出为 31.7267 万日元，扣除物价变动因素影响，实际支出较上一年度减少 0.5%，连续五年同比下降。该数据在 2001 年再次下跌（李欣欣，2001）。以东京为例，2001 年 2 月东京物价指数较上年同期下降 0.5%，连续第

18 个月下降，创下历史最大跌幅。由此可以看出近年来日本国内需求不足的真实状况。与此相对应的是，中国国内需求无论在规模上还是结构上都出现了旺盛的局面，这是下一节要讨论的问题。在此，可以给出结论，日本经济停滞和内需不足的状况构成了日本加强对中国投资的重要条件。进一步讲，中国内需旺盛与日本经济停滞和内需不足一起，构成了日本加强对中国投资的重要原因。

四　外部经济条件的变化

20 世纪后半期以来，世界经济越来越表现出一体化的趋势，区域化和集团化作为其阶段性特征越来越明显。尤其在 1990 年代，欧洲联盟的"经济货币联盟条约"和美加墨三国的"自由贸易协定"的签署和实施，使日本在世界经济格局中处于越来越不利的地位。为了摆脱这种状况、壮大本国的经济实力、与美洲和欧洲形成鼎足之势以维持和提高自己的国际地位，日本必须建立以自己为主导的经济集团（于灵，1999）。所以，日本也就必须加强与周边国家，特别是东亚国家的联系与合作，而这种联系与合作的最好方式就是国际直接投资。对日本来说，中国是东亚最重要的国家，无论从当前的经济总量还是未来的经济预期来看，这一点都毫无疑问。所以，从日本所面临的外部经济条件变化来看，日本也必然会加强对中国的投资。正如日本政府认为的那样，只要把握了中国市场就把握了亚洲市场。也正是基于此，把中国作为第一投资东道国便成为日本推行亚洲战略的最佳选择。

下面换一个较为微观的角度来考察外部经济条件变化对日本投资中国的推动作用。先来看近年来日本对欧美国家的投资。1990 年代以来，日本在欧美国家投资的收益率一直在下降，大多数企业处于亏损状态，而且这些亏损在短期内难以扭转。再来看日本对除中国以外的东亚国家的投资。由于 20 世纪七八十年代日本对这些国家的投资，使这些国家的相关产业已具有相当的竞争力，而且由于这些国家相对较小，不像中国有更多的具有收益潜力且仍欠发展的产业。所以，外部经济条件的变化也使日本投资者认为中国是投资预期收益最好的国家。

第二节　中国的吸引因素

在日本对中国的投资活动中，日本是主动的一方，所以所有来源于中国的能推动这种投资活动的因素都称为中国的吸引因素。

一　经济实力的增强和市场的扩大

改革开放以来，中国经济实现了令世人瞩目的持续高速发展。1978~2001年，中国GDP年均增长率达9.3%。2002年，GDP年增长率又高达8%，GDP总量首次超过10万亿元人民币，人均GDP超过8000元人民币。相对于改革开放之初的1978年，GDP总量增长了28倍，人均GDP增长了21倍；相对于1952年，这两个数字则分别是152倍和68倍。2003年，在遭受"非典"袭击的前提下，中国GDP年增长率竟然达到了9.1%，使2003年成为继1997年东亚金融危机后经济增长最快的一年，显示了良好的抗冲击能力和稳定性。而且，在2003年，按当时的汇率折算，中国人均GDP首次超过1000美元。有资料显示，一旦人均国内生产总值超过1000美元，整体经济将以更快的速度发展。[①] 像世界银行首席经济学家尼古拉斯·斯特恩（2003）指出的那样，中国经济的持续高速增长在全世界是独一无二的。尤其是在近年来世界不同国家因为各种原因经济出现波动的时候，中国经济却一枝独秀，成为整个世界经济增长的亮点。

———————

① 来自笔者与三井战略研究所的访谈。

事实上，中国经济实力的增强并不是促使日本投资快速增加的直接原因，而直接原因是伴随经济实力增强而扩大的国内市场。在中国经济总量和人均收入快速增长的同时，一些原来的潜在市场已变成现实市场，而且更多更大的潜在市场正在和即将变成现实市场。对外国投资者而言，这一点是最重要的。日本经济企划厅综合研究开发机构 1994 年 7 月 ~ 1997 年 8 月的实际调查结果显示，作为调查对象的企业中，36.1% 把"中国市场具有吸引力"作为到中国投资的首要理由，21.1% 把"寻求廉价劳动力"作为首要理由，17.3% 则把"建立出口加工基地"作为首要理由，三者加起来为 74.5%。日本贸易振兴机构 2000 年对 2567 家企业进行的"21 世纪日本企业海外直接投资战略的现状和前景"调查显示，在企业增加投资的主要目的中，"扩大当地市场占有率"所占比重为 77.1%，处于第一位，处于第二位和第三位的"消减成本"和"扩大第三国市场占有率"所占比重分别为 37.7% 和 26.4%（金仁淑，2001）。由此可见，中国市场是吸引日本直接投资的最重要的因素。

二 投资政策的完善和投资环境的改善

自 1978 年改革开放以来，中国的外商投资政策也经过了一系列的调整与转变，形成了一整套成熟有效的外资政策体系。1979年 7 月，我国政府颁布了第一个利用外资的法律——《中华人民共和国中外合资经营企业法》，标志着中国积极利用外资的开始。同年 8 月，国务院设立了外国投资管理委员会。从 1981 年起，我国政府开始构建"经济特区—沿海开放城市—经济开放区—内地"的利用外资格局。1983 年 5 月，国务院召开了第一次全国利用外资工作会议，总结了经验和统一了认识。同年 9 月，中共中央、国务院发出了《关于加强利用外资工作的指示》，从此把利用外资发展到一个新的阶段。尤其引人注意的是，1986 年 10 月，国务院制定了《国务院关于鼓励外商投资的规定》，其中制定了 22 条政策，有力地推动了我国利用外资工作朝着规范化和法制化的方向发展。1992 年 10 月，中共十四大拓宽了外商投资的领域，放开了利用外资工作中的许多限制。1999 年，我国又出台了关于鼓励外商投资企业在中国境内设立研发中心以及在中西部投资等政策措施，表明我国利用外资已注意质量的提高。进入 21 世纪，我国又加快了完善外商投资政策法规的步伐。2000 年，我国对《中外合资企业经营法》、《中外合作企业经营法》、《外资企业经营法》这三部利用外资的主要法律做了修改，取消了对外资企业在外汇平衡、优先使用国产配件以及其他一些方面的要求。2001 年，我国又颁布了《关于扩大外商投资企业进出口经营权相关问题的通知》、《关于外商投资设立创业投资企业的暂定实行规定》，并实施了修改后的《外资企业法实施细则》、《中外合资企业法实施条例》等。2002 年以后，我国政府又陆续颁布实施了《行政法规制定手续条例》、《外商投资电信企业管理规定》、《外资保险公司管理条例》、《外资金融机构管理条例》、《指导外资投资方向的规定》、《外商投资产业指导目录》、《进出口许可证管理规定》等（社科院日研所，2004）。由此不难看出，上述政策的完善有助于外来投资者对我国的投资政策形成稳定的预期，激励投资活动的开展。因此，投资政策的完善也是近年来日本加强对中国投资的一个重要原因。

投资政策是投资环境的一部分，而且是最为重要的一部分，它也是日本投资者最为关心的内容。可以认为，说明了投资政策完善对日本投资的积极影响也就从很大程度上说明了投资环境完善对日本投资的积极影响。但是，本书不想以偏概全，所以在此还要说明投资环境的其他内容的改善对日本投资的推动作用。近年来，经过各级政府的不懈努力，中国的基础设施有了大幅度的改善，交通、通信、水电气供应等设施建设日趋完备，能源、原材料、零部件供应能力和质量明显提高，为外商投资的生产经营提供了良好的物质条件。同时，中国的外商投资软环境也得到了很大提高，除政策方面外主要体现在管理透明度和服务效率的提高上。所以，在投资政策完善加强日本对中国投资的同时，其他投资环境的改善也起到了重要的作用。正因为如此，日本八佰伴集团的总裁早在 1994 年就给出过"中国投资环境很好"的评价。[①]

下面还是具体看一下在华投资的日本企业对中国投资环境的评价，依据的是日本经济产业省在 2005 年进行的一项专门的企业调查（见图 5 - 1）。在图 5 - 1 中可以看到，日本投资者对我国的交通设施的改善给予了最好的评价。交通设施的完善意味着货物运输的便利，这直接为投资者产品的销售，甚至工厂的转移创造了条件，给投资者的投资行为降低了成本和风险。排在第二位的让日本投资者满意的是水电等的稳定供应，这让投资者相信生产不会因客观因素而中断。可以看到，上述两个因素就是常常说的基础设施最重要的两个方面。

接下来日资企业认为得到改善而较为满意的有关政策的方面依次是：法律制度完备与执行力提高、西部开发与东北振兴等政策、对外资的限制减少、知识产权保护制度的完备、与周边国家FTA 的推进。政策是外国投资者重视的投资环境中最为重要的内容之一。具体到上述内容，它们都是近些年来对外资影响最大的政策因素，其中前四个方面是国内政策，最后一个方面是国际政策。国内政策因素直接影响到了外国投资者的活动范围、受到的待遇和获得的利益，而国际政策因素则对很多在中国生产并从事国际贸易的投资者影响重大。接下来被很多日本投资者看重的优秀人才供给量扩大、产业发展与产业集聚和汇率稳定等因素，其中上述三个方面可谓中国的客观条件和优势，但也有很多日本投资者对中国优秀人才供给量扩大和汇率稳定持否定态度。对于前

---

① 高长春：《日本对中国直接投资的动力研究》，《黑龙江财专学报》1996 年第 2 期。

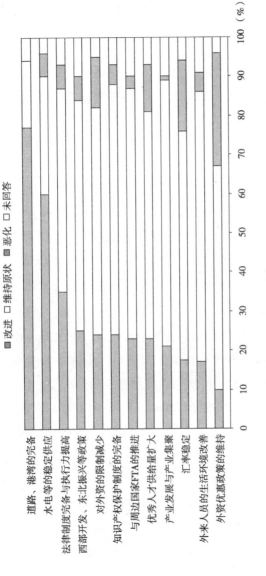

图5-1　日资企业对中国投资环境的评价

者，尽管近年来我国每年都有大量的优秀大学毕业生，但对某些产业来说总是存在结构性供给不足，这是导致一些投资者不满的原因；而对于后者，人民币升值则对以占领中国市场为目的的投资者来说可能意味着利益获得，而对于以利用中国廉价劳动力为目的且产品主要出口的日本投资者来说则意味着利益损失，不满则主要来自于这些投资者。当然，日本投资者不满最多的是一些外资优惠政策没有得到原有的维持，事实上这主要是一些地方政府的问题，当然，这与一些投资者投资之初的趋利行为密切相关。

三　投资成本低和人力资源丰富

日本国内投资成本较高是普遍认可的事实，这主要体现在劳动力价格、土地价格、税收等方面。从劳动力价格来看，日本普通工人的月收入大约比美国高 40% 多，相当于中国的 18～43 倍、韩国的 3 倍、中国香港的 2～4 倍、新加坡的 3～5 倍、菲律宾的 10～21 倍、泰国的 10～19 倍。从土地价格来看，尽管 1992 年以来日本地价持续下跌，但仍明显高于东盟、中国等一些亚洲国家和地区。从法人税来看，日本为 37.5%，中国香港为 16.5%，韩国为 18%，中国台湾为 25%，新加坡为 27%，泰国、印度尼西亚、马来西亚为 30%，中国为 15～30%（李春来，1999）。在此还可以将上述国家和地区的投资成本进行比较。不难发现，在这些日本的主要投资对象中，中国在各种投资成本中几乎都是最低的，而且和这些国家或地区保持了不同程度的较大差距。追逐低成本早已是人们共识的日本对外投资的特征之一，因而投资成本低毫无疑问地成为近年来日本加强对中国投资的重要原因。

与此同时，中国有巨大的人力资源存量。在中国首次出版的人力资源报告[①]中能够看到中国人力资源普遍素质较低的结论，但

---

①　即 2005 年 2 月 13 日教育部公布的《中国教育与人力资源问题报告》。

问题是，这只是一个平均的统计。从存量上看，中国具有大量的高素质人力资源，这在当前和未来很长时期的外国投资规模下，足以满足这些外来投资企业的需要。以2004年为例，中国高等学校的毕业生达到280万人，其中只有70%顺利就业。在这些就业的学生中，有较大的比例进入了道路与桥梁、水利水电建筑工程、纺织工程、印刷技术、机床数控技术等工程技术类职业，而且其中一部分是外资企业。而且，中国大学生每年毕业的数量都在增加，如2004年的增幅达到了32%，远远高于外来投资增加的速度。在此，用中国理工人才的发展状况来证明上述观点，事实上理工人才更加符合跨国公司的需要，而采用的数据恰恰来自于日本的CEIC数据库。从图5-2中可以看到，2001年以来，我国理工人才的供给量有明显的增加趋势，而2001~2005年的年平均增长率就高达28.88%。由此不但不能认为中国人力资源不足，而且在很多情况下应该是相对过剩。应该明确的是，以总人口为比较对象来评价人力资源状况是不恰当的，正确的方法是以能否满足现实需要为评价标准。正因为这样，事实上日本企业界对中国人力资源状况给出了非常高的评价。

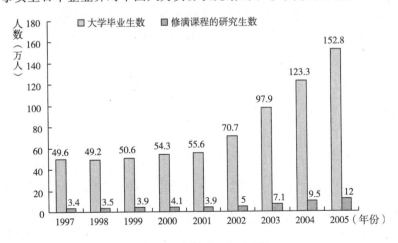

图5-2 中国理工人才状况

四 加入 WTO 和西部大开发

加入 WTO 就意味着调整外资政策、开放国内市场、取消对外资企业的非国民待遇、放宽对外资的资本参与比率等限制，降低外资进入的交易成本和制度风险。所以，中国加入 WTO 无疑会增加外国投资者的信心，有力地推动世界各国，尤其是日本对中国的投资。为什么中国加入 WTO 最能推动日本对中国的投资呢？根据世界银行的统计数据，中国加入 WTO 后会给中国经济和世界经济分别带来 830 亿美元和 3400 亿美元的巨大利益，其中欧盟为 710 亿美元，北美为 380 亿美元，日本则为 610 亿美元，从单个国家来看，预计日本将成为最大的受益国。同时，日本学者加藤弘之（2003）指出，2001 年出现的日本对华投资的第三次快速增长与中国加入 WTO 密切相关。直到中国加入 WTO 之前，日本跨国公司并没有一个像样的中国市场战略，有的只是"中国事业战略"，而"中国事业战略"是为日本跨国公司的日本市场战略服务的。在我国加入 WTO 前后，以本田、丰田等日本汽车行业的巨头为先锋，索尼等信息家电企业紧跟其后，日本企业开始实施"中国市场战略"。在华东地区，日本跨国公司的市场开拓、生产基地的转移、跨国采购等战略已经正式启动（王志乐，2004）。由此可见，作为中国经济的大事，中国加入 WTO 已成为当前吸引日本投资的重要原因。

另一个中国经济的大事，同时也是吸引日本对中国投资的重要原因是西部大开发。为了鼓励外商对西部的投资，我国政府在设立条件、准入行业、进口关税、所得税减免等方面给予在西部投资的外国企业更为优惠的条件（徐梅，2002）。如《中西部地区外商投资优势产业目录》规定，凡是投资于该目录中所列项目的外商投资企业，在进口设备、技术、配件等方面可免征关税；外商投资企业到中西部进行再投资，其投资比例达到 25% 以上的项目可享受外商投资企业的待遇。还有一些政策正在拟定中，如扩大以 BOT 方式利用外资的试点、重要旅游城市实行落地签证等。这些优惠政策和措施以及西部地区巨大的经济潜力，无疑会吸引包括日本企业在内的外国企业的投资。

第三节 一个特殊解释："雁行模式"在中国内部的重构

"雁行模式"的概念最早是由日本学者赤松要在 1932 年发表的论文《我国经济发展的综合原理》中提出的。赤松要注意到日本产业的发展通常都要经历进口新产品、进口替代、出口和重新进口四个阶段，在图表上相似于飞行中的雁阵，故而给予了如此命名。[1] 该理论后来又经过了很多学者，尤其是山泽逸平的发展，然而仍然局限于对日本国内产业发展模式的研究。首先把"雁行模式"引入东亚区域内经济发展关联关系研究方面的学者是小岛清，从此以后，"雁行模式"所表述的内容完全不同。本书下面所谈的"雁行模式"也是这种 1960 年代以后发展起来的"雁行模式"，它主要描述通过国际投资所实现的东亚国家间产业分工和产业传递的格局，也用来描述东亚国家经济依次起飞的现象。

实际上，"雁行模式"表现为这样的一种状态：东亚国家之间基于发展阶段的不同，先进国家向落后国家依次转移在先进国家处于相对劣势而在落后国家处于相对优势的产业，实现比较优势在整个区域内的转移。在这一过程中，相对落后的东道国得到了经济发展所急需的资金和技术，而相对先进的投资国为国内的结构调整重新配置了资源。应该说"雁行模式"在推动东亚经济发

---

[1] 卢汉林：《战后日本对外直接投资与外国对日本直接投资》，武汉大学出版社，1995。

展上功不可没。它促进了东亚区域内整体产业结构的调整和向更高层次的转换,形成了东亚国家依次起飞和整体发展的良好局面。而"雁行模式"也有它固有的局限性,这主要是因为它的提倡者——日本的目的并不是为了东亚其他国家的发展,而更多的是为了自己在区域内以及世界上的利益。笔者在此并不想讨论"雁行模式"的优点与缺陷,而是想在说明日本提倡"雁行模式"的原因的基础上得出日本积极提倡"雁行模式"的结论。

简单地说,日本推行的"雁行模式"是以日本始终作为领头雁为前提的。日本通过这种模式,不仅可以在产业发展水平上一直处于首位,而且利用建立起来的产业关联关系巩固自己在东亚的核心地位。而且,面对以区域经济集团化为当前特征的世界经济一体化形势,日本迫切需要一个以自己为核心的区域经济集团,而"雁行模式"恰是一个可以形成以日本为主导的区域经济集团的理想模式。这是绝大多数学者在研究日本提倡"雁行模式"的原因方面达成的共识。根据这种理解,日本推行"雁行模式"已不仅仅出于经济的目的,而是有了政治的意味,然而政治最终也是为经济服务的,所以对此方面不必深究。在此,只是得出了一个结论:日本热心于推行"雁行模式"。

在这里,很多学者疏忽了一个问题:是谁在提倡"雁行模式",而又是谁在实践"雁行模式"?本节在上面把行为主体概括为日本,而没有做明确的区分。实际上,是政府在提倡"雁行模式",而实践者是企业。政府和企业在对外投资上的目的上应该是基本一致的,但像上面谈到的那样,政府的目的有时会超出经济的范围,而企业的目的却是纯经济的。因此,政府的活动可能更倾向于在多个国家之间周旋,实现的是包括自身在内的较为抽象的整体利益;企业的活动则不必须在多个国家间变换,它要实现的是非常具体的个体利益。而且非常重要的是,在两者的行为差异中,实践者的行为对投资结果起到了更加重要的作用。考虑到这些内容时可以相信，为了充分发掘生产要素，尤其是技术的价值，产业转移不仅可以发生在不同发展水平的国家之间，而且可以发生在一个国家不同发展水平的地区之间。也就是说，出于纯经济的目的，"雁行模式"不仅可以构建于国家之间，而且可以在一个国家内部实现。这就为解释近年来日本对中国直接投资的迅速发展提供了一个视角，也就是说，中国东部、中部和西部地区经济的比较状况类似于早期日本推行"雁行模式"时东亚不同国家经济的比较状况，符合了在中国内部实现"雁行模式"的条件。

下面来分析"雁行模式"存在的条件。通过对东亚间"雁行模式"的研究，笔者认为"雁行模式"的存在主要需要三个条件：①地域接近。也就是说作为投资对象的不同国家或地区间在地理位置上相互毗邻，这样才能在生产时较容易地输送产品，在进行产业转移时较容易地转移生产资料。②经济发展水平依次降低。对此也可以引申为基础设施能力、土地价格和工资水平等依次降低。只有这样，产业转移才具有动力，因而这种转移在国家或地区间才能具有连续性和稳定性。③政治和政策环境①基本相同。产业转移的顺利实现还依赖于处于转移路径上的国家或地区在政治和政策环境的比较上没有明显差距，任何差距的存在都会影响产业转移过程。

通过分析"雁行模式"存在的条件，可以清楚地看到，中国东部、中部和西部地区的不同经济状况符合了这种条件。首先，三个地区同处中国内部，地域相连，交通便利，不存在任何特别的进出障碍；其次，三个地区在经济发展水平上从东到西依次降低，同时基础设施水平、土地价格以及工资水平等也依次降低；最后，同样毫无疑问，同处于中国的三个地区在政治和政策环境方面基本相同，总的来讲，它们都具有稳定的政治环境且彼此间不存在投资转移的限制。至此，可以说，出于纯经济的目的，热

---

① 在这里主要指政局是否稳定和对投资转移是否存在限制措施。

衷于实践"雁行模式"的日本投资者会基于上述原因扩大对中国的投资。这里还有两个强化上述原因的因素不容忽视：①中国是一个资源丰富、市场广大且经济快速发展的国家，像这样同时又符合"雁行模式"存在条件的国家在东亚甚至在世界都绝无仅有；②由于东亚国家的经济发展使国家间"雁行模式"的固有缺陷显现出来，日本维持东亚国家间的"雁行模式"已力不从心。[①]

在此，再对上面的分析给予概括，以便给出清晰的结论。正是由于近年来包括中国和其他国家在内的东亚的经济发展，使得在东亚国家间维持"雁行模式"的条件逐渐消失，在中国不同地区间实现"雁行模式"的条件却日益成熟。也就是说，以政府提倡为主的东亚间的"雁行模式"难以维持，而以企业实践为主的中国内部的"雁行模式"却逐步建立。笔者并不认为上述两方面的变化有什么必然联系，但这两个独立的变化在一起共同组成了一个现象，那就是"雁行模式"由东亚国家间转移到中国的内部。正是因为这一点，许多日本投资者开始将更多的资金投向了中国，这在以后的章节中将再次探讨。在此，只明确上述分析的结论："雁行模式"在中国内部的重构是近年来日本对中国直接投资迅速发展的重要原因。

第四节 东盟等国吸引力衰弱与中日 政府间的合作

一 中日政府间的投资合作

中日政府间的投资合作很好地体现在双方为此建立的促进机构上。为了促进日本企业和中国的投资对话，基于日本政府派遣

---

① 2001年5月，日本经济产业省发表的该年度《通商白书》第一次明确指出：以日本为领头雁的东亚经济"雁行形态发展"时代业已结束，代之而起的是"以东亚为舞台的大竞争时代"。

的"中国投资环境调查团"的建议，日本政府早在 1990 年 3 月就
首先建立了日中投资促进机构。[①]　日中投资促进机构的建立，得到
了以经济产业省（原通产省）为首的日本政府以及经济界的支持。
该机构是支援对华投资的专业机构，主要从事支援日本企业的对华
投资工作，以投资企业的立场提供有实践意义的业务服务，对华投
资的个别咨询、纠纷咨询以及其他相关信息。1990 年 6 月，在国务
院支持下，我国也建立了相应机构——中日投资促进委员会。

中日投资促进机构每年在日本和中国轮换举办定期联席会议，
截至 2004 年 12 月 2 日已召开 13 次。13 年来，在历任会长的努力
下，中日双方投资促进机构为促进中日投资合作发挥了积极作用，
中日投资合作取得了可喜的成果。截至 2004 年 10 月底，日本对华
投资项目达 3.1 万个，实际投资 461 亿美元。按实际投入金额排
序，日本是中国吸收外资的第三大来源地。[②]　正像前面分析中指出
的那样，在日本对中国直接投资的积极发展方面，日本具有多方
面的促进因素，而中国具有多方面的吸引因素，所以中日两国投
资合作具有很强的推动力和巨大潜力。在第 13 次联席会议上，时
任中方会长的薄熙来希望双方能保持势头、加强交流、面向未来、
提高水平，继续开展多种形式的合作，不断开创两国投资合作的
新局面；而日方会长丰田章一郎表示，当前日中两国经济关系发
展迅速，互补性和依赖性日益加深，双方应在相互理解和信任的
基础上，建立更加长期稳定的合作关系。

二　东亚其他国家日本投资吸引力的相对衰弱

近年来，尤其在东亚金融危机之后，日本对东亚投资的中心越

---

① 其实日本贸易振兴机构也起到了推动日本对中国投资的作用，但基于以下两个
原因本书不对其给予讨论：一是其主要职能不是促进投资；二是其促进投资并
非专门针对中国。

② 香港作为中国的一部分是一个地区，所以日本是中国外资的第二大来源国。

来越转向中国大陆。对此将在第九章给予更充分的论述，在此先通过一组数据了解其真实的状况。按照日本财务省的统计，1990 年，日本对东亚 9 个经济体（中国内地、中国香港、中国台湾、新加坡、韩国、泰国、菲律宾、马来西亚、印度尼西亚）的直接投资总额为10158 亿日元，其中对中国内地直接投资为 511 亿日元，仅占 5.0%；而到 2002 年，日本对东亚 9 个经济体的直接投资总额减少为 6356 亿日元，而对中国内地直接投资却增长为 2152 亿日元，所占比重也急剧提高到了 33.9%。1990 年，在转入东亚的 2862 家日本企业中，中国内地只有 150 家，仅占 5.2%；而到 2000 年，相应数字已分别变为 6919 家、1712 家和 24.7%（江瑞平，2003）。

对于出现上述情况的原因，可以用东亚其他国家（主要是东盟）对日本投资吸引力的相对衰弱来解释。一项来自日本国际协力银行（2002）的调查很能说明这种状况（见图 5 - 3）。这项调查的问题选项只有三个：中国比东盟更有吸引力、东盟比中国更有吸引力、不能确定。结果 56.7% 的企业认为中国比东盟更有吸引力，仅有 10.2% 的企业认为东盟比中国更有吸引力，前者是后者的 5 倍多。很显然，在当时（2002 年）的情况下，很多日本企业愿意将资金投向中国，而这已经是近年来的稳定状况。

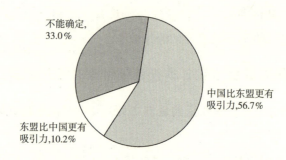

图 5 - 3　中国与东盟对日企投资吸引力的调查

对于产生这种状况的原因，第一节中曾经提到的东亚国家相对于日本竞争力的提高，其实从相对角度提供了其投资吸引力衰弱的原因，因为在某些产业上的技术赶超将会减少日本的投资。但从主要方面看，这种投资吸引力衰弱的最直观原因仍然是东亚金融危机。东亚金融危机显现了这些国家的很多深层次问题，打破了其经济稳定的形象，在很大程度上破坏了投资环境。与此相比，中国经济却显示了良好的稳定性和强大的抗冲击能力，形成了相对于东亚其他国家的引资优势。另外一个使东亚其他国家外来投资吸引力衰弱的因素是投资成本。在第一节的比较中可以知道，日本对东亚投资的一个重要因素是成本，而中国在这方面具有明显的比较优势。换句话说，东亚其他国家在投资成本上越来越处于劣势，也就是外来投资吸引力日趋降低。成本竞争取决于廉价生产要素的获取、生产要素的有效利用、生产追加成本的节约、运费的节约、规模经济效益等（李国平，1999）。生产要素条件等的变化，使得企业的投资区位选择发生变化，导致作为直接投资空间表象的直接投资地域结构发生变化，即空间转移①。中国在成本上的优势促进了日本投资向中国的转移。

---

① 李国平原文为"价格竞争"，但基于相同的含义，本书为了清楚将其改为"成本竞争"。

第六章
对日本国内经济的影响

从本章起，开始研究日本对中国直接投资的变化在各方面所带来的影响。鉴于当前世界经济一体化的现实，对上述投资变化所带来的影响的考察将首先立足于中日两国，而后延伸到整个东亚的范围。考察将按照这样的次序进行：首先是对中日两国国内经济的影响，其次是对中日两国经济关系的影响，最后是对中国和东亚其他国家经济关系的影响。这种次序体现了由内到外、由近到远、由直接到间接的基本原则。同时，由于这种影响是多方面的，进而也是广泛的和深远的，因此并不是对任一方面的具体的影响都可以做到全面衡量。所以，本书在力求对一些主要方面的影响给予准确衡量之外，对更多的方面只能给予理论分析和说明。本章研究上述投资变化对日本国内经济的影响。在此，本书没有采用正面影响和负面影响的分类，因为对影响的判断本身就带有很强的主观性，尤其是从中日两国不同的角度来看，这种主观性更加明显。因此，本章采用最为简单的方法，将这些影响按照日本国内的关心程度表现出来。

第一节　产业空心化的担忧

探讨日本对中国直接投资快速发展对日本国内经济的影响，

令人最为印象深刻的应是产业空心化，正是它引发了在日本广泛流行的"中国威胁论"。[1] 作为一个很早有人提出但并不十分引人注意的经济现象，1980 年代以来，伴随着日本对中国投资的加剧，它越来越受到关注和讨论。这种关注和讨论主要来自日本国内，其基本观点是：日本对中国投资的发展导致了日本的产业空心化。[2] 下面主要探讨上述观点的正确性。但应该明确的是，即使上述观点是错误的，也不能说对这部分内容的探讨就没有意义，因为关注和讨论本身体现了一种心理影响，而心理影响也是影响，正像现代经济学证明的那样，预期是改变人的经济行为的重要因素。

先来看什么是产业空心化。产业空心化的概念最早是美国学者根据本国对外直接投资的实际而提出的。1960 年代，美国为了绕过欧洲共同体的共同关税，开拓欧洲市场，以机电产品为主向欧洲进行了大规模的直接投资。这在一定程度上导致了美国国内相同产业生产的减少，对整个制造业的发展造成了不利影响。在此情况下，一些美国学者断言，跨国公司的对外制造业直接投资导致了美国的产业空心化。标志产业空心化概念被明确使用的是 1986 年 3 月的美国《商业周刊》，当时它专门出版了论述产业空心化的特刊。[3] 然而遗憾的是，对产业空心化的概念仍没有一个统一的界定。本书不想花较多的文字对产业空心化的不同理解一一列出和评价，所以直接摒弃掉了一些较为抽象的似乎仅靠想象得出的观点，将一些联系实际、有更多的人接受的观点进行了综

---

① 胡鞍钢：《是"威胁论"还是"互利论"——中国经济崛起对中日经贸关系的影响》，《世界经济与政策》2002 年第 9 期。
② 日本产业结构审议会（日本经济产业省的咨询机构）新成长政策部 2004 年发表的报告书指出，由于对东亚尤其是对中国的投资，今后日本产业的"空心化"将进一步加剧。
③ 其副标题是"制造业的衰落威胁着美国经济"。

合。所以，本书认为，所谓产业空心化，是指一国经济在国际化发展的过程中，随着投资者在比较优势的原则下将一些产业转移到国外，从而国内相同产业和相关产业的生产规模缩小、产品贡献衰落的现象。很明显，根据此定义，产业空心化的主要原因是海外直接投资，而且，当前讨论的产业空心化实际上是制造业的空心化。

那么，日本近年来是否存在产业空心化呢？这又涉及了产业空心化是否存在的判断标准问题。从目前的资料来看，这是一个很少论及且有待解决的问题。① 很多学者，甚至日本官方在判断日本产业空心化是否存在时都未曾说明自己所依据的标准，只是根据现象主观地给出结论。笔者认为，可以从两个角度来判断产业空心化是否存在：一方面是从结果来看，即看该产业在国内经济中的比重已下降到什么程度，这可以反过来用该产业海外投资的增加来表示；另一方面是从过程来看，即看该产业在国内经济中的比重是否一直下降，这体现了产业变化的趋势。上述两个判断的角度也反映了笔者对产业空心化的一个认识，即它既是结果也是过程，对于这两方面来说，满足其中一条即可认为存在产业空心化。在给出明确的判断标准前，还要选定合适的衡量指标，在本书中采用海外投资比率。海外投资比率可以有多种表示方法，但为了收集资料上的便利，本章给两种判断方法不同的衡量指标表示。对于用结果判断，将海外投资比率表示为海外生产额比海外生产额与国内生产额的总和；对于用过程判断，则将海外生产比率表示为海外销售额比国内销售额。现在给出产业空心化的判断标准：从结果来看，海外投资率达到20%；从过程来看，海外

---

① 薛敬孝在其1997年的论文《趋势性日元升值和日本产业的结构性调整》中，通过三个指标来分析日本产业空心化的状况，即海外投资比率提高、海外生产比率增加、（日本）国内市场海外供应比率增加，但同时他也指出，对什么是产业空心化和它的标准是什么等问题的回答有着很大的差别。

投资率连续超过 8 年上升。①

下面将依据上述标准来判断日本是否存在产业空心化。在结果方面，本文采用 1996 年日本经济产业省（原通产省）《通商白书》里的资料，因为该书的衡量指标及其表示方法和本文是一致的。根据该书的资料，机械产业 1995 年的海外投资比率达 26%，其中家电为 24.9%、汽车为 31.2%、AV 机器为 54.6%②，都不同程度地超过了 20%。机械产业作为日本制造业的主要内容，由此可以认为日本制造业出现了空心化。再从过程来看，同样为了衡量指标及其表示方法的一致，本文采用 1996 年日本贸易振兴会《贸易投资白书》里的资料。该书的资料显示，日本制造业整体的海外投资率一直趋于上升，1985 年为 3.0%、1990 年为 6.3%、1995 年为 9.7%，到 2000 年则为 14.4%，从时间跨度上已远远超过了上述的 8 年标准。所以，从过程来看日本制造业也出现了空心化。

那么，是什么原因导致了日本的产业空心化呢？按照许多日本学者的观点，是近年来日本对中国直接投资的快速发展导致了日本的产业空心化。在此，暂且不谈迄今为止日本对中国投资在其对外投资总额中仍占很小的比重，先来分析大量的对外投资是否一定导致日本国内产业空心化。毫无疑问，国际化是当代发展的必然趋势。对作为市场主体的公司来说，面对利益竞争的全球化，通过对外投资在全球范围内占有和配置资源是其必然的选择。由此可以看出，单个公司，甚至整个国家的利益使对外投资不可

①　根据日本经济产业省（原通产省）《日本企业海外事业活动》（1999）和经济企划协会《经济白皮书》（1996）上的有关资料和分析，以及 K. C. Fung 和 Thomas Ronde 等人的研究而得出。基本理由是，某产业对外投资一旦达到这两个数值表示的程度就很难逆转。由于本书篇幅有限，在此不再详细阐述，对此笔者将单独撰文。

②　日本经济产业省（原通产省）：《通商白书》，1996。

避免。所以，将国内产业空心化完全归因于对外投资有悖于经济规律。而且，将日本和一些欧美国家的实际数据进行对比可以看出，欧美国家虽然也有大规模的对外直接投资，却没有像日本那样造成产业空心化。因此，可以相信，对外投资虽然是造成日本产业空心化的原因，但不是全部原因，也不是根本原因，根本原因应该在日本国内经济本身。也就是说，是日本国内经济存在的问题使跨国公司向外投资所留下的空白未能被弥补。下面可以从两个方面探讨此问题。

一方面，相对于日本的对外投资而言，日本接受的外来投资较少。用世界上对外直接投资规模最大、增长最快的六个发达国家与日本进行比较。1997～2001 年，美国、英国、比利时、法国、德国和荷兰的外来投资分别高达 10233.5 亿美元、3736.5 亿美元、4537.2 亿美元、1948.7 亿美元、3097.6 亿美元和 2021.3 亿美元，外来投资分别相当于对外投资的 144.4%、53.5%、99.8%、43.0%、92.0% 和 86.5%。而日本在此期间吸收的外来投资仅有 331.9 亿美元，仅相当于对外投资的 23.2%，与欧美发达国家，尤其是美国的数字相距甚远。① 2001 年，六国的上述比率依次为 102.3%、135.8%、75.8%、63.1%、67.9% 和 125.1%，而日本则仅为 16.1%，低于六国平均水平（95%）78.9 个百分点，只相当于六国平均水平的 1/6。另一方面，日本的高新技术产业发展滞后，无法弥补传统产业转出后留下的空间。如前所述，对外直接投资的过程，同时也是国内产业结构调整与升级的过程。通过这一过程，一个国家将技术相对陈旧、丧失发展前景的传统产业转移到国外，然后通过发展

---

① 六国的外来投资占对外投资的比重的平均值为 86.5%，高于日本 63.3 个百分点，相当于日本的 3.7 倍。其中美国这一比重高于日本 121.2 个百分点，相当于日本的 6.2 倍。

高新技术产业来弥补传统产业转出后留下的空间。而在日本，由于高新技术产业发展相对缓慢，未能及时弥补传统产业转出后留下的产业空间（江瑞平，2003）。很明显，正是以上两个方面或者说两种情况的存在，才使对外直接投资成为日本产业空心化的原因。换句话说，它们和对外投资的同时存在构成了日本产业空心化的全部原因。

现在，可以明确日本产业空心化的根本原因了，那就是导致上述两种情况的日本国内经济环境。1980 年代以来，日本经济陷入了长期的萧条，与之相随的是市场状况的恶化和各种需求，尤其是投资需求的不足。在日本国内，前景广阔和收益预期良好的投资机会日益减少。与此同时，日本已经形成产业发展的高成本结构，信息服务费、用电价格、通信价格、场地使用费等都是包括中国、美国等国家的 2 ~ 15 倍。这些都不仅影响了外国直接投资的进入，而且对国内产业的发展也造成了不利的影响。以吸引国际优秀人才为例，由于入境管理制度过于严格，缺乏让国外优秀技术和经营人才及其家属安心生活的必要环境，日本的外来企业和国内企业在吸引国际优秀人才方面都面临着严重困难。至此，可以认为，正是因为日本不良的国内经济环境，使对外投资留下的空间无法被弥补，造成了产业的空心化，也就是说，日本不良的国内经济环境是国内产业空心化的症结。

现在可以给出最终的结论，对外投资并不是日本产业空心化的根本原因，它只是一个次要原因，或者说是形成产业空心化的一个条件。所以，对中国投资作为日本对世界投资的一部分，也不是日本国内产业空心化的主要原因，它只是一个必然出现的并不重要的影响。即使考虑到近年来日本对中国投资的强劲态势和良好趋势，结论也是一样。

第二节　对就业水平的影响

1990 年代，当日本对中国投资发展最快的时候，也恰是日本国内就业水平下降最快的时候（见图 6 - 1）。因此，很多日本学者和政府官员给出了这样的评论：是对中国大量的直接投资导致了日本就业状况的恶化。[①] 本节将在下面讨论这个评论的正确性，在这里只是强调对就业影响问题本身的重要性。众所周知，就业直接相关于国民的收入，国民的收入直接相关于国民的需求，而国民的需求直接相关于整个国家的经济。而且，正是因为就业问题与每个国民息息相关，因此有更多的作为经济活动主体的普通人给予关注，所以，即使在整体上或实际上并未对国内就业产生影响，对国民心理的影响也会影响整个经济。这是日本国内对正像

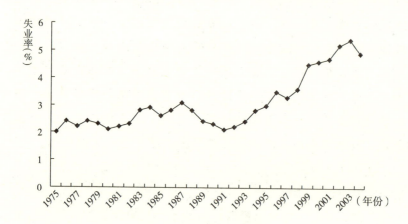

图 6 - 1　日本失业率变化

---

① 很多日本学者和官员都是在讨论对华投资与日本产业空心化时发表如此观点的。参见江瑞平《日本产业空心化的实态、症结及其"中国因素"》，《日本学刊》2003 年第 3 期。

此问题一再评论的理由，也是本书未将此问题列入上一节附带说明而是单独列出给予考察的理由。

一 近年来日本就业状况的变化

上面所说，在 1990 年代日本对中国投资快速增长的同时，日本国内的就业状况迅速恶化。这在图 6 - 1 中可以清楚地看到：在 1990 年以前很长时间内，日本的失业率基本上在 2% ~ 3% 波动，但在 1990 年以后其失业率却迅速增加。根据 2003 年日本统计年鉴上的资料，日本的完全失业人数在 1990 年仅为 134 万人，1995 年已增至 210 万人，2000 年再增至 320 万人，2002 年 3 月最多时曾达 379 万人，12 月仍达 364 万人。其完全失业率在 1990 年仅为 2.1%，1995 年升至 3.2%，2000 年再升至 4.7%，2001 年 7 月突破 5.0% 大关，截至 2003 年初仍在 5.5% 的水平上居高不下（江瑞平，2003）。再从作为对外投资主体的制造业来看，1992 年以前就业水平一直呈上升趋势，但此后发生了逆转，1993 年比 1992 年就业人数减少了 39 万人，1994 年比 1993 年减少了 34 万人，1995 年再比 1994 年减少了 40 万人。尤其是海外投资率高的产业就业减少的现象最为明显，其中纺织和电器机械产业最为严重（庞德良，1998）。1991 ~ 1994 年，电器机械产业的就业人数减少 18 万人，服装和纺织产业减少 10 万人。除此之外，一般机械产业减少了 8.1 万人，金属制品产业减少了 6.9 万人，汽车及附属产业减少了 4.6 万人。由此可见，日本国内就业问题的日趋恶化确是事实，大量对外投资的产业就业问题较为严重也是事实。然而，据此就能说明对外投资是日本国内就业状况恶化的根本原因吗？进而说明对中国投资是这种原因的核心？理由却并不充分。

首先的疑问就来自前面总量分析时所作的描述，1980 年代，尤其是 1980 年代中后期日本对中国投资同样是迅速增长，但此期间日本的国内失业率却很低。在此可以做一个横向比较。韩国同样是一个在 1990 年代以来对中国投资保持迅速发展态势的东亚国家①，然而资料表明，韩国在同一时期内的国内就业状况却呈现日益改善的趋势。1993～2002 年，韩国的平均失业率为 3.6%，低于日本 0.3 个百分点，但考虑到在此之前韩国失业率长期大大高于日本，这种转变应是十分显著。尤其是进入 21 世纪以来，在日本失业率一再上升的情况下，韩国失业率却连续下降，其中 2000 年、2001 年和 2002 年的失业率分别为 4.1%、4.0% 和 3.5%。

其次的疑问在于，日本对华投资金额占其对外投资总额的比重并不高。以日本在 1990 年代对中国投资最多和增长最快的 1995 年为例。这一年日本对中国的投资为 44.78 亿美元，仅占日本对外投资总额的 8.7%，占日本对亚洲投资总额的 36.2%，而仅占日本对美国投资额的 19.8%，也就是说，日本对中国的投资额还不到对美国投资额的 1/5。如果有影响，也只能说明对华直接投资对日本就业水平的影响很小。特别值得注意的是，随着近年来日本对华直接投资的增加，日本的失业率却在降低。据日本总务省劳动力调查，2004 年失业率为 4.7%，2005 年为 4.4%，日本的正式工人数出现了 1997 年以来的首次增加，同时青年就业人数增加，2005 年，25～34 岁的失业人口同比下降 3%。2006 年 5 月完全失业率为 4.0%，6 月完全失业率为 4.1%，但完全失业者数比上年同月减少 2 万人，就业人数比上年同月增加 20 万人。由于日本对外直接投资带来的"诱发出口"效果大于"出口替代"和"逆进口"效果，反而带来了日本国内就业机会的增加（吉田惠美里，2006）。

---

① 韩国对华投资起步较晚，主要始于 1992 年，但却增长十分迅速。从 1992 年的 1.19 亿美元到 1997 年的 21.42 亿美元，年均增长 78%。从 1993 年到 2000 年，投资项目和投资金额分别占其对外投资总量的 48.2% 和 18.3%。尤其是 2005 年上半年，韩国对华直接投资较上年同期增长了 54.4%，在投资规模方面超过了日本和美国。

二 对外投资对母国就业的影响——理论分析与日本的现实

现在来分析对外投资对国内就业的具体影响。先来分析一般条件下的情况。所谓一般条件，就是指国内经济的平稳发展。直观地看，对外投资就是将国内即将用于或已经用于生产的资金或生产资料转移到国外，这些资金或生产资料被统称为资产。不难理解，如果这些资产在国内进行生产，则它将在国内招募工人而增加国内的就业，然而对外投资减少了这部分就业，这是对外投资影响就业的第一个方面。同时，这些资产的转出就意味着已经存在的或即将存在的生产活动的转出，则本来或潜在以这种生产为原料供给对象或产品销售对象的生产者将会受到影响，进而影响它们的就业，这是对外投资影响就业的第二个方面。很明显，以上两者都是负面的影响。对外投资对国内就业还有一个正面的影响，即通过向国内购买原材料或中间产品增加本国的就业，这就是一些学者谈到的扩大出口效应。不过问题是，如果这些生产者仍在国内，它将向国内购买更多的原材料和中间产品。即使考虑到对外投资使生产规模增加而需要更多的原材料或中间产品，此时向国内的购买量也不会大于在国内时向国内的购买量。可见，扩大出口效应是微不足道的，至少难以大于上述第二方面的负面影响。因此，总的来看，在经济平稳发展的条件下，对外投资应该减少国内的就业。在此，特别强调经济平稳发展的条件，因为如果不具备这个条件，上面的结论将不再成立。试想两种非经济平稳发展的极端情况，即经济过热和经济低迷的情况。在经济过热时，对外投资减少的就业会立即被吸收；在经济低迷时，对外投资根本就不减少就业。也就是说，在这两种情况下，对外投资不会对国内就业产生负面影响①。

本文认为，日本近年来的现实就属于第二种情况。可以想象，面对国内的经济萧条和需求不足，那些对外投资的企业即使留在国内，也不可能创造就业，而只能造成资源的浪费。一个非常明显的事实是，那些仍然留在日本国内的企业的开工率都十分低下，不仅不能通过扩大生产来增加就业，反而还在竞相裁减员工。在这种情况下，可以认为日本对外投资的企业不存在对国内就业的前两种负面影响，而其第三种正面的影响却在整体上显示出作用。因此，可以肯定地说，日本的对外投资没有破坏国内就业，相应的日本近年来对中国投资的迅速发展也没有降低其国内的就业水平。如果一定要定性其影响，应该是它在一定程度上增加了就业。

三　对中国投资没有恶化日本就业：一个实证的证据

对于日本对中国投资引起日本国内就业恶化的言论，还可以在计量研究的基础上提供反驳的证据。本文的做法由两个步骤组成：首先考察日本制造业就业占总就业的比重是否下降，如果没有下降则没有必要进行下一步的工作；其次考察日本制造业就业占总就业的比重下降与日本对中国制造业投资增长之间是否存在联系。之所以用制造业作为研究对象，是因为近年来日本对中国投资以制造业为主体。而用上述比重作为主要变量，则是考虑到，如果制造业就业占总就业的比重没有下降，尽管制造业就业下降也没有必要关注对外投资对日本就业的负面影响，只有在上述比重下降的情况下，才有必要研究日本对中国投资是否影响了日本的就业。

首先来看日本制造业就业占总就业比重的变化。从图 6 - 2 来

---

① 在此意义上应该是增加了就业。

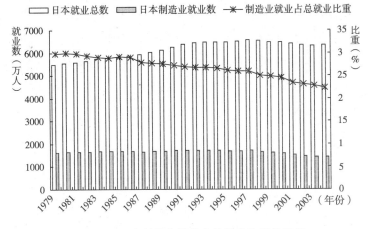

图 6 - 2 日本制造业就业占总就业比重的变化

看，在 1979～2004 年的很长一段时间内，日本制造业就业占总就业的比重始终处于一个下降的状态，这符合了上面所说的进行第二步工作的要求。但这里也有问题：长期持续的比重下降很难与对中国投资建立密切的关系，而总就业与制造业就业在 1990 年代的下降也增加了进一步研究的必要性。对于第二步的工作，可通过检验下面的回归模型来完成。

$$E_t = \beta_0 + \beta_1 FDI_t + \beta_2 FDI_{t-1} + \beta_3 FDI_{t-2} + \beta_4 FDI_{t-3} + \varepsilon_t$$

其中，E 为日本制造业就业占总就业的比重，FDI 为日本对中国的制造业投资，t 为时间。考虑到日本对中国投资对其国内就业的影响可能具有滞后性，在模型中加入了 3 个滞后变量。经过对 E 和 FDI 的时间序列做平稳性检验，发现两个变量都具有 1 阶单位根（由于篇幅所限，检验结果不再列出），所以在模型估计中采用两个变量的 1 阶差分。表 6 - 1 是模型的估计结果。

表 6 - 1 中的模型估计结果显示：FDI_t、FDI_{t-1}、FDI_{t-3} 的系数均未通过显著性检验，说明它们对日本国内的就业没有影响；

FDI_{t-2}的系数在5%的显著性水平上通过检验，但由于其系数为正值，不仅不能证明FDI对日本国内就业有负面作用，而且还显示了FDI与日本国内就业存在某种正相关关系。也就是说，日本对中国的投资不仅没有使日本国内的制造业就业，甚至总就业下降，而且在一定程度上还对后者有一定的积极作用。

表6-1 日本对中国投资与其国内就业关系的回归结果

变量	系数	t 统计量
β_0	-0.003745	-4.2391 **
FDI_t	-1.26 E-06	-1.1898
FDI_{t-1}	2.11 E-07	0.1858
FDI_{t-2}	3.11 E-06	2.6180 *
FDI_{t-3}	-5.17 E-07	-0.4271
$R^2 = 0.5056$		DW stat = 2.2468
Adjusted $R^2 = 0.2231$		F-stat = 1.7898

注：*、**分别表示在5%、1%显著性水平上通过检验。

四 日本就业下降的原因

那么，究竟是什么原因导致了日本近年来的就业恶化呢？首先，最主要的原因还在于其经济萧条和需求不足的状况。经济萧条和需求不足使很多企业不得不减少生产，也就不得不产生裁减员工的要求。而且也正是日本国内经济的状况导致了以终身雇佣为主的原有雇佣制度的变化，使很多原来的全职工作变成了兼职工作。因此，它使企业产生裁减员工的要求同时又消除了其裁减员工的障碍，故而导致了国内大量的失业。其次，在国内经济状况、自身发展要求、对外直接投资等因素的影响下，日本需要也正在进行经济结构的调整，这种经济结构调整的本身也会带来一定量的结构性失业。正像日本经济学家指出的那样，日本的就业市场近年来处于一种失衡状态，传统产业由于设备更新和技术改造或资源转移等原因存在大量过剩劳动力，而一些新兴产业和高新技术产业却存在劳动力不足。[1] 最后，由于日本国内生产成本的提高，原来日本经济快速发展所依赖的外需条件已发生变化。如果要说中国对日本就业有所影响的话，那么近年来中国经济强劲发展夺走了日本的外需应是最为突出的因素。中国大量物美价廉的产品吸引了世界的眼光，使日本国内的生产不得不减少，因而必然促使其就业水平的下降，但这与日本对中国投资的变化无直接关系。所以，总的来看，导致日本失业增加的原因仍在其国内。对外投资是其必然的要求，产业结构调整也是其必然的要求，因此，只有解决自身经济发展中的问题，使自身经济重新步入一个良性发展的轨道，才能从根本上解决就业状况恶化的问题。

第三节　对产业结构的影响

前面在谈日本国内产业空心化的时候，曾指出产业空心化的主要原因之一是新兴产业不能及时弥补传统产业转出后留下的空间。也就是说，日本的产业结构调整和升级太慢。但尽管如此，也不能否认日本国内的产业结构已在调整和升级，更不能否认日本对中国的投资对这种产业结构调整和升级的影响。

"二战"以后，日本产业结构先后经历了从劳动密集型到资本密集型再到知识技术密集型的转换过程，产业结构逐渐走向高级化。从实际来看，"二战"后日本的对外投资正是从低生产率产业到高生产率产业、从低附加值产业到高附加值产业、从劳动密集型产业到资本密集型产业再到知识技术密集型产业依次进行。通

---

① 国研网：《日本就业市场转型》，2004。

过把一些在国内已经失去或正在失去比较优势的产业转移到国外，从而使日本得以集中力量重点发展高回报的新兴高技术产业。尽管出现了产业空心化和就业下降等问题，上述产业规模的缩小却为具有比较优势的产业让出了资源。

1980 年代中期，日本产业结构开始进入新的转换期。并非巧合的是，日本的这次产业结构转换是伴随着对东亚，尤其是对中国的大规模投资开始的。上一章曾谈到，1980 年代以后，日本国内的纺织工业和钢铁工业已处于基本饱和的状态，汽车和电机机械工业已显示出成熟的特征，促使它们继续发展和实现更多价值的最好途径是对外投资。现在回头看一下日本对中国直接投资的产业的内容和次序，它恰好符合了日本产业结构调整和升级的需要，也就是说，日本对中国的投资对日本的产业结构变化形成了有利的影响。

下面具体看一下日本对中国的投资怎样适应了日本国内产业结构转变的需要。具体做法是，列出在日本比较优势依次降低的不同产业，再和日本对中国依次投资的产业进行对比，以观察是否具有一致性。如果具有一致性，则表明日本对中国的投资适应其国内产业结构调整和升级的需要。本文采用薛敬孝（1997）分析日本国内不同产业国际竞争力时的数据，数据可用性的依据是：日本国内产业在具有国际竞争力时，它会选择向外出口而不是对外投资，而在其失去国际竞争力时，它会选择对外投资，这样做的最重要原因是日本国内生产成本几乎高于世界所有国家。上述数据被分成四组。第一组是食品、纸制品、石油制品、非铁金属产业。它们是在高度增长期以前就已经失掉国际竞争力的产业。其中，石油制品产业和非铁金属产业是资源密集型产业，食品产业和纸制品产业主要以农林产品为原料，藤田夏树（2005）把它们称之为土地密集型产业，这是日本的比较劣势产业。第二组为纺织、木制品、其他制造业、陶瓷土石、塑料产业。这些产业是典型的劳动密集型产业，它们在日本的整个高增长期都是具有比较优势的产业。1960年代和1970年代的NIES、1970年代和1980年代的ASEAN成为这些产业出口的明星，但是这些产业在石油危机之后逐渐失掉了国际竞争力。第三组为民用电气机械、其他运输机械、重电机械、办公用机器、金属制品产业。这些产业与第二组相比是资本密集型产业，但它们的组装是劳动密集型产业。这些产业直到1985年一直维持了很高的国际竞争力，其后以"广场协议"为转折逐渐失去国际竞争力。① 第四组是钢铁、其他电气机器、精密机械、一般机械、电子电讯机器、汽车产业。这些是资本密集型产业，同时也是知识密集型产业，可以说直到目前仍是日本最具比较优势的部门。通过这四组数据应该知道，为了国内产业结构的调整和升级，日本对中国的直接投资应按照这四组数据列出的产业依次进行。

事实也是这样，从总体上看，日本对中国的投资就是按照上述各种产业的国际竞争力依次展开的。其实，笔者拥有日本对中国各个产业投资金额的数据，但是上述分类较细的特点却使笔者无法进行数据描述与分析。例如，上述分组中，其他运输机械属于第三组，而汽车作为运输机械却在第四组，而笔者却只有将合计的运输机械作为日本对中国投资的数据。但是，却可以在总体上对其进行分析。事实上，第四章中分析日本对中国投资技术水平结构变化时所做的数据分析对此已给出了证明。也就是说，仅从日本对中国的纤维产业和运输机械产业投资来看，基于前者属于劳动密集型产业而后者属于技术密集型产业，前者的国际竞争力先于后者而丧失②，日本对中国的投资中先是纤维产业的大量增

---

① "广场协议"的表面经济背景是解决美国因美元定值过高而导致的巨额贸易逆差问题，但从日本投资者拥有庞大数量的美元资产来看，它是为了打击美国的最大债权国——日本。
② 需要说明的是，是否有国际竞争力不在于产品，而在于产品在哪里生产。

加，其后才是运输机械产业的增加。因为篇幅的限制，在此不再详细描述，仅以第三组数据给予补充说明。根据薛敬孝对第三组产业的分析，该组所列的产业在 1985 年以前一直具有很高的国际竞争力，其后失去了国际竞争力。与此同时应注意到，日本在中国对这些产业的大规模投资正是从 1985 年以后开始的。所以，可以看出，日本对中国的直接投资是按照其国内产业结构调整和升级的需要进行的，这样做的结果也就是，日本对中国的投资促进了日本国内产业结构的优化。

第四节　其他影响

日本是一个面积狭小、资源贫乏的岛国，而对外投资，尤其是对发展中国家的投资在一定程度上弥补了它这方面的缺陷。除了对各种一般产业的投资以外，日本还积极开展对矿业、木材和造纸工业、食品工业、石油和煤炭制品工业以及农、林、渔、水产业等部门的直接投资。因而，日本的对外投资不仅使其得以利用当地丰富的资源，从当地的开发和生产中获得经营利润，而且使日本经济发展所需要的资源、能源、农副产品和各种工业原材料得到了长期稳定的供应（刘昌黎、金凤德，1998）。由于这些生产要素以相对低的价格取得，所以它降低了日本国内企业的生产成本，从而使其国内产品在国际贸易中具有更强的竞争力。

另外，综合本章和第八章中的分析，日本对中国的直接投资还是帮助日本自身经济走出困境的重要原因。按照日本官方的声明，日本经济从 2002 年开始步入"二战"后第 14 个经济周期的回升过程。促使日本经济走向回升的因素颇多，其中外需，尤其是出口迅速增长发挥了决定性作用，而日本出口的迅速增长又部分地是靠对中国出口的迅猛增长来带动的。依据日本内阁府估算，

2002 年日本实际 GDP 增长率为 1.2%，其中内需仅贡献 0.4 个百分点，外需则贡献 0.8 个百分点，外需贡献率达到 66.7%。而在主导日本经济走向回升的出口增长中，对中国出口的迅猛增长发挥了绝对主导作用。[1] 在第八章将会证明，日本对中国投资是中日贸易增长的促动因素之一，单纯从这个角度来讲，日本对中国投资间接地推动了日本经济的复苏。

---

[1] 若再考虑到日本对香港出口中向中国内地的转口部分，中国的作用将更大。

第七章
对中国国内经济的影响

正因为本书的研究强调长期的趋势，而在一个相对长的时间里，外来投资对中国国内经济不同方面的影响的重要性也会发生变化。例如，中国最早吸引外来投资的时候最需要的是资金，而现在最需要的却是技术。所以，现在讨论日本投资对中国国内经济影响的时候，虽然仍是按照重要性给出分析的顺序，但已不再沿用传统的判断重要性的视角，而是更多地考虑现在。

第一节　技术与管理

回顾几十年来中国经济发展的历程，同时也回顾几十年来中国利用外资的过程，不难发现，中国对于外资所需要的越来越多的是技术和管理。在改革开放的初期，由于建设资金的不足，更多的是从外来投资的量上考虑问题。但是现在，甚至此前的一些年，中国成为世界上吸引外资最多的国家①，外资占 GDP 的比重

---

① 联合国贸易与发展会议（UNCTAD）的最新报告，确认了中国在 2003 年首次超过美国，成为全球吸引外来直接投资（FDI）最大的国家。

已达到了非常高的程度①，所以，开始更多地关注外来投资的质的问题。联系中国经济发展的历史和现状，在外资的质的方面最受关注的无疑是技术和管理。再看日本对中国的直接投资，它对中国技术和管理水平的提高起到了明显的积极作用。

首先看技术方面。日本是一个十分重视技术进步的国家，始终把技术发展作为经济发展的中心和基础。在日本，技术人员60%集中在企业，而这60%的人员使用着整个国家80%的研究开发费用，所以不难理解，无论日本的大企业还是中小企业都拥有世界一流的技术能力。这种技术能力不仅是日本对外投资的条件，也是日本对外投资给东道国创造福利的条件。作为长期以来日益成为日本首要投资对象的国家，中国从日本投资获得了借鉴和吸收先进技术的机会。如果将技术简单地分为高新技术、中间技术和基础技术，那么，在所有中国的外来投资者中，日本较好地实现了这三种技术的平衡，较大程度地适应了中国的需要。

在此很多人会质疑日本投资者在技术转移方面的态度问题，想象到代表全民意志的日本政府对中国发展的担忧②，可以认为日本的投资在技术转移方面存在消极态度。但是，在技术转移活动中起决定作用的是投资者，投资者是在首先考虑个体利益的前提下按照市场规律进行活动的，所以，不必更多地考虑所谓消极态度的影响。在笔者 2004 年初访问日本经济产业省时，津上俊哉③

---

① 以 2004 年为例，中国外资总额为 5621.01 亿美元，GDP 为 16497.28 亿美元，外资比重为 34.07%。

② 因为担心技术外流，日本经济产业省（2002）曾警告对中国投资的汽车制造商："必须严格施行技术保密工作，以免泄露技术秘密，让中国成为另一个汽车出口国。"

③ 津上俊哉：日本经济产业省公正贸易推进室室长，经济研究所高级研究员，知名的研究中国问题的专家。曾任日本驻华使馆经济参赞，在北京工作 4 年，参与了中国加入 WTO 的谈判。积极参与日中交流事业，近年来最著名的著作是 2003 年出版的《中国崛起，日本应该做什么?》。

的一句话很能说明问题，即"日本企业不愿意出让技术，是因为中国方面给的钱不够多"。在 20 世纪七八十年代日本对中国投资的起始阶段，其投资所转移的技术主要是一些劳动密集型的低端技术，这可以联系到投资开始时投资者的试探与观望心理，但不必定性为消极或者说保守，这是因为日本投资者的这种行为方式是符合经济活动规律的。在一个相当长的时期内，日本是按照依次转移边际产业的原则进行对外投资的，而从当时来看，日本的这些边际产业所包含的技术水平也远远超过中国的同类产业。所以，在当时日本投资者没有必要且利益原则也不允许他们转移更高的技术。而且，还必须承认，即使这样的技术，对中国同类产业的技术发展也起到了很好的牵引作用。

近年来，随着中国整体经济的发展，相应的技术水平的不断提高和产业结构的不断升级，尤其是世界各国对中国市场竞争的加剧，日本对中国投资的技术含量也越来越高。与日本传统的对外投资理论不同，它对中国的投资已经从边际产业转向比较优势产业，但这仍然很好地符合追求利益最大化的企业经济活动规律。以日本对中国机械产业的投资为例，投资该产业的日本企业生产的产品已从低附加值向高附加值转变，其中投资汽车产业的企业已进入中国的技术市场。在此影响下，中国机械产业的整体技术水平日益提高，在中国国内的无论日本企业还是中国企业，其产品都具有相当的国际市场竞争力。而且，日本的投资不仅提高了中国相关产业的技术水平，也填补了许多技术空白。例如，大连一家国有铲车厂与三菱重工业公司合作，相继引进了日本的生产大型铲车的部分技术和关键设备，在 1991 年生产出了 10~40 吨的大型铲车，这种大型铲车填补了我国国内生产的空白，提高了我国同行业的整体技术水平。可见，无论过去还是现在，日本投资对中国的技术进步都具有很大的推动作用。

再看管理方面。管理和技术是两个既有区别又有密切联系的经济活动的要素，先进的技术总是要有先进的管理为条件才能很好地发挥作用。日本不仅以一流的技术享誉世界，同样以高效的具有东方特色的管理而闻名。在这里谈日本投资对我国管理水平的影响，不仅在于日本的管理方式是经过长期积累的发达国家的管理方式，更在于它是适合于东方国家的管理方式。也就是说，相对于西方管理方式而言，日本的管理方式更适合中国。一些日本企业家曾说："我们的管理是把美国的管理科学和东方的儒家思想结合起来了。"这句话能很好地说明上述结论。①

下面对日本式管理给予进一步的认识。1980 年代，美国曾掀起了研究日本式管理的热潮。许多人认为，日本人比美国人更懂得管理。一些研究结果指出，美国企业和日本企业在管理的硬性因素，即战略、结构和制度等方面是非常相似的，主要的差别在于软性因素，即技巧、作风、人员和最高目标等方面。通过比较可以看出，日本式管理特别强调员工是最重要的经营资源的思想，特别注重提高和发挥员工的能力，同时强调领导者的自主责任，以目标管理体制来评价领导者的业绩（陈江淮，1999）。同样根据上述研究成果，可以总结出日本式管理的特点：①组织灵活，富有弹性，适应性强；②尊重员工和追求效率相辅相成，工作划分不细但却利于各环节协调和培养员工；③要求较高的技能和知识水平，强调综合能力和牢固的理想和信念；④决策时注重发挥集体和组织的作用，不要求快速决策但要求快速实施；⑤注意劳资关系的相对稳定，尽量满足员工的生活要求并由此激发他们的工作热情。其实，除了上述内容，日本式的管理还体现出多方面的文化特征，在此不再进一步阐述。但是需要给出明确的判断结果，

---

① 2004 年在对东京某中小企业（株式会社）访问中，社长告诉笔者，他每天在工作之余必读的一本书是《论语》，他的许多管理思想都从中而来，在谈话的同时他还把书拿出来给笔者看。这很好地反映了在管理方面中日文化的相通性。

即日本式管理对于中国具有很好的适用性。

在现实中，日本投资对中国具体产业或者企业的影响相当直观，甚至可以在一些完全中国所有的企业看到。这一方面是因为管理相对技术来说有一些直观的内容，如对员工上下班的行为规则的具体要求；另一方面是因为管理不像技术那样受到严格的保护，管理知识或能力的取得成本很低。除了通过各种书面途径的学习，日本的直接投资给中国企业提供了直观的效仿机会。因此，无论在局部还是整体上，日本投资都最有力地推动了中国国内管理水平的提高。①

最后来看一下上述影响作用的途径。从共同之处来看，影响技术和管理水平的主要途径是溢出效应。这种溢出效应主要体现在两个方面：一方面是国内生产者对投资者的模仿，这种模仿可以通过直接的或间接的经济联系来完成，也可以通过毫无利益关系的方式来实现；另一方面是员工的流动，这是以投资者对员工的培训为前提的，当然这种流动是指从日本企业或其他机构向国内相关部门的流动。再来看不同之处，应该指出，上述共同之处已体现了日本投资对中国国内管理水平影响的主要途径，这是由管理本身的特点决定的，所以谈影响两者途径的不同之处即是谈影响技术水平的其他途径。除了溢出效应，日本投资影响中国国内技术水平的途径则是直接提供，这可以包括出售技术或具有技术含量的设备，也可以是投资者为了获得半成品或出售其产品而向其上游或下游企业提供技术。直接提供技术往往是一些大企业的做法，因而其作用也更加有意义。通过上面的讨论可以看出，日本投资对中国国内技术和管理水平的积极影响相当深远。

---

① 尽管管理可以通过书本学到，但身边存在外资企业则会给中国企业学习管理以更大的主动性和更好的效果。

第二节　就业与人才

外来投资对就业变化与人才形成的影响也是东道国非常关注的问题。在这里，就业主要与一般劳动力相联系，而人才主要是指从事技术、管理、领导、经营等活动的人员，所以从本质上讲，两者并没有太大区别，这就是可以将它们放在一起探讨的原因。相比之下，人们对外来投资对就业变化的影响的认识相对不一致，往往不同的人会对这种影响的性质给出不同的判断，而对于外来投资对人才形成的影响，人们往往给出较为一致的积极的判断。具体到日本对中国的投资，下面来探讨这种投资对中国上述两方面的影响。

先来看日本投资对就业的影响。在此，首先明确和分析人们在这方面的不一致的认识。直观地看，外来投资的存在形式主要是企业，企业的存在就必然要求在当地吸收员工，因此外来投资增加了东道国的就业。但是，有人认为，外资企业在吸收就业的同时却减少了东道国企业的就业，因此外来投资没有起到增加就业的作用。具体到中国的情况，有人指出，外资企业同国内企业的竞争导致了很多国内企业，尤其是国有企业的破产，在吸收就业的同时引起了失业，因而从总体上看外来投资并没有增加就业。其实，持上述观点的人没有看到，即使没有外资企业的竞争，上述破产的企业也逃脱不了破产的命运，这是由其基本的经营制度决定的。外资企业的竞争只是使这种事实提前发生，或者说使这些企业的隐性失业变成显性失业。具体到日本对中国的投资，笔者的调查还显示了另一种事实：一些国有企业通过与日本企业进行合资，利用了日本企业的强有力的销售渠道，提高了企业在国外的知名度，扩大了产品在国际市场上的占有率，挽回了原本效益低下和濒临倒闭的局面，因而不但没有减少反而增加了就业。

　　所以，在可以不考虑上述国内企业因竞争失败而减少就业的情况下，日本投资对我国就业的影响可以简单地以日本企业在我国吸收的就业数量来表示。然而问题是，由于统计上的困难，本文并没有能够表明在华日资企业提供多少就业机会的直接数据。根据中国工商企业服务中心（1998）提供的数据，到1995年初全国运行中的5194家日资企业平均雇用108.2名职工。同时根据三菱综合研究所统计，到1997年初全国有10510家日资企业。由此可以计算出，在1997年初调查时，在华日资企业共提供了114万就业机会。根据2000年DRC数据库资料，日资企业就业人数占中国全部外资企业吸收就业总数的8.2%。按照这个比例估算，在全部2200万外资企业就业总数中，约有180万中国员工在日资企业工作。而在今天看来，在中国的日资企业所提供的就业机会早已在200万人以上。

　　相对于对就业的影响，研究日本投资对我国人才形成的影响更具有现实意义。这一方面是因为我国当前经济发展中对人才的需求，另一方面是因为日本投资在人才应用方面的特点。日本是一个非常重视人才培训和开发的国家，在人才培训和开发方面已形成独具特色的完善体系。在日本，大部分就业者在就业之前都能受到良好的职业教育，但这并不是它最突出的特点。最引人注目的是，每个员工在进入工作单位（主要是企业）以后，都要受到定期的职业培训。而且这种培训是多工种的，伴随着员工适当的工作变动，以提高员工的综合能力和专项技能为最明显的目标。联系到很多企业担心员工跳槽的风险而不愿付出培训成本，或者为了追求已经过培训的员工所带来的利益而抬高进入的门槛，日本企业在人才方面的做法可谓独树一帜。其实，正是日本企业的做法使企业拥有了非常多的适合自身发展的人才，使企业能在长期内实现持续的发展。在此值得更加关注的是，日本企业在人才培训和开发方面的传统，在其对中国投资时一样得到了很好的延续。

根据企业规模等因素的不同，日本投资者对中国员工的培训在总体上体现为三个层次：①本企业或分公司内部的培训；②关联企业或分公司之间的培训；③母公司的培训。当然，这三个层次的培训有着不同的侧重点和内容，下面给予分别阐述。

对于第一个层次的培训，以上海日立家用电器有限公司为例。该公司在成立后即从教育部门聘请富有教育管理经验的干部主持公司专门的培训部门的工作。公司培训部门制订公司全年全员系统的培训计划，该计划交由中日双方负责人亲自审定和修改。以1995年为例，全年安排10个培训项目，包括语言、质量管理、市场营销、计算机应用等专业培训，以及对全部员工规章制度的普遍培训和对各级领导干部的管理培训。完成10个培训项目后，全部员工培训面达到了100％。通过这种全方位、多层次的培训，全面提高了员工对企业的认同程度和专业水平，从而保证了企业在市场竞争中取得成功。

关于第二层次的培训，松下（中国）有限公司的做法具有很好的代表性。该公司在成立后即着手建立人才培训中心。其主要任务是"支援松下在华关联企业的人才培养工作"。这种工作不仅包括对中方工作人员的培训，也包括对日方工作人员的培训，但以前者为主。对中方工作人员的培训包括以下三类。第一类是对在中国的松下电器所有关联企业的高层和中层管理人员的培训，内容包括松下公司的经营理念、经营管理制度、在华发展战略等，还包括经营模拟练习。第二类是针对关联企业中的财务、人事、营销、生产、质量、安全等各部门管理人员进行专业培训，接受专业培训的人员还包括松下电器在中国的代理销售商。第三类是特别培训及日本所称的特别研修，它是专为某几家关联企业安排。据统计，仅1995年7月~1997年7月的2年时间里，该人才培训中心开办了24种课程，64次培训班，培训1217人次（王志乐，

1998）。

第三层次的培训是由母公司直接进行的培训，是成本最大、对中方工作人员来说也是最能提高综合能力的培训，它包括"走出去"和"请进来"两种跨国培训途径。为了使在华企业的中国员工尽快掌握生产技术和管理方法，日本企业往往在建立之初就派遣中国员工赴日本企业培训。这种"走出去"的培训方式的实施情况依据企业技术密集程度以及企业实力大小而不同。日本大型跨国公司在华投资企业在这方面投入了可观的人力物力。北京松下彩色显像管有限公司从 1987 年成立到 1995 年夏天共派出 600 人次赴日本研修；杭州松下家用电器有限公司成立 3 年共派出 60 余人次赴日本学习；北京日立华胜信息系统有限公司有员工 120 人，赴日本培训人员达到 60 人次；上海日立家用电器有限公司成立 1 年多就派出 60 余人赴日培训。在大批中国员工走出国门培训的同时，日本在华企业还从母公司派出管理和技术人员来华进行技术指导，现场培训中国员工。例如，深圳赛格日立彩色显示器件有限公司在派出 100 余人赴日培训的同时，日立总公司还派出 200 余人次来华协助安装测试显像管生产线，进行技术指导和培训。像日立这样派出人员来华工作的公司，其费用一般是由母公司支付。

通过日本公司的培训，中国员工具备了先进的技术和管理的知识和才能，成为适应国际化发展的人才。这些员工将来无论是继续在日本企业工作，还是到中国企业或其他外国企业，他们始终都是中国的人才，都在为中国的经济发展服务。另外，必须提到的是，因为对中国投资而来中国的日本工作人员，他们本身就是中国最需要的人才，他们的到来在很大程度上弥补了中国在关键领域的人才不足。而且，即使不是通过直接的日本公司培训，许多中国工作人员通过和这些日本工作人员的接触和交流，也提高了自身的各种认识和能力。所以，无论从局部还是从整体来看，日本的投资对中国人才的形成和发展都具有积极而且深远的影响。

第三节　观念与制度

在探讨外来投资对东道国影响的时候，人们很少注意到投资国在某些方面的观念和制度所能起到的巨大作用。当前已经有人研究文化对经济发展的重要作用，而观念与制度和文化息息相关。当该国对外投资时，其观念与制度对经济的作用将通过影响东道国的观念与制度表现出来。在上面探讨日本投资对我国人才影响的时候，曾谈到日本企业不考虑培训成本和员工跳槽的风险，始终如一地培训员工，其实这与日本在就业方面的观念和制度有密切关系。具体来讲，在观念方面，日本员工以终生贡献于一个企业为荣；在制度方面，日本长期奉行终身雇用制。由此可见，观念和制度对一个国家的所有经济活动者都有着深刻的影响，通过对外投资，它又会作用于东道国。事实证明，在中国的日资企业是十分重视推行其观念和制度的，尤其重视观念对制度的决定作用。在《东洋经济》1993 年对 111 家在华日资企业的调查中，在日本式经营的实施状况方面，强调经营观念得到了最高比重，达74.5%，弹性管理制度以得到 37.3% 的比重排在第二位。[①] 然而，因为两者是较深层次和抽象的内容，不但它们产生影响的形式单一，而且影响的结果难以衡量。因此，下面的探讨更多地集中于观念和制度本身及其作用，对上述影响结果的探讨则较少。

注意到观念和制度的相互关系以及它们对经济的作用是笔者在 2004 年的访日过程中。看到日本经济良好的发展结果，使笔者不免常常思考是什么原因使日本这样一个资源匮乏的岛国取得如此大的成就。如果以此来问一些经济学者，得到的回答最有可能

---

① 〔日〕原口俊道：《日本企业对华投资动机和经营研究》，《世界经济研究》1994 年第 4 期。

和笔者开始时的想法一样，即制度。世界经济的现实告诉我们，合理的制度安排能在宏观和微观两方面实现资源的优化配置，激发生产要素的使用效率和激励创新，从而推动整个社会生产力的提高。然而，为什么在一些国家合理的制度不被采用，或者一些国家虽然采用了合理的制度却未收到应有的效果？是不是存在能够产生、影响或者决定制度的强有力的因素？如果有，它是什么？到日本后的一段时间内，笔者不断考虑这个问题。

当看到在地铁里许多人站在座位旁边而不坐下、工作间里人们高强度的工作而无闲谈、在无要求和无加班费的情况下人们会一致地加班四五个小时、许多老人在退休后再次选择服务性的工作等情况时，笔者突然为上述问题找到了答案：能够产生、影响或者决定制度的强有力的因素是观念。笔者认识到日本人是勤勉的，他们有这样的民族观念：依靠自己的努力，实现个人的贡献。但这只是具体到当时的想法，其实日本的观念有多方面的内容。

下面来谈一下观念对制度的作用。一方面，一个国家如果没有优秀的民族观念，就很难有优秀的政府，自然很难有优秀的制度；即使有优秀的政府，其所采用的优秀的制度也难以发挥应有的效力。可以想象，一个以生活温饱则已、工作完成即可为主要观念的国家，优秀的制度的作用将相当有限。另一方面，一个具有优秀的民族观念的国家，自然会有优秀的政府，它会和人民一起创造或借鉴优秀的制度。而且，在制度的实施过程中，优秀的观念在自身强化的同时，在微观上，甚至宏观上完善已有的制度。日本即是一个这样的国家，它优秀的民族观念在顺应优秀的制度的同时在创造和完善优秀的制度。

不应忽视的是，制度一样对观念有很强的反作用，它也能够产生、影响或者决定观念。所以一个没有优秀的民族观念的国家如果能够持久地采用优秀的制度，则制度可以通过逐渐改变落后的观念而逐渐发挥出效力，但这可能要经历一个相当长的过程，时间的长短取决于政府工作的强度和已有观念的强度的比较。

　　需要注意的是，在一个国家不同的方面存在不同的观念和制度，具体到本书研究的问题，探讨将集中在日本企业的经营观念和制度上。日本的企业经营观念以"和"、"同"、"忠"等传统价值观念为核心，重视同心协力和和睦相处，强调人际关系的亲密感、依赖感和信任感，力求形成万众一心应付各种艰巨场面的力量。这种日本式经营观念的主要内容是：①企业是一个生物体，所有员工是共有一个生命的器官，他们共享利益和共担风险。②企业又是一个和谐有效的家庭生产单位。为了提高效率，每一个人员虽然有分工但随时愿意尽力帮助其他人更好地完成工作，也愿意随时接受新的分工。③企业所有成员都属于企业内部的自己人。管理者要营造组织，首先要培训好员工，使员工认识到他们必须在一起努力配合把工作做好[①]。在这样的经营观念下，可以看到日本企业的经营制度，它的主要内容如下：①终身雇佣制；②年功序列工资制；③年功提升制；④工作岗位轮换制；⑤弹性管理制；⑥集体决策制；⑦集体责任制；⑧禀议制；⑨管理者和普通职员地位差别最小化制度等。

　　通过对中国的直接投资，日本企业的这些经营观念和制度对中国的企业已形成广泛而深远的影响。很多企业通过和日本企业的接触和往来以及有目的的学习，将这些观念和制度引入自己的经营活动之中。国内著名企业海尔公司的董事长张瑞敏曾说，海尔不但从管理招式上，而且也在经营理念上和日本企业走得很近。松下坚持"服务第一，销售第二"、顾客至上的经营观念对海尔成为一家强调服务品质的家电公司深有影响。而日本公司经营观念中"重规模、重市场份额、不唯利润和股东价值为先"的思想痕

---

① 金永生：《中日美企业理念比较与分析》，新浪爱问·共享资料，http://ishare. iask. sina. com. cn/f/5618306. html，2009。

迹，也客观地反映在海尔的经营活动中。在经营制度方面，海尔公司所坚持的"日事日毕、日清日结、日结日高"则明显是从松下的"日事日毕、日清日结"而来（中国企业网，2004）。所以，尽管仍未受到足够的注意，日本投资对中国企业在观念和制度方面的影响是广泛和深远的，随着时间的推移，它必将受到越来越多的重视和研究。

第四节　资金补充与融资便利

　　资金短缺是所有发展中国家在经济发展过程中所面临的共同问题。多年来，建设资金不足一直困扰着我国国民经济的发展，而且在长期内仍将是我国经济增长的制约因素。大力吸引外商直接投资可以为我国的基本建设资金广开渠道，促进我国经济增长（程崇祯、章婷，2002）。而在我国利用外资的总量中，截至1999年，对华投资实际使用外资金额排序来看，日本的直接投资为248.86亿美元，占8.09%，名列中国香港地区（1547.97亿美元，占50.32%）、美国（256.48亿美元，占8.34%）之后，为第三位。

　　值得注意的是，日本直接投资的作用不仅在于其一次性投入资金，而且在于其分担了投资风险，使我国一批亟须建设的项目能够及时开工，尽快投产。据上海日立电器有限公司中方反映，由于同日立公司合资，企业在国内外银行界享有了很好的声誉。当企业基建过程中需要资金时，不仅国内银行，而且国外银行都愿意贷款，并且无须担保。这样就保证了工程尽快完工和项目尽快投产。因此，该企业创造了大型电器项目当年开工、当年竣工、当年投产的良好成绩（王志乐，1998）。与此相比，过去很多由中国企业单方面运作的技改项目往往因为缺乏资金难以上马，有的即使上马，往往由于资金短缺和贷款困难，以至于建建停停、拖来拖去成为半截子工程。即使真的等到工程结束开始投产,其技术水平则已远远落后于国外先进水平。可见,日本对中国的直接投资不仅为中国的经济建设带来了资金,而且在一定程度上为中国自身的投资消除了风险。

现在来关注另一个问题,这个问题恰恰在上面的探讨中反映出来,它就是,日本的投资为中国企业创造了融资便利。上面与日立公司合资的中国企业的例子是一种最普遍的情况,许多中国企业因为和日本著名跨国公司的合资而相对容易地取得了各种银行的贷款。其实,因为日本有支持中小企业海外投资的融资政策①,中国企业和日本中小企业的合资也可以获得融资便利,只不过这种融资便利仅仅来自日本所属的银行或其他金融机构。而且,也可以看到这样的情况,一些在中国投资的日本公司为了实现其生产或销售的目的,会为从事其上游或下游产业的中国企业提供融资帮助。当然这种帮助是以这些中国企业和上述日本公司存在合作关系为条件的,这些中国企业的顺利运营和这些日本公司的利益密切相关。上述帮助主要体现在向国外银行或其他金融机构的融资方面,可以是为中国企业的融资建立关系或者提供担保,也可以是直接的参与。由于单个的中国企业,尤其是中小企业资信不足,向国外金融机构融资往往失败,在日本公司的帮助下则大大提高了成功率。

另外,必须注意和讨论的是,日本以金融机构,尤其是银行形式进行的投资也是直接投资。在日本,直接投资的概念比中国更为宽泛,而在中国,除了以有价证券等形式进行的投资被称为间接投资外,直接投入资产和资金的投资都是直接投资。从1986年3月东京三菱银行在深圳建立第一个日资银行分行以来,日本银行陆陆续续进入中国。但是,作为起始阶段,20世纪进入中国的

① 可参考日本中小企业厅2004年政策公告。

日本银行并不很多。东京三菱银行在其中表现十分突出，在建立深圳分行之后，它又分别于 1991 年、1992 年、1995 年和 1999 年建立了上海分行、大连分行、北京分行和天津分行。20 世纪在中国建立分行的另一个日本银行是山口银行，它分别于 1992 年和 1995 年建立了青岛分行和大连分行。21 世纪以来，日本的银行加快了进入中国的步伐，可以用急速增加来形容这种变化。2001 ~ 2002 年两年间，日本主要银行在中国设立的分行在 14 家以上，其中三井住友银行在 2001 年分别在上海、广州、天津和苏州设立 4 家分行，日联银行在 2002 年分别在北京、天津、上海、深圳和大连设立 5 家分行，日本瑞穗实业银行在 2002 年分别在上海、大连、北京和深圳设立 4 家分行。至此，不难理解，作为直接投资的一种形式，这些日本银行的进入无疑会直接或者间接地给中国国内企业的发展提供融资便利。

第五节　出口增加和贸易改善

出口增加是一个国家经济快速发展的重要力量，这是很久以来形成的共识，东亚经济的辉煌表现更给出了最好的证明。对于日本投资，它在两个方面扩大了中国的出口。首先是日本企业自身的出口行为，即它将在中国境内生产的产品销售到中国以外的国家；其次是日本企业通过和中国企业的合资或合作，以及通过其他提高中国企业国际竞争力的方式扩大中国企业的出口。下面给予分别说明。

1997 年，中国的外国投资企业贸易进出口总值达 1526 亿美元，比 1995 年增长 39.0%，占全国进出口总值的比重为 49.7%，比 1995 年的 39.0% 提高了 10.7 个百分点，其中，出口为 749 亿美元，比 1995 年增长 59.7%，占全国出口总值的比重由 1995 年的 31.5% 提高到 49.1%。在这其中日本在中国的企业发挥了突出的作用。很多发展中国家引进外国直接投资的实践表明，美国跨国公司与日本跨国公司在发展中国家的投资体现出不同的特征（刘昌黎，1999）。相对而言，美国跨国公司更倾向于发挥本身的所有权优势，投资于发展中国家的进口替代产业，倾向于开发发展中国家的当地市场，而日本跨国公司则更倾向利用发展中国家的区位优势，投资发展中国家的出口导向产业及比较优势产业，更注重将发展中国家的优势与自身的所有权优势相结合，以利于占领世界市场。作为投资中国最大的两个国家，上述结论只是相对而言①，但它能很好地说明日本在中国的出口中发挥了更大的作用。据《日本商业季度调查 1997~2003 年》对部分日本著名跨国公司在中国的子公司的调查，1997~2001 年，这些子公司的产品对中日之外的国家的出口所占比重分别为 38.5%、32.2%、35.1%、32.9%、30.7%，普遍高于对中国投资的其他国家。

同时，日本投资对中国出口的影响又通过提高中国企业的国际竞争力表现出来。在 20 世纪七八十年代，日本对发展中国家，尤其东亚国家的投资集中在具有比较优势的部门，这促进这些部门的生产和出口，使发展中国家融入世界生产和分工体系，实现了比较优势的彻底体现和发展，从而获得世界分工的收益（戴金平，1999）。这种影响在很多发展中国家都有充分的体现。实际上，这种影响是通过企业或行业的壮大而实现的。下面以中国电子产业的发展为例具体说明。

一方面，通过与中国企业合资或合作，日本投资促进了一批中国电子企业的成长壮大。合资企业是一种混合经济，其中既有外资也有中资，既有国有资本也有民营资本。随着混合经济的发

---

① 上述比较只是说明，美国公司更关注当地市场，而日本公司不仅关注当地市场，而且关注其他外部市场。但在利用中国的广大市场方面，两者是一致的。

展壮大，在外资增长了的同时，包括国有资本和民营、集体资本在内的中国资本也壮大了。深圳华强集团通过与三洋合资经营 13 年，资产从 1800 万元增加到 46000 万元便是实例。另一方面，日本电子企业大规模进入中国，极大地加剧了中国电子产品市场的竞争，对中国原有电子产业造成强烈冲击，推动广大中国电子企业改革重组。从而从被动方面促进了中国电子产业的振兴。

中国原有电子工业受计划经济体制影响，政企不分，条块分割，投资分散，低水平重复。而且企业经营机制转换困难，多数企业缺乏市场竞争能力。以半导体工业为例，早在 1960 年代，中国科研人员已经制成半导体产品的重要原料单晶硅。但是，我国半导体工业却长期落后于世界发达国家。其中主要原因就在于企业外部没有良好的竞争环境。1990 年代以来，以日本为主的外国电子产业跨国公司纷纷进入中国，中国电子电器产品市场竞争加剧，中国电子工业和家用电器工业的生存危机顿时显现。通过这一轮竞争，一批中国企业被淘汰出局或被收购兼并，一批企业则壮大起来。它们壮大到在国内市场，甚至国际市场能够与世界著名跨国公司竞争的程度，长虹、彩虹、海尔等企业集团便是典型。在这种情况下，中国的电子产品开始走向国际市场。①

总的来看，日本投资对中国出口的促进改善了中国的贸易条件和贸易结构，因而促进了中国的经济增长。在此需要注意的是，在中国和以东盟为主的东亚其他国家贸易结构趋同、中国长期贸易逆差的情况下，日本的投资通过扩大中国对这些国家的出口而改善了中国和这些国家的贸易状况。而且，联系到东亚国际经济关系的现实，这会使中国在东亚经济合作的磋商中占据主动地位。

① 王志乐：《日本企业在中国的投资》，中国经济出版社，1998。

第八章

对中日国际经济关系的影响

——以贸易为例

在国际经济学中，作为研究对象的国际经济活动总是包括三个内容，即国际投资、国际贸易和国际金融。由于在此将要讨论的是日本对中国的直接投资对两国间经济关系的影响，所以也就是要探讨日本的投资对中日之间国际贸易和国际金融的影响。在此给了我们一个选择，也就是说可以用对国际贸易或者对国际金融的影响来表示对作为整体的国际经济的影响，如果是这样，对被选择对象的研究将会更加全面和详细，同时丝毫不会有损，甚至反而有利于研究目的。而且，在这部分，笔者更倾向于采用实证的研究方法，所以也需要做出选择。考虑到国际金融和国际投资区分的界限并不是很清楚，不同的国家对两者的划分标准往往不同，而且在因果关系上尽管两者互相影响，但更多的是前者是因而后者是果。相比之下，国际贸易不存在上述问题，所以下面的研究对象仅仅是国际贸易。

第一节　近年来中日贸易的表现

近年来中日贸易的表现可以说是中日经济关系中最引人注意的内容，它成为中日经济互相依赖和互相促进的最明显的证明。

在 2004 年初笔者访问日本的时候,很多日本的高级官员和知名学者都坦言,正是中日贸易促进了日本经济的复苏。下面的研究是要说明中日贸易的发展态势、依存状况,并对中日贸易和日本对华投资做一个初步的数据描述,这不仅是笔者有意体现的内容,而且将会为下面的研究做很好的铺垫。

一 中日贸易发展的总体描述

首先用一组数据来描述近年来中日贸易的发展状况,即根据 JETRO 换算的日本财务省贸易统计数据,2003 年中日贸易总额为 1324.29 亿美元①,与 2002 年实际 1015.57 亿美元相比,增长 308.71 亿美元,增长率达到 30.4%,继 1999 年之后连续创历史新高。其中日本对中国出口为 572.39 亿美元,比 2002 年增长 43.6%,继 1999 年之后连续 5 年保持增长;进口为 751.90 亿美元,比 2002 年增长 21.9%,同样继 1999 之后连续 5 年保持增长。同时,2003 年日本对中国贸易占其贸易总额的比率为 15.6%,比 2002 年的 13.5%增加了 2.1 个百分点,再创历史新高。纵观 1993 ~ 2003 年的 10 年,这一比率从 6.3%增加到 15.6%,一直以较大增幅持续增长。

更为显著的是,在 2002 年中国占日本的进口份额首次超过美国位居第一以后,2003 年中国持续保持了第一的位置,中国为 19.7%,高于美国的 15.4%。在出口方面,虽然中国在美国之后位居第二,但如果考虑到日本对包括中国香港和台湾地区的大中华圈的贸易,中国占日本对外贸易的比重则同样领先于美国。② 如

---

① 在此统计中,出口为准确值,进口为速报值。
② 根据日本贸易振兴机构 2004 年 2 月 18 日日中贸易新闻发布会提供的数据,2003 年日本对美国、中国大陆、中国香港、中国台湾的出口额分别为 13412 亿、6635 亿、3455 亿、3610 亿日元。因此,日本对大中华圈的出口额大于对美国的出口额。而且,很多日本对中国的出口是经过香港的转口贸易进行的。

果再考虑到日本对中国贸易的快速增长和对美国贸易的缓慢下降，就可以认同很多日本人所持有的观点，中国已经成为日本对外贸易中最重要的国家，至少在 2002 年左右是这样。表 8-1 显示了自 1990 年以来日本和中国之间国际贸易的情况。从出口来看，1990 年的日本出口为 61. 30 亿美元，在 2003 年达到 572. 39 亿美元，上升了 8. 34 倍；在进口方面，日本向中国的进口额从 1990 年的 120. 54 亿美元达到 2003 年的 751. 90 亿美元，上升了 5. 24 倍。表 8-1 中也可以看到某些年份的负增长情况，对此并不能理解为中日贸易出现了不良趋势。客观地讲，出现这种情况的原因更多的是

表 8-1 日本对中国进出口变化

单位：千美元,%

年份	出口	比上年的增减率	进口	比上年的增减率	进出口合计	与上年的增减率	出口与进口的差额
1990	6129532	-28. 0	12053517	8. 1	18183049	-7. 5	-5923985
1991	8593143	40. 2	14215837	17. 9	22808980	25. 4	-5622694
1992	11949074	39. 1	16952845	19. 3	28901919	26. 7	-5003771
1993	17273055	44. 6	20564754	21. 3	37837809	30. 9	-3291699
1994	18681588	8. 2	27566032	34. 0	46247620	22. 2	-8884444
1995	21930842	17. 4	35922309	30. 3	57853151	25. 1	-13991467
1996	21889808	-0. 2	40550035	12. 9	62439843	7. 9	-18660227
1997	21784692	-0. 5	42066036	3. 7	63850728	2. 3	-20281344
1998	20021591	-8. 1	36895859	-12. 3	56917450	-10. 9	-16874268
1999	23335616	16. 6	42880246	16. 2	66215862	16. 3	-19544630
2000	30427526	30. 4	55303392	29. 0	85730918	29. 5	-24875866
2001	31090723	2. 2	58104744	5. 1	89195467	4. 0	-27014021
2002	39865578	28. 2	61691604	6. 2	101557182	13. 9	-21826026
2003	57238990	43. 6	75189504	21. 9	132428494	30. 4	-17950514

资料来源：日本贸易振兴机构 2004 年 2 月 18 日日中贸易新闻发布会。

来自世界整体经济形势。① 在表 8 - 1 中还可以看到，长期以来日本相对于中国始终处于贸易逆差。但是，日本对中国香港和台湾地区长期以来保持贸易顺差，而中国香港和台湾地区又长期以来对中国大陆保持贸易顺差，所以总体上看，日本和大中华圈的贸易基本平衡。②

　　为了更直观地看到中日贸易的上述变化，将表 8 - 1 中的有关数据绘入图 8 - 1 的趋势图中。在图 8 - 1 中可以清楚地看到，除了受东亚金融危机的影响在 1998 年出现下降外，日本对中国的出口、进口以及贸易总额在整个表 8 - 1 统计的时间内都处于快速增长的过程中。而且，可以注意到的是，经过了东亚金融危机的冲击，中日之间的贸易反倒以比此前更快的速度增长，这在

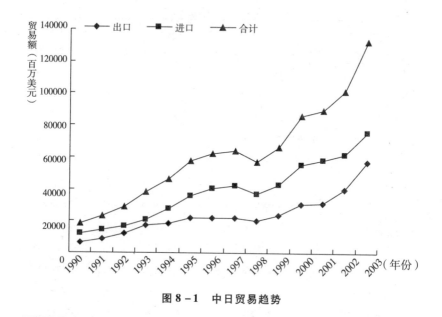

图 8 - 1　中日贸易趋势

① 　如 1996 和 1997 年的日本对中国出口减少与东亚金融危机直接相关。
② 　在此举例说明。按照日本的统计，2001 年日本对华贸易有约 270 亿美元的逆差，直观上显示出日本的对华贸易逆差大大增加了，但同时日本对中国香港却有 219 亿美元的顺差。

图 8 - 1 中体现为三条曲线的斜率在 1998 年之后相对于之前明显增大。以上的分析可以看到，中日之间的贸易具有强劲的增长趋势。

二 中日贸易的依存程度分析

下面通过中国占日本对世界贸易的比重的变化进一步说明中日贸易发展的良好态势，进而显示中国与日本，尤其是日本对中国的贸易依存程度。表 8 - 2 显示了日本对中国贸易和日本对世界贸易比较的数据，可以看出，无论是出口、进口还是总体，日本对中国贸易占其对世界贸易的份额始终处于平稳发展和上升之中。从中国占日本对外出口比重来看，除 1994 年和 1997 年两次微小（均为 0.1%）的下降外，其余年份均在增长。13 年间，上述比重从 1990 年的 2.1% 到 2003 年的 12.2%，增加了 10.1 个百分点，增长了近 5 倍。尤其是 21 世纪以来增长最为显著，从 2000 年的 6.3% 到 2003 年的 12.2%，三年间增加了 5.9 个百分点，这就是中国促使日本经济复苏的证据。[1] 在从中国占日本对外进口的比重来看，它表现出了十分引人注意的状况。也就是说，在 1990 ~ 2003 年的 13 年间，这一比重始终处于上升之中。而且，从 1990 年的 5.1% 到 2003 年的 19.7%，13 年间上升了 14.6 个百分点，实现了高速发展。作为上述两个比重的总和，中国占日本对外贸易总额的比重同样实现了连续高速增长的状况和趋势，在此不再具体描述。通过这些数据可以看到，近年来中日贸易的蓬勃发展，两国之间的贸易依存度进而经济依赖性日益增强。

---

[1] 《中国是日本摆脱经济困境的出路》，2002 年 8 月 23 日《华尔街日报》。

表 8 - 2　日本对中国贸易与对世界贸易比较

单位：百万美元，%

年份	对世界			对中国			对中国占对世界		
	出口	进口	合计	出口	进口	合计	出口	进口	合计
1990	286948	234799	521747	6130	12054	18184	2.1	5.1	3.5
1991	314525	236737	551262	8593	14216	22809	2.7	6.0	4.1
1992	339650	233021	572671	11949	16953	28902	3.5	7.3	5.0
1993	360911	240670	601581	17273	20565	37838	4.8	8.5	6.3
1994	395600	274742	670342	18682	27566	46248	4.7	10.0	6.9
1995	442937	336094	779031	21931	35922	57853	5.0	10.7	7.4
1996	412433	350654	763087	21890	40550	62440	5.3	11.6	8.2
1997	422881	340408	763289	21785	42066	63851	5.2	12.4	8.4
1998	386271	279316	665587	20022	36896	56918	5.2	13.2	8.6
1999	417442	309745	727187	23336	42880	66216	5.6	13.8	9.1
2000	480701	381100	861801	30428	55303	85731	6.3	14.5	9.9
2001	405155	351098	756253	31091	58105	89196	7.7	16.5	11.8
2002	415862	336832	752694	39866	61692	101558	9.6	18.3	13.5
2003	469977	381196	851173	57239	75190	132429	12.2	19.7	15.6

资料来源：日本贸易振兴机构 2004 年 2 月 18 日日中贸易新闻发布会。

　　下面专门讨论一下中日之间的贸易依存度，而且为了本书研究的需要，将研究集中在日本对中国的出口依赖性上。图 8 - 2 和图 8 - 3 是两个与此有关的来自日本贸易振兴会（2002）的企业调查，它们非常充分地表明了日本出口企业目前的重要的和最重要的出口市场以及未来最想进入的出口市场。图 8 - 2 显示，日本出口企业面对的重要和最重要市场中，中国排在了第一位，说明正在进行中日贸易或者从中日贸易中获利最多的日本企业占据了最多数。在此项调查中，美国、东盟和欧盟则分列第二、第三、第四位。图 8 - 3 显示了日本企业认为的未来最重要的出口市场，在此调查中，中国不仅居于第一位，而且大大领先于排在后面的东盟、美国等国家或地区。由此看到，占据最大比重的日本出口企业正在与中国开展贸易，而越来越多的日本企业会加入与中国开展贸易的行列。这充分反映了日本对中国的贸易依存度日益增加。

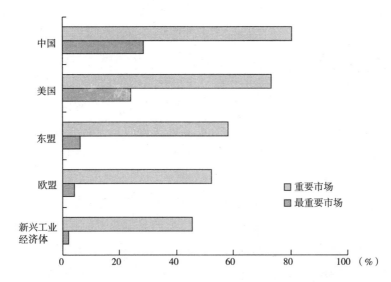

图 8 - 2　关于出口市场重要性的日本企业调查

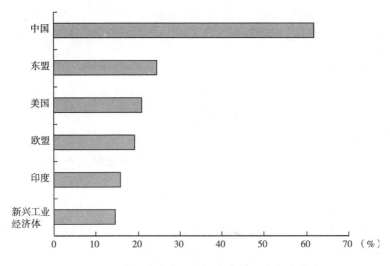

图 8 - 3　关于未来出口市场意向的日本企业调查

三 中日贸易与对华投资的一致性

为了更具体地了解中日贸易的表现，以 2003 年为对象来考察具体产业的贸易状况。更重要的是，这是将国际贸易和国际投资联系起来的直接证据。在此先将 2003 年日本对中国投资前五位的产业列举出来，以便和下面列出的日本对中国出口和进口前五位的产品进行对比。2003 年日本对中国投资前五位的产业分别是运输机械、电器机械、一般机械、化学和商业。需要说明的是，因为无论投资对贸易的影响还是贸易对投资的影响都存在滞后期，而将前后几年数据都列出的做法也存在缺陷，所以下面的对比只能在总体上把握，或者作为一个参考。

（一）日本对中国出口方面

2003 年日本对中国出口前 5 位的产品排序是：①电动机械；②普通机械；③化学产品；④金属和金属产品；⑤运输机械。其中前 5 位产品的贡献度总计为 35.2，在总贡献度 43.6 中占 80% 以上。下面给予具体说明。

电动机械的出口额为 161.81 亿美元，比 2002 年增长 51.0%，市场份额为 28.3%，贡献率为 13.7。其中半导体等电子部件贸易额为 61.61 亿美元，比上年增长 45.6%，市场份额为 10.8%，贡献度为 4.8；音响电器部分产品 2.18 亿美元，比上年增长 113.9%，市场份额为 3.8%，贡献度为 2.9；通信机械 9.24 亿美元，比上年增长 54.7%，市场份额为 1.6%，贡献度为 0.8；音响电器 1.35 亿美元，比上年增长 114.9%，市场份额为 0.2%，贡献度为 0.2。

普通机械的贸易额为 127.53 亿美元，比上年增长 53.0%，市场份额为 22.3%，贡献率为 11.1。其中金属加工机械 1.08 亿美元，比上年增长 36.5%，市场份额为 1.9%，贡献度为 0.7；建筑用和矿山用机械 6.67 亿美元，比上年增长 99.2%，市场份额为

1.2%，贡献度为 0.8；加热用和冷却用机械 6.11 亿美元，比上年增长 48.6%，市场份额为 1.1%，贡献度为 0.5；泵离心分离机 7.53 亿美元，比上年增长 39.4%，市场份额为 1.3%，贡献度为 0.5；搬运机械 6.81 亿美元，比上年增长 56.0%，市场份额为 1.2%，贡献度为 0.6；办公设备 23.07 亿美元，比上年增长 79.0%，市场份额为 4.0%，贡献度为 2.6。

化学产品贸易额为 66.15 亿美元，比上年增长 33.4%，市场份额为 11.6%，贡献率为 4.2。其中有机化合物 28.88 亿美元，比上年增长 35.7%，市场份额为 5.1%，贡献度为 1.9；塑料 22.44 亿美元，比上年增长 26.8%，市场份额为 3.9%，贡献度为 1.2。

金属和金属产品贸易额为 52.38 亿美元，比上年增长 25.4%，市场份额为 9.2%，贡献率为 2.7。其中钢铁 37.06 美元，比上年增长 26.8%，市场份额为 6.5%，贡献度为 2.0。

运输机械贸易额为 38.19 亿美元，比上年增长 58.1%，市场份额为 6.7%，贡献率为 3.5。其中汽车 19.13 亿美元，比上年增长 30.1%，市场份额为 3.3%，贡献率为 1.1；汽车的部分产品 1.78 亿美元，比上年增长 104.9%，市场份额为 3.1%，贡献度为 2.3。

（二）日本对中国进口方面

2003 年日本对中国进口前 5 位的产品排序是：①机械；②纤维产品；③食品；④金属和金属产品；⑤矿物燃料。前 5 位产品占总进口的比率为 76.7%，比 2002 年上升了 1.1 个百分点。

机械的进口额为 280.07 亿美元，比上年增长 35.4%，市场份额为 37.3%，贡献度为 11.9。其中办公设备 88.90 亿美元，比上年增长 56.3%，市场份额为 11.8%，贡献率为 5.2；音响和影像电器 43.77 亿美元，比上年增长 25.9%，市场份额为 5.8%，贡献度为 1.5。

纤维产品进口额为 178.44 亿美元，比上年增长 12.7%，市场份额为 23.7%，贡献度为 3.3。其中服装饰品 154.20 亿美元，比上年增长 12.7%，市场份额为 20.5%，贡献度为 2.8。

金属和金属产品进口额为 31.51 亿美元，比上年增长 42.6%，市场份额为 4.2%，贡献度为 1.5。其中钢铁 7.0 亿美元，比上年增长 55.2%，市场份额为 0.9%，贡献度为 0.4；铝和铝合金 4.05 亿美元，比上年增长 88.2%，市场份额为 0.5%，贡献度为 0.3。

矿物燃料进口额为 25.21 亿美元，比上年增长 24.6%，市场份额为 3.4%，贡献度为 0.8。其中煤炭 11.34 亿美元，比上年增长 6.3%，市场份额为 1.5%，贡献度为 0.1；原油 8.18 亿美元，比上年增长 40.7%，市场份额为 1.1%，贡献度为 0.4。

第二节　日本对中国投资作为中日贸易促动因素的原因分析

应该说，中日贸易的突出表现是由多种因素促成的，但也不可否认，日本对中国的直接投资是其中非常重要的因素。先来看日本贸易振兴机构在 2004 年 2 月 18 日新闻发布会上对此所给予的解释。

在这份报告中，日本对中国出口大幅度增加的原因被归纳为 5 条：①日资企业虽然在中国建立生产基地，但在中国无法采购的主要零部件仍是从日本进口。受中国电脑和手机等产量增加和精度要求增高的影响，在中国采购困难的半导体等电子产品和 EVD 等音响电器的部分产品等高附加价值的电子零部件的出口有所增加。②带有照相功能的高端手机销量增长的同时，发展滞后的 PHS 得到飞速发展，PHS 基站（天线构成的户外设置装置）等通信机的出口急剧增加。③以西部大开发和北京奥林匹克场馆为中心的大规模基础投资建设和房地产开发，以及外资企业在中国境内的扩大生产和中国当地企业的扩大生产所引发的设备投资热，金属加工机械、泵离心分离器、建筑用和矿山用机械等对产业机械的需求有所增加。④日资汽车厂家进驻中国市场，在中国无法采购的部分零部件产品、动力机械的需求急剧增加，同时毛坯钢铁和有机化合物都有所增加。⑤随着汽车市场的扩大、中国加入WTO后关税下调、中国进口配额数量增加的用法不当和物流基础设施的完善等，使得卡车的需求增加，汽车整车的出口也有所增加。

同时，进口增加的主要原因被归纳为以下3条：①随着日资企业在中国建立生产基地，电脑以及打印机等办公设备和DVD播放器等音响电器的进口都大幅度增加。②由于服装和服装饰品国内市场需求不旺而造成进口减少，但休闲服饰的销量都有所增加。③2011年上半年，由于日本国内的核电站停产造成电力供应不足，火力发电用原油的进口增加。另外，因禽流感的问题，停止进口鸡肉，食品进口增长缓慢。

通过上述解释可以看出，无论是出口还是进口的大幅增加，日本贸易振兴机构都将对中国投资作为了主要原因。对于出口增加的5条原因，有2条说的是直接投资；对于进口增加的3条原因，有1条说的是直接投资。但必须注意的是，直接投资在两方面都被列为首要原因。可以回头看一下上面的叙述，这种直接投资在报告中被表述为"日资企业在中国建立生产基地"。

现在从总量上来考察中日贸易和日本对中国投资的联系。为了直观地看到这种联系，下面仍用趋势图中的数据比较来完成这个工作。在图8-4中可以看到，除了实际发生的金额存在较大差异外，日本对中国投资和中日贸易的变化趋势存在很强的相似性。也就是说两者的波动起伏和由此形成的阶段性非常相似。暂不考虑1990年以前的情况，而是单纯考虑上述图形中的部分，可以认为，1990~1997年是两者共同的第一阶段。在这一阶段，两者都

是连续上升，到 1997 年达到第一个波峰，然后开始下降进入第二
阶段。尽管划分第二和第三阶段的年份不同，但从最终来看，两
者的发展又趋于一致。而且根据 2004 年以来的最近资料，两者以
后的变化都将是快速增长，且是一种稳定的连续的增长。由此可
以确定，日本投资和中日贸易之间存在很强的联系。

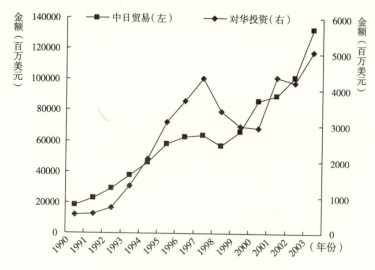

图 8-4　对华投资与中日贸易的关系

　　下面从结构上来考察中日贸易和日本对中国投资的联系，也就
是考察贸易的产品结构和投资的产业结构的相似性，以表明日本投
资对中日贸易的促动作用。为了分析便利，这里不是列出所有投资
产业和贸易产品的排序，而是以排在前列的有代表性的产业或产品
作为对比对象。在上一节叙述中日贸易表现的时候，对日本出口和
进口的产品都给出了前五位的排序。就以它们作为对比对象，但需
要特别注意的是，在出口和进口产品前五位中共同的产品，尤其是
机械产品，不但是两者共同的产品，而且在出口中涉及机械类的产
品的就有三个。现在参照第四章的内容，贸易中排在前五位的产品

大多归属于投资中排在前五位的产业，比如各种机械、金属和化学等。这就很好地显示了日本投资和中日贸易之间的联系，构成了能够表明前者是后者促动因素的一个重要条件。

还是再来看一下日本贸易振兴机构的解释，以进一步认识日本投资和中日贸易在产业结构上的联系。在此只以贸易量和投资量都是最大的机械类为例。对于电动机械，解释是："日资企业积极在中国开拓生产基地，使得日本出口的关键部件可以持续保持供应。2000年半导体等电子部件和音响电器部分的产品占电动机械出口总体比率的39.2%，2003年增加到51.5%，显然这是从日本向中国的日资企业提供高附加价值产品的结果。"[1] 对于普通机械，解释是："由于外资制造企业在中国建立生产基地所引发的设备投资以及发展过热的基础设施建设和房地产开发，使得以建筑机械为主的产业机械需求逐渐增高，整机和零部件等产品都有所增长。"[2] 对于运输机械，解释是："随着日本汽车厂家在当地生产的正式启动，日本零部件厂家中产品出口的厂家也增多，下半年仍保持高速增长，一部分产品的出口全年保持了三位数的高增长。"[3] 由此可以看出，日本贸易振兴机构已将中日贸易快速增长的主要原因归结为日本对中国的直接投资或者说它的快速增长，这也正是本书的观点。

那么，为什么日本对中国投资的快速增加会带动中日贸易的快速增加呢？一般来讲，本来由母国生产的产品通过国际投资改为在东道国生产，母国以此产品为内容的贸易活动将会减少。从这个角度来讲，国际投资的增加将减少国际贸易，更准确地说是减少母国出口。但是，换一个角度来思考，结果将不单纯是这样。

---

①　日本贸易振兴机构《2003日中贸易》。

②　日本贸易振兴机构《2003日中贸易》。

③　日本贸易振兴机构《2003日中贸易》。

正像小岛清所分析的那样，对外投资有顺贸易型和逆贸易型之分①，日本的投资在总体上是顺贸易型的。在出口方面，这种投资的顺贸易性表现在：①由于隶属关系，在东道国的子公司向母公司购买半成品和零部件，这就是通常所说的跨国公司的内部贸易；②由于长期的供货关系，在东道国的公司向母国的某些公司购买半成品和零部件，这样做可以避免在东道国寻找供货伙伴的成本和风险；③由于技术关系，东道国不能提供外来投资企业需要的半成品和零部件，所以外来投资企业会向母国购买。这三种情况在日本投资中国的大量企业中广泛存在，因而这种投资带动了日本对中国的半成品和零部件的出口。在进口方面，日本投资的顺贸易性表现在：由于生产成本等因素的关系，某种产品在日本国内生产已十分不经济，在中国生产可以在将产品本地销售和再出口的同时，将部分产品返销回日本满足国内需求。② 很显然，在中国的日本企业将产品返销国内的行为增加了日本的进口。其实，日本投资的顺贸易性是日本的对外投资战略促成的，这种顺贸易性的存在，克服了一般情况下对外投资减少贸易的影响。因此，在总体上看，日本对中国投资的快速增加必然会带动中日贸易的快速增加。

第三节　日本对中国投资与中日贸易之间关系的实证检验

截至 1997 年，对国际贸易和国际投资之间的关系仍缺乏实证的研究，有关日本对中国投资和中日贸易之间关系的研究更是如

---

① 胡俊文：《论"雁行模式"的理论实质及其局限性》，《日本问题研究》1999 年第 4 期。
② 根据《日本商业季度调查 1997～2003 年》的资料，2001 财年，在华日资企业销售额为 3134641 百万日元，中国销售 1083503 百万日元，占 34.57%，返销日本 1087802 百万日元，占 34.70%，后者超过了前者。

此。但是，王洪亮和徐霞（2003）在这方面却给出了较有代表性的系统研究。在两人 2003 年发表的文章中，他们将贸易品分为初级产品和制成品，以 1983 ~ 2001 年的数据为对象，利用格兰杰因果关系检验法对日本投资和中日贸易的关系给予了实证研究，得出了支持前述观点的结论①。但为了与前面的分析保持一致，更好地实现本章的研究目的，下面在仍采用格兰杰因果关系检验法的基础上，运用1983 ~ 2003年的数据，对投资总额和贸易总额之间的关系给予验证。

根据格兰杰因果关系检验法，可以假定有关投资（FDI）和贸易（TR）的预测信息全部包含在这些变量的时间序列中。格兰杰因果关系检验的原理是判断某些变量的信息是否能改进对其他变量的预测，具体到本文，即为检验过去的投资或贸易是否会对未来的贸易或投资有影响。可以通过估计 VAR 模型来实现这一目的。模型设定如下：

$$TR_t = \sum_{i=1}^{n} \alpha_i FDI_{t-i} + \sum_{j=1}^{n} \beta_j TR_{t-j} + U_{1t} \tag{1}$$

$$FDI_t = \sum_{i=1}^{m} \lambda_i TR_{t-i} + \sum_{j=1}^{m} \delta_j FDI_{t-j} + U_{2t} \tag{2}$$

检验投资对贸易是否存在格兰杰因果关系，即是检验 α_i 是否全不显著；检验贸易对投资是否存在格兰杰因果关系，即是检验 λ_i 是否全不显著。在估计上述模型之前，先来进行投资和贸易数据的平稳性检验，即检验其是否存在单位根。在此有一点值得说明，尽管相对于上一节本节采用了更多样本的数据，但基于文章篇幅的关系，而且这些数据可以分别在中国商务部网站和《中国统计年鉴》（历年）上查到，所以不再列出。表 8 - 3 是投资和贸易的单位根检验结果。

———————————

① 参见第一章文献述评。

表 8 - 3   日本对中国投资和中日贸易数据的单位根检验结果

项目	Lag structure	ADF test	Critical Value	
FDI	4	- 0. 447953	1%	- 3. 9228
			5%	- 3. 0659
			10%	- 2. 6745
TR	6	2. 175107	1%	- 4. 0113
			5%	- 3. 1003
			10%	- 2. 6927

注：①在最优滞后结构的确定方面，此处综合考虑 AIC（Akaike information criterion，赤池信息量准则）和 SC（Schwarz information criterion，施瓦茨信息准则）两个准则。

②表中数据 ADF 检验的设定为含截距，无趋势。

根据表 8 - 3 的计算结果可以看出，投资和贸易的数据都存在单位根，即具有不平稳性。为了避免不平稳性带来的伪回归，先对数据做 1 阶差分。在此以图 8 - 5 来描述两种数据的 1 阶差分结果，其所对应的数据是下面进行模型检验的直接对象。

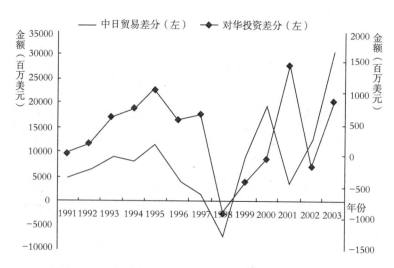

图 8 - 5   日本对中国投资和中日贸易数据的 1 阶差分结果

用 dFDI 表示日本对中国投资序列数据的 1 阶差分、dTR 表示中日贸易序列数据的 1 阶差分。由于样本太少，不宜进行协整分析，故直接用 1 阶差分处理后的数据估计前述 VAR 模型。表8－4给出了模型参数估计和检验的结果。根据上述 AIC 和 SC 准则的综合考虑，模型的最优滞后结构为 5 阶。

表 8 - 4 模型估计结果

项目	dFDI	dTR
dFDI（-1）	- 0. 511892 ［- 1. 82832］	- 9. 178868 ［- 3. 16055］
dFDI（-2）	- 0. 483002 ［- 0. 79711］	12. 28249 ［1. 95412］
dFDI（-3）	0. 472314 ［1. 48633］	5. 052271 ［1. 53275］
dFDI（-4）	0. 329077 ［1. 00220］	- 22. 08347 ［- 6. 48373］
dFDI（-5）	- 1. 187594 ［- 1. 55385］	26. 48128 ［3. 34025］
dTR（-1）	0. 050513 ［2. 04274］	1. 318230 ［5. 13927］
dTR（-2）	0. 118492 ［2. 32543］	- 1. 059012 ［- 2. 00361］
dTR（-3）	- 0. 049771 ［- 1. 79749］	0. 216346 ［0. 75324］
dTR（-4）	0. 007316 ［0. 26770］	0. 331078 ［1. 16786］
dTR（-5）	- 0. 014768 ［- 0. 41177］	- 1. 246389 ［- 3. 35022］
C	7314. 061 ［0. 45154］	357517. 4 ［2. 12781］
R^2	0. 937511	0. 968113
F - statistic	6. 001155	12. 14425

注：方括号内为 t 检验值。

据此，对 VAR 估计结果进行相应的 F 检验，即可检验日本对中国投资和中日贸易之间是否存在格兰杰因果关系（见表8－5）。

根据上述计算结果，可有以下结论：日本对中国投资和中日贸易之间存在双向的格兰杰因果关系。也就是说，在日本对中国投资促进中日贸易的同时，中日贸易也促进日本对中国的投资。从具体结果来看，在5％的显著性水平上可以拒绝投资不是贸易的原因的假设，在10%的显著性水平上可以拒绝"贸易不是投资的原因"的假设，投资对贸易的作用比相反的作用更显著。这些结论和本章前面的分析以及其他学者的研究成果实现了相互印证。

表8－5　格兰杰因果关系检验

原　假　设	样本数	F检验	概率
dFDI 不是 dTR 的原因	15	13.8035	0.0124
dTR 不是 dFDI 的原因		6.06864	0.0526

　　需要指出的是，基于客观因素的限制，该部分研究所使用的样本太小，采用平稳性检验和因果关系检验所得到的结论有一定局限性；另外，本部分的分析显示日本对中国投资和中日贸易之间存在格兰杰因果关系，但这种关系主要是一种统计上的因果关系，统计上的一些问题影响了对这种关系的准确观察。但无论如何，这种关系的存在在一定程度上为上一节给出的关于日本对中国投资是中日贸易促进因素的论断提供了证据。

第九章

对中国与东亚其他国家
经济关系的影响

现在，必须把眼光拓展到整个东亚来探讨日本对中国投资变化所带来的影响。之所以说必须，是因为，基于整个东亚经济的密切联系的现实，对这方面探讨的缺失将使本书关于影响的研究很不完整。1960 年代以来，东亚一些国家经济水平快速发展，经济实力迅速增强，而其中日本的直接投资起到了重要和关键的作用。① 这就使我们想到了前面谈到的日本投资的"雁行模式"，与此模式相连的东亚经济的辉煌表现则被称为"东亚模式"。所以，不难理解，东亚国家的发展对日本的投资具有一定的依赖性。而且，随着日本投资从欧美国家向东亚的回归②，日本投资在东亚越

---

① 这在很多分析"雁行模式"的文章中都可看到。日本为了在东亚的国际分工中始终处于主导地位而积极推行"雁行模式"，由此进行的直接投资带动了东亚国家经济的发展。

② 在此看一组数据。1990 年日本对北美的投资额为 272 亿美元、对欧洲的投资额为 143 亿美元，分别占当年日本对外直接投资总额的 47.8% 和 25.1%。1994年，日本对这两个地区的直接投资出现了不同程度的减少，对北美投资减少到 178 亿美元，对欧洲投资减少到 62 亿美元。同时，日本对亚洲的投资却有了较大进展。1990 年，日本对亚洲的直接投资占日本对外直接投资总额的比重仅为 12.4%，到 1993 年则增长到 18.4%，1994 年则超过欧洲。

来越具有突出地位和强大的吸引力。基于上面的事实，日本投资动向的变化和资金的转移会给整个东亚带来深刻和深远的影响，因而受到东亚各个国家的密切关注，在这种关注之下的不同行动又在整体上改变了东亚国家的经济活动。下面来考察日本对中国的投资变化给其他东亚国家带来的影响。巧合的是，除了韩国以外，要探讨的东亚国家都属于东盟（ASEAN），这些国家之间有着更加紧密的关系。所以，为了分析的便利，下面的分析在很多情况下是以东盟为代表。

第一节　日本对中国投资与对东亚其他国家投资的相对变化

正像前面谈到的一样，东亚经济的辉煌表现使东亚日益成为最具有潜力的国际投资地区。1990 年代中期，全世界流入发展中国家的直接投资约有 2/3 都在东亚地区，其中中国就占了一半，成为继美国之后全球吸收国际投资的第二大国，并在 21 世纪成为第一大国（周小兵，2001）。东盟作为一个集团，是亚洲吸收国际投资的第二大地区，其所吸引的国际投资约占亚洲总额的 1/3。也就是说，在这一时期内，中国和东盟吸收的外来投资约占亚洲总量的 80% 以上。但这只是本文探讨问题的相关背景，在此引人关注且为探讨重点的是：恰恰在此阶段，中国与东盟吸引外来投资的地位发生了根本的转换。1980 年代后期~1990 年代初期，亚洲吸引的外来投资约有一半进入东盟地区，而进入中国的不足 1/4。1990 年代中期，中国与东盟吸引外来投资的地位刚好对调。这就引出了一个问题，中国外来投资的增加正和东盟外来投资的相对减少形成对照。

一　日本在东亚投资相对变化的状况

日本对东亚的投资也出现了近似的情况。考虑到日本是较早对东盟投资的国家之一，东盟国家普遍对日本的投资具有依赖性，日本对东盟投资相对于对中国投资的减少更加受到东盟国家的重视。1990年代以来，东盟国家纷纷抱怨，日本公司正在将它们的生产设备从东南亚转移到中国，东盟由此担心，该地区的日本公司将出现"空心化"。事实上，日本对东盟整体的投资额和对中国的投资仅仅在2003年才发生逆转，此前前者一直大于后者，这在第三章中已描述得很清楚。然而，这里要强调相对变化在引资国心理上的重要性。可以想象，尽管在很长时间里中国的日本投资在绝对量上没有超过东盟，但从相差几十倍到基本相当同样让曾经领先者难以接受，更何况东盟包括10个国家且也曾在1995年被中国超过。因而，投资额的相对变化是东盟国家有所抱怨并采取外资竞争手段的重要原因。

如果从单个国家的角度来看待上述投资额的相对变化，则更加明显。东盟毕竟由单个的国家组成，尽管可能以整个东盟与中国比较已经形成一种传统并且越来越实际，但一些国家（尤其是东盟中比较发达的国家）同样乐于在一些方面与中国进行比较。由于在第三章中已经做过日本对东盟整体投资与对中国投资的比较，在此将对东盟主要国家和中国在引进日本投资的比较状况进行描述。

表9–1中列出的印度尼西亚、马来西亚、菲律宾、新加坡、泰国都是日本投资最早的东亚国家，同时也是经济较为发达的东盟国家。在接受日本投资上，这些国家都早于中国，而且在日本开始对中国投资的早期，日本对这些国家的投资额都大于对中国的投资额。从表9–1可以看到，从日本对中国投资开始的1979年到1983年，上述东盟国家接受的日本投资都大于中国。这一时期日本对印度尼西亚的投资依然最多，其投资额保持在中国接受投资额的10～100倍。然而，伴随着1984年日本对中国投资的突然加快，上述东盟五国开始陆续被中国超过。在此时期，日本对上述

| 日本对中国投资的变化与影响 |

表 9 - 1 日本对东亚诸国投资变化

单位：百万美元

年份 \ 国家	中国	印度尼西亚	马来西亚	菲律宾	新加坡	泰国
1979	14	150	33	102	255	55
1980	12	529	146	78	140	33
1981	26	2434	31	72	266	31
1982	18	410	83	34	180	94
1983	3	374	140	65	322	72
1984	114	374	142	46	225	119
1985	100	408	79	61	339	48
1986	226	250	158	21	302	124
1987	1226	545	163	72	494	250
1988	296	586	387	134	747	859
1989	438	631	673	202	1902	1276
1990	349	1105	725	258	840	1154
1991	579	1193	880	203	613	807
1992	1070	1676	704	160	670	657
1993	1691	813	800	207	644	578
1994	2565	1759	742	668	1054	719
1995	4478	1605	575	717	1185	1240
1996	2510	2414	572	559	1115	1403
1997	1987	2514	791	524	1824	1867
1998	1076	1116	521	381	655	1405
1999	770	959	527	637	1038	837
2000	1008	420	232	465	457	932
2001	1453	627	257	791	1147	884
2002	1766	529	80	410	752	504
2003	3143	648	463	196	322	629
2004	4567	311	125	317	715	1184

资料来源：日本财务省政策研究所《月度财务回顾》，经由 JETRO 整理，2005。

国家的投资只是缓慢增长，因此，仅过了三年，即 1987 年，日本对中国的投资额第一次超过了任何一个东盟国家。虽然此后这些国家接受的日本投资也曾再次超过中国，然而在 1993 年以后，在接受日本投资方面被中国超过的事实越来越普遍，而且差距越来越大。以上描述在图 9-1 中看得更加清楚。在此，两组数据更能说明问题：1995 年，日本对中国的投资分别是印度尼西亚的 2.8 倍、马来西亚的 7.8 倍、菲律宾的 6.2 倍、新加坡的 3.8 倍、泰国的 3.6 倍；2004 年，上述倍数分别为 14.7 倍、36.5 倍、14.4 倍、6.4 倍、3.9 倍，对所有这些东盟国家的倍数都有了一定的增加。其实，可以想象，面对原本超越中国很多、然后被中国赶上、最后被中国超越很多的局面，东盟这些国家很难不滋生与中国竞争外资的念头，更何况它们都是将外商投资视为经济发展支柱的发展中国家，更何况它们也受到了日本宣扬的"中国威胁论"的影响。

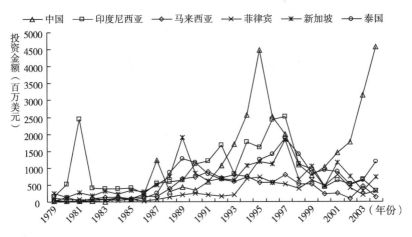

图 9-1　日本对中国投资与对东盟主要国家投资的比较

应该说图 9-1 直观地显示了日本对上述国家投资的发展变化状况，尤其是真实地反映了在各个不同阶段中国接受日本投资与

日本对中国投资的变化与影响

上述几个东盟国家的差距或优势。但为了更清楚地反映在日本投资方面中国从落后到赶上再到超越的过程，笔者将各个国家接受日本投资额的对数值体现在图 9 - 2 中。图 9 - 2 可清楚地看到在日本投资方面中国从落后到赶上再到超越的过程，这可以清楚地分为三个阶段：1979～1983 年，日本对中国的投资明显落后于对上述东盟国家的投资；1984～1993 年，日本对中国的投资已经赶上对上述东盟国家的投资，彼此没有差距；1994～2004 年，日本对中国的投资明显超越对上述东盟国家的投资，尽管其中一段时间中国又回落到上述东盟国家的水平，但之后又和后者拉开了明显差距。至此，已经非常清楚地看到了日本对中国投资与对东盟国家投资之间相对变化的过程，因而相信东盟国家存在主动与中国竞争外资的心理因素。再次要强调的是，东盟国家与中国竞争外资的想法是在上述相对变化的过程中逐渐产生的，而在其经济遭受巨大困难的 1997 年前后达到了顶峰。

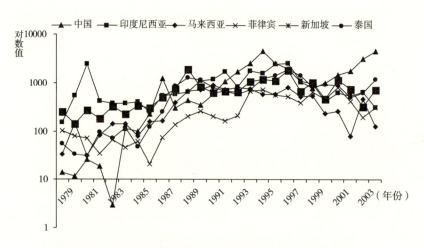

图 9 - 2　日本对中国投资与对东盟主要国家投资的比较

180

二 相对变化的推进方式

在此有必要明确一下上述过程推进的两种方式，即在日本投资对象中中国的地位上升和其他东亚国家或地区地位下降的两种表现形式。本书将上述过程进行的方式区分为显性方式和隐性方式，有关的数据并不能说明在形成的结果中这两种方式各自的重要性，甚至不能表明这两种方式的存在。由于相对减少是让人更为关心的问题，下面以东亚其他国家的角度来给出这两种方式的含义。正像一些东亚国家抱怨的一样，一些原来在自己国家投资的日本公司关闭厂房，将变卖的资金转向中国。这是可以清楚看见的减少投资的方式，因此是显性方式。试想下面的状况，一些原本准备或者可能投向上述东亚国家的资金，却因为投向中国而不能变成现实。这是无法清楚看到的减少投资的方式，因此被称为隐性方式。很多人更多地注意到了显性方式，这是上述一些东亚国家抱怨的直接内容，也是这些国家的政府要和中国进行协商的依据。但其实，隐性方式的作用应该更大，因为在投资实施之前，国际投资者往往进行了充分的考察，其决策是相当理性的。对很多已经在东亚其他国家投资的公司来说，沉没成本是其撤出资金投向中国的障碍①。除非是其投资中国的预期收益远远大于这个沉没成本，或者它在这些东亚国家的投资已经实现了预期的利润。事实上，很多日本企业撤出在东盟的投资转向中国是基于上述两个原因，同时它们认为，这种资金转移能给企业带来更大的发展和长远的利益。

事实上，日本政府采取了有意的平衡行为来阻止上述两种方

① 1989～2000年，日本在东盟的沉没投资累积达到6.6万亿日元，高于同期日本在中国的投资性股票总额的三倍还多。虽然东盟在劳动力成本和市场规模等方面无法与中国抗衡，但是日本公司在该地区所进行的人力资源开发和建立的供应商网络仍然会给予它们一些让日本公司很难放弃的比较优势。

式以阻止日本对中国和东盟投资之间的相对变化。据日本国际协力银行的调查,54%的日本企业认为在投资地区战略上应谋求对中国和对东盟投资的平衡,这一数字要比重视中国(26%)高出一倍以上。① 日本经济产业省提出的亚洲战略则明确表示,日本应该协助东盟国家提高投资环境的魅力,以避免投资过分集中于中国的风险(马成三,2003)。经济产业省也提出了具体措施,例如,针对东盟国家在人才供应方面不如中国的状况,帮助其培养人才;从提高东盟国家市场魅力的角度考虑,促进东盟自由贸易协定(AFTA)及早实现。其实,这就是日本和中国博弈的手段。但是,这里存在集体理性和个体理性的矛盾,尽管日本是一个集体观念很强的国家,但是在个体行为上也存在利益原则,因此,上述平衡行为难以收到预期的好的效果。正像一位日本学者说的,谁也挡不住投资中国。所以中国接受日本投资的比重最终还是超过了东盟,当然也超过了东亚"四小龙",尤其在2002年以后,这种状况变得稳定,趋势也变得明朗。

三 相对变化的原因

在此也有必要在对比的基础上考察中国地位上升和东亚其他国家或地区地位相对下降的原因。这里仍以东盟为主。从日本公司海外业务的总体业绩评价看,中国获得与东盟基本上相同的评价。但从最近十年来的收益性评价显示,东盟呈不断下降趋势,而中国则呈缓慢上升趋势。特别是在2003年,随着设备正式投入

---

① 应审慎地看待日本企业的这种认识。在考虑到集体利益的时候,它们认为应在中国和东盟之间实现投资平衡,但在考虑到个体利益时,它们又倾向于投资中国。换句话说,很多企业希望其他企业投资东盟,而自己进入中国。这是集体利益和个体利益的矛盾,但矛盾的结果使大量企业仍积极地投资中国。这也解释了此处调查数据和本书其他地方有关日本企业倾向于投资中国的数据存在偏差的原因。

运转，对收益性表示满意的日本企业正在增加。与此同时，对于进入东盟的日资企业来说，其收益率却相对较低。对外投资是追求收益率的，且跨国公司内部和彼此之间有密切的联系，因而收益率在现实和趋势上的差异具有很强的外部效应，收益率微小的差异将会导致投资额的较大差异。在一份针对日本企业的调查①中，回答中期将"加强和扩大海外业务"的国家的比例情况是，中国为73.9%，而东盟只有42.7%；同时，回答"收缩和退出"的比例情况是，中国为0.2%，而东盟却高达4.0%。与东盟各国相比，加强对中国进行投资的倾向非常明显，其原因不仅由于中国是低成本的生产地，还包括销售本公司产品的市场前景，老客户的进入与业务扩张等因素也受到重视。在所有被调查企业的回答中，作为有望进行中长期（以后3年左右）开拓业务的地区，中国占回答总数的93%，位居第一位，遥遥领先于第二位的泰国（占全体的29%）和第三位的美国（占全体的22%）。在认为中国是具有投资前景地区的企业中，70.8%的企业回答已经在中国拥有具体的业务计划，而且从中可以看出它们对中国的评价不是随意的判断，而是完全根据实际业绩做出的。这种评价和调查清楚地表明了在日本的投资中中国的比重逐渐上升和东盟的比重逐渐下降的原因，同时也表明，日本企业对东亚投资的重心由东盟向中国转移的倾向今后还将继续保持下去。

第二节 中国和东亚其他国家的引资博弈

基于上面的分析，中国和东亚其他国家在引资方面的博弈将不可避免。新加坡总理吴作栋在1999年10月接受记者访问时曾表示："中国将变成一个深具吸引力的投资市场，除非我们有能力同

---

① 此调查不限定在特定地区是否进行投资，可选择多项回答。

它竞争，不然在本区域的投资都将转移到中国去。"来自日本的直接投资曾经为东盟各国的工业化和经济发展作出了巨大贡献，而东盟国家的未来发展更需要日本投资的支持。正因为如此，这种投资的减少将可能使该地区的经济发展步伐放慢。因此，这些国家会采用更新和更多的手段争取日本的投资。

随着中国吸引日本直接投资赶上和超越东盟，日本在东盟投资的相对或绝对减少，已经引起有关经济研究人士的关注。日本学者染川弘文①早在 1994 年就指出，包括越南、缅甸、印度等国的外资引进政策正趋于正规化，纷纷（对中国）诉诸对比优势，日本企业海外投资的选择范围扩大。这清楚地表明这些国家要在吸引日本投资方面和中国进行有针对性的博弈。泰华农民研究中心认为，泰国争夺日本的投资，除了实行优惠政策之外，还必须大力发展公用事业和基础设施，诸如完善国内国际交通运输系统、信息技术和电信基础设施、企业税收制度、政府部门快速而透明的公务程序以及自由竞争的市场等（中经网，2004）。

下面不妨以东盟与中国争夺日本电子信息产业投资为例来说明竞争在微观上的客观性。中国与东盟一些国家目前均把发展电子信息产业作为产业结构升级的一个主攻方向。虽说中国和这些国家在电子信息技术方面都有较强的研究开发能力，但与日本等技术大国相比仍有很大差距，因而在这一产业的发展进程中，仍需要不断引进技术。而在高新技术转让方面，日本和其他发达国家为了获取垄断效益或规模效益，对核心技术的转让具有很强的选择性，往往在一个地区仅选择一两个国家作为转让对象，尤其是在建立生产核心部件的独资企业或合资企业时更是如此（陈明华，2004）。可见，中国和东盟在获取日本高新技术方面投资的竞争不可避免。这就像著名学者关志雄（1998）所说的那样，在吸

---

① 当时为日本驻华大使馆经济部参赞。

引外来投资的一些关键领域，中国和东盟存在零和博弈。

下面具体来分析东亚其他国家在和中国的引资博弈中采用的策略。简单地讲，这些策略可以概括为：内部靠政策，外部靠联合。内部靠政策就是说，在每个国家内部，这些国家采用的争夺投资的手段主要是优惠的政策。外部靠联合就是说，为了争夺投资，在自己国家能力之外采用联合的方式以形成统一的行动。可以看出，只有东盟国家最能充分利用这样的手段，如东盟之外的韩国则只能具备前者。所以下面仍以东盟国家为主分别说明。

在吸引外资的政策方面，东南亚很多国家在中国之前就形成了很完整的体系，这与日本在这些地区投资开始较早有很大的关系。以印度尼西亚为例，该国政府在1967年1月制定了第一个外国投资法，即《1967年第1号法律》。泰国也于1977年公布了《投资促进法案》，马来西亚虽然1986年才颁布《投资促进法》，但其在1967创建的《所得税法》中已经明确了许多对外来投资的优惠措施。一个共同的特点是，这些国家的优惠政策都根据吸收外资的状况进行了多次修改。而且笔者认为，其中的很多修改和中国外资政策的变化相联系，也和中国吸引外资的实际状况相联系。可以更明确地说，修改外资优惠政策的主要目的之一是争夺外资，而对东盟国家来说，中国是它们所有竞争对象中最为明确的一个。下面来看部分东盟国家对其外资政策中一些内容的修改状况。

首先是马来西亚，在综合方面来看该国鼓励外来投资的规定。1986年的《投资促进法》与1967年的《所得税法》共同规定了多种鼓励投资于制造业、农业和旅游业部门的减免税奖励。这些奖励包括：在制造业部门实施新兴工业地位奖励、投资税减免奖励、调节收入减免税奖励、累积折旧减免税奖励、再投资减免税奖励、出口信贷保险金双重减免税奖励、促进出口减免税奖励、工业建筑折旧奖励、研究与开发奖励和出口信贷再融资计划；在农业部门实施新兴工业地位奖励、投资税减免奖励、农业资本折旧奖励、农业建筑和机器折旧奖励、农产品出口奖励、外销调节收入减免税奖励、促进出口双重减免税奖励和累积折旧双重减免税奖励；在旅游业部门实施类似新兴工业地位奖励、投资税减免奖励、工业建筑折旧奖励和旅行社奖励（刘迪辉，2001）。以其中的外销奖励为例。外销公司可以得到 3 种外销奖励：①外销回扣额是当年外销离岸价格的 5%，所有出口商包括交易人都可以得到回扣；②外销总产品 20% 的常驻公司除了可以得到 20% 基本折旧回扣外，每年还可得到 40% 递增的折旧回扣以用于公司的更新换代；③为在马来西亚制造的产品开拓海外市场服务的公司可得到海外广告、向国外市场提供样品、出口市场研究等方面的扣除额。对比之下，中国相关法律如《外资企业所得税法》规定的优惠措施远没有这样完备，具体措施也远没有达到马来西亚的优惠程度。

其次是泰国，该国在鼓励外资进入相对落后地区的规定，与我国政府为了西部开发而制定的吸引外资的优惠政策有相似之处。对于在鼓励外来投资的地区设厂置业的项目，政府给予如下优惠：①免征机器进口税；②免征法人所得税 8 年；③出口产品总值不少于销售总值 30% 的项目，专用于生产出口产品的进口原料或必要的进口物资，免征进口税 5 年；④生产销往国内市场的产品所需的进口原料或必要物资，5 年内其进口税可减至正常税率的 75%；⑤进口物品必须是国内没有生产、其质量和性能异于国内产品，且国内不足以应其所需的，可享受的优惠如下：在按规定享受免征法人所得税期满后，可再延长 5 年按正常税率的 50% 减缴法人所得税；从开始获利之日起 10 年内，在估算法人所得税时，所支出的运输成本和水电成本，允许加一倍计入扣除额项目中；提供便利的基础设施的建造和安装成本，允许将此成本中的 25% 从纯利中扣除。与泰国相比，中国只是给出了投资优惠的产业指导目录。而将针对地区差别的投资优惠措施的制定权力交给了地方政府。但由于地方政府在政策执行上往往采取不透明做法，使这些措施对投资者来说无法明确。

　　然后是印尼，来看它对合资企业股权比例和期限的规定。在一般情况下，外资在初期可占80％的股权，第15年后，必须转让至49％以下；若产品65％（纺织品85％）以上外销，外资在初期可占95％的股权，10年后转让至80％，15年后转让至49％以下；若产品85％以上外销，且工厂设在印尼政府所设的保税区或拥有货物集散地的民营加工出口区内，外资可占95％的股权，且可永久持有，不受逐年转让股权给印尼合伙人的限制。符合下列情况者，外资可拥有100％的股权：若工厂设在巴坦岛保税工业区、在商业化生产5年内，外资可占100％的股权，但从第6年起必须转让5％的股权给印尼合伙人，之后便不需要将股权逐年转让给印尼合伙人；产品全部出口，并提供大量就业的企业，外资也可控股100％。从1994年5月19日起生效的新投资法，允许外资持有100％的股权，且不需在规定的期限内将股权转让给本地人。参照中国《中外合资企业法》的有关规定，印尼的措施相对于中国较为宽松。

　　最后是越南，越南是东南亚国家中较为落后且保持了社会主义制度的国家，近年来吸引外资的力度很大，下面来了解它在外汇汇出和保证条款方面的有关规定。在外汇汇出方面，《外国在越南投资法》规定外国企业和个人可将下列款项汇出境外：①在经营过程中获得的利润；②提供技术和服务所得的款项；③在活动过程中提供的贷款资本与利息；④投资的资金；⑤属投资者合法所有权的其他资金和财产。此外，在外国投资企业中服务的外国人或履行合作经营合同的外国人，在依照越南法律规定缴纳所得税后，可根据越南外汇管理条例将其本人所得的收入汇出境外。在保证条款方面，上述法律规定：外国企业和个人在越南投资的过程中，越南政府不以行政手段征用或没收其资本和财产，不将外国投资的企业国有化；如果因为法律规定的改变对已经订立经营合作合同的外国投资企业的利益造成损失，国家将采取措施妥善解决投资者的权利问题。相比之下，中国除了在个人工资的汇出方面和越南基本一样外，其他方面的做法没有其宽松，也没有其明确。

为了更全面地反映问题和突出实效性，下面再来看一下东盟之外的韩国进行的对《外国人投资促进法》的修改。为了更多地引进外资和应对国家间日益激烈的引进外资竞争，韩国已经根据需要对《外国人投资促进法》修订了10多次。1997年底东亚金融危机爆发，于是韩国于1998年9月16日再次修订了《外国人投资促进法》（法律第5559号）。而在2005年，韩国产业资源部又一次公布了《外国人投资促进法》修正案，此次修正案中两条较为突出的内容是：①新设对新增外国人投资的现金补助制度。即对建立工厂等GREEN–FIELD（绿地）型的外国投资，其投资金额的一部分，经与韩国政府协商，由韩国政府予以现金支持。产业部尤其提到，英国、爱尔兰、以色列、中国等国家目前已实行该制度。②新设按引进外资金额比例予以奖励的奖金制度。此举旨在提高各地方政府、外国人投资支援中心等相关的引进外资部门及个人的引资积极性，但中央政府公务员不享受此政策。产业部也提到，中国（上海）的奖励规模为引进外资金额的0.6%~1.0%，韩国部分地方政府奖励规模为0.01%~0.5%。

由于篇幅的关系，本书不能将所有东亚国家的鼓励外来投资的政策一一列出，也不能将这些国家的有关政策和中国进行详细的对比。在此只能列出笔者观察到的现象：许多东亚国家经过修改的鼓励外资政策和中国有所趋同。这可能有世界经济一体化的原因，也可能与东亚各国相似的历史、文化和经济现状等相关联，但不可否认，目睹中国将已经或可能投向自己的外国资金吸引过去，这些国家一定会针对中国的外资政策修改自己的外资政策以减缓上述过程和趋势。

其实，对东盟国家来说还有一个相当有效的博弈手段，这就是上面说的"外部靠联合"。作为一个区域性经济组织，东盟国家可以通过一致行动来达到单个国家无法达到的目的。这种一致行动主要是以贸易手段来影响投资。2004年1月1日起，东盟自由贸易区再次大规模削减关税：贸易区的六个创始国①取消了相互间60%的产品关税，设在六国的日本和其他外资企业的产品也包括在内。下面来分析这些东盟国家这样做的目的。在东盟国家对来自外部的产品征收的关税低于对内部产品征收的关税的时候，就对已经或可能投向本区域的资金流向外部国家形成了阻力，而且这种阻力的大小与内外关税的落差呈正相关。对于已经或可能在东盟投资的企业，大多是需要这里的市场，当它出于其他考虑而将资金转向别的国家（如中国）后，它的产品就会因为上述关税差异而在进入东盟市场时受到阻碍，或者说不能享受在东盟市场内部的利益。当然，影响资金投向的因素有很多，但在其他因素相对不变时，这一因素就起到了重要的防止外资流出和吸引外资流入的作用。在东亚这一日本投资相对集中的区域里，东盟的这种做法应该说是和中国争夺日本投资的有力手段。上述事件过后，日本方面抱怨中国对外部工业品征收的关税过高，这在某种意义上正是东盟希望达到的效果。但是，吸引投资有多种因素，而国家之间博弈也不单单为了吸引投资。所以，要以吸引投资为视角，综合考察东亚国家间为了外资等利益而采取的行为。这是下一节将要探讨的内容，只有这样做，才能将日本对中国投资变化所带来的影响体现到一个充分和深刻的程度。

---

① 即新加坡、马来西亚、印尼、菲律宾、泰国和文莱。

第三节 引资博弈的理论分析

对国家间外资竞争的理论分析，最好的分析工具无疑是博弈论。而对于以博弈论为工具的分析，首先想到的是"囚徒困境"模型。对于外商投资的竞争，两个国家即为博弈的双方。理论和事实都很容易证明，追求自身利益最大化的两个国家对外资的竞争反而导致了各自利益和整体利益的损失，这反映了个体利益和集体利益的差异，也反映了外资竞争主体之间的相互影响，甚至相互制约关系。具体分析如下。

其中 w、x、y、z 是某一国家在另一国家采取某一行动所得到的收益，$w < x < y < z$。假设有 A、B 两个国家，他们所选策略及其收益如图 9 - 3 所示。可以看出，（x，x）即（竞争，竞

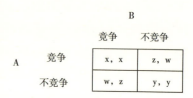

图 9 - 3 囚徒困境分析

争）为此博弈的纳什均衡，此时双方的总收益小于更高效率的合作时的策略组合收益。对应于具体的区域间的外资竞争来说，（y，y）与（x，x）两种策略组合下的总收益之差，作为优惠政策的代价转移给了外商。这就是形成上述收益矩阵的原因所在。

事实上，参与外资竞争的是大量的国家，也就是说国家参与的外资竞争是一个有多个局中人的博弈。一般认为，这是一种"竞争到底线"的博弈，所有的引资国家都处于利益困境中，以至于无论胜利者还是失败者都将在激烈竞争中遭遇整体福利的损失。即使每个国家都有避免这种恶性竞争的意愿，但对单方面行动造成外资大量转移的担心会迫使它们不但不削减已有的激励政策，反而会竞相提高对外资的优惠水平，直至引资成本超过其收益。而且，在这种博弈中，由于落后国家没有发达国家的经济实力，

更多情况下是靠优惠政策去参与竞争，从而更易于进入仅有利于投资者的残酷博弈。但是，需要强调的是，所谓"底线"并没有一个明确的衡量标准，而信号的作用也在影响着"底线"所能达到的程度。但无论如何，国家间的外资竞争导致各自和整体的利益遭受大量损失且极有利于投资者，的确是不争的事实。

上述引资博弈符合了东盟与中国外资竞争的状况。如果把东盟当作一个整体，东盟与中国之间的博弈可以用"囚徒困境"模型来分析。但将上述博弈看成有多个局中人的博弈似乎更加合理，因为东盟毕竟由 10 个有自身利益的国家组成，且参与外资竞争的国家也不仅仅包括东盟和中国。而且，上述东亚国家都是发展中国家或者说是新兴工业化国家，而且除中国外都是小国，所以，它们外资竞争的手段主要是优惠政策。然而，这种优惠政策在与中国的外资竞争中是很难有效的，这主要基于两个原因：①中国有广大的市场和良好的经济条件，这一点是作为小国的东盟国家难以比拟的；②东亚金融危机使东盟国家的投资环境严重破坏，尤其是由此引起的政局动荡使外商投资者失去了安全感。

近年来的一些数据和调查证明了上述分析，即东盟不可能通过与中国的竞争取得更多的外商投资。据日本财务省公布的对外直接投资实绩显示，2002 年对华投资与前一年相比增加了 19.1%，而对东盟各国的投资均出现减少。2004 年 7 月，日经报纸在其进行的调查中指出，日本的制造商们正将它们的生产活动从东南亚转移到中国。日经宣称，2003 年以来，一些公司，像精工爱普生（SeikoEpson）、美能达（Minolta），已经决定关闭在泰国、马来西亚、新加坡、印度尼西亚和菲律宾国内的至少 22 家生产基地，或是减小其规模。日本国际协力银行开发研究所 2004 年 11 月发表的《2003 年度海外直接投资调查征询结果（第 15 次）》也清楚地表明，对外投资的制造业企业在东盟与中国之间更多地把中国作为海外业务据点的趋势正在不断加剧。

第四节　东盟与中国经济合作的动机与利益

上面的分析已经说明，东盟不可能通过与中国的竞争取得更多的外商投资。事实上，在东亚金融危机后的几年，在经过外资竞争的努力之后，东盟国家的领导人开始普遍认识到上述结论。于是东盟国家明智地把握住了中国给予的机会，开始积极寻求与中国的经济合作，2002 年签署《中国—东盟全面经济合作框架协议》（以下简称《中东合作框架》）就是最突出的证明。

一　对东盟与中国经济合作动机的理论分析

要探求东盟与中国合作的经济动机，首先要了解东盟与中国经济合作的背景。不可否认，1997 年的东亚金融危机将东盟与中国合作的愿望提升到空前的高度，双方的合作关系也因此进入了高速发展的时期，但同样不可忽视的是，东盟与中国的经济合作在此之前已有了较快的发展。其原因主要有两个方面：其一是东盟想要摆脱由于经济发展长期依赖于西方发达国家而受到的限制；其二是由于当时东亚（尤其中国）正是世界上经济发展最快的地区，而一些西方发达国家恰恰处于经济低迷和衰退的状态，东盟国家因而想在中国等东亚国家寻求更多的发展机会。东亚金融危机的发生更是从主观和客观两方面极大地增强了东盟与中国（以及其他东亚国家）合作的趋势，之所以说此时东盟与中国合作的愿望空前提高，一方面因为中国在危机中负责任的表现和对东盟的真诚帮助，另一方面则是因为以美国为首的西方国家袖手旁观的做法，这两方面形成了鲜明的对照。金融危机的发生虽然使东盟与中国的经济合作增加了金融合作的内容，而且金融合作似乎成为当时最为关键的内容和合作的推动力，因为危机本身让东盟国家认识到借助外部力量稳定其金融市场以防范可能存在的金融风险的重要性，但是更为重要的是，东盟需要通过合作扩大对中国的出口以扭转经济衰退的局面，这一点和危机前东盟与中国合作的动机在本质上是一致的，只不过当时的目的是加快经济的发展，而危机后为扭转衰退对中国的出口显得更为迫切。这就是为什么金融危机只是东盟与中国合作的加速器，而其合作的动机是救助危机前已经存在的经济联系的机制（张蕴岭，2008）。而且，尽管金融危机后东盟与中国等东亚国家推进了一些金融合作措施，但两者之间的金融合作却很难再进一步深入地开展，而障碍却来自于务实的东盟自身。所以，扩大对中国的出口始终是东盟最主要和最明显的经济合作动机，本书中将其称为显性动机。

相对于显性动机，东盟与中国的经济合作还有其隐性动机，即扩大外商投资的流入，而这正是东盟与中国合作的最为重要的动机。需要说明的是，这里所说的外商投资是来自世界的外商投资，中国对东盟的投资只是很少的一部分，在考察东盟与中国合作的动机时可以忽略，至少在合作的初期是这样。其实，很多人难以理解东盟与中国经济合作和东盟引进外资之间的关系，尽管中国东盟专家组报告（2002）提到中国与东盟的经济合作会增强东盟地区对外资的吸引力，但它没有就其机理做详细的说明。而要理解东盟与中国经济合作和东盟引进外资之间的关系，首先还要回到东亚金融危机后东盟经济所处的背景。东亚金融危机发生后，东盟国家内部经济环境的破坏使很多外国投资者撤出投资或停止了可能的投资，而这些撤出的或可能的投资中有一部分转移到在危机中显示出良好经济环境的中国。尽管一些统计资料显示，在危机中中国的外资流入也受到了负面的影响，但很多东盟国家仍然认为其外资转移到了中国，这就是很多东盟国家领导人强调与中国进行外资竞争的原因。其后几年的事实是，中国因其在危机中表现出的稳定的投资环境而吸引了越来越多的外资，中国成为世界上最受外资青睐的国家。此时一些东盟国家领导人清醒地认识到，如果在不合作条件下与中国展开外资竞争，整个东盟并不是中国的对手。应该知道，危机后的东盟不仅需要对外出口，而且需要外商投资，这是东盟一直以来经济高速发展的两个最重要的推动因素，此时在经济恢复中更为重要。那么，怎样才能在当时的情况下引进大量的外资呢？一个最为有效的方法是寻求与中国的合作，即将东盟的市场与中国市场统一起来。

下面来分析与中国合作可以帮助东盟引进更多外资的机理。用东盟的说法，与中国经济合作就是利用中国的大市场，或者说将东盟市场与中国市场进行对接，而对中国出口的多少则是双方市场对接程度最现实的衡量指标。试想一下，如果东盟对中国出口存在障碍，很多想要占据中国市场的投资者就会将资金投向中国，尽管东盟可能有更便利的生产条件，但中国的大市场对很多投资者具有不可替代的诱惑力；而如果东盟对中国的出口不存在障碍，则会有一些想利用东盟生产条件的投资者将资金投向东盟。这就是《中东合作框架》签订以后，东盟在所有合作中积极推进中国—东盟自由贸易区建设的主要原因。东盟国家相信，只要它们对中国的出口大大增加，显示出东盟与中国市场之间无障碍的特征，很多外国投资者就会再把资金投向东盟。对此还有一个很好的佐证，即东盟自由贸易区成立的初衷就是为了改善区域内部的市场环境以利于吸引更多的外资①。遗憾的是，由于连接起来的东盟国家的市场规模太小而收效并不显著，因而与中国市场实现连接只是东盟长期以来引进外资动机的延续，只不过东亚金融危机后的东盟和中国的经济环境对比使这种动机更加迫切。

综上所述，东盟与中国经济合作的主要动机体现在两个方面，即显性动机和隐性动机。显性动机是通过贸易障碍的消除，尤其

---

① Chia Siowyue, "Regional Economic Integration in East Asia: Developments, Issues, and Challenges", LSEAS, 2000.

是中国—东盟自由贸易区的建设扩大对中国的出口，而隐性动机是通过双方市场的对接增加自身对外资的吸引力以引进更多的外资。下面联系现实检验东盟是否实现了其动机。

二　模型设计和数据描述

（一）模型设计

已有文献和本书前面的分析表明，东盟与中国经济合作的最突出标志是《中东合作框架》的签署。作为先于其他"10 + 1"而备受关注的合作进程，它的实现本身就集中体现了东盟与中国经济合作的动机。因此，为了将合作动机与现实收益联系起来，对现实收益的检验将围绕《中东合作框架》来展开。具体地说，需要通过计量方法检验以下三个命题：①东亚金融危机后东盟对中国的出口持续增加，且在《中东合作框架》签署之后出口的增长率出现了明显的增大，也就是说，东盟对中国出口在 2003 ~ 2006 年的增长率明显大于在 1998 ~ 2002 年的增长率；②对中国出口作为东盟和中国之间经济合作（市场开放）的最主要信号，它的增加构成了东盟国家外资流入增加的主要因素；③东盟国家的外资流入在《中东合作框架》签署前后发生了明显的变化，即其外资流入在 2003 ~ 2006 年的增长率明显大于在 1998 ~ 2002 年的增长率。

对于上述命题的检验，本书则是要在面板数据的基础上通过三个回归模型来完成。第一个回归模型用来检验东盟对中国的出口与其时间虚拟变量的关系，以说明 2002 年是出口增长率变化的转折点；第二个回归模型用来检验东盟的外资流入和东盟对中国出口之间的关系，以说明后者是前者的重要影响因素；第三个回归模型用来检验东盟外资流入与其时间虚拟变量的关系，以说明 2002 年是其外资增长率变化的转折点。根据上述经验研究的思路，三个模型的表达式依次如下：

$$EXTOCN_{ij} = \beta_{0,i} + \beta_{1,i}D_j + \beta_{2,i}t_j + \beta_{3,i}t_jD_j + \varepsilon_{ij} \tag{1}$$

$$FDI_{ij} = \beta_{0,i} + \beta_1 EXTOCN_{ij} + \beta_{2,i}t_j + \varepsilon_{ij} \tag{2}$$

$$FDI_{ij} = \beta_{0,i} + \beta_{1,i}D_j + \beta_{2,i}t_j + \beta_{3,i}t_jD_j + \varepsilon_{ij} \tag{3}$$

其中，$EXTOCN_{ij}$ 为东盟国家对中国的出口，FDI_{ij} 为东盟国家的外资流入，i 表示东盟十国，j 表示时间（1998～2006 年）。t_j 和 D_j 分别表示时间趋势和虚拟变量，它们对所有东盟国家都一样。其中，D_j 的取值在 2002 年（不含）以前为 0，在 2002 年（含）之后为 1。对于模型（1）和模型（3），最关心的是 t_jD_j 的系数 $\beta_{3,i}$，其检验显著就说明数据的增长率在 2002 年以后发生了明显增加，也就是说 2002 年是其数据变化中的一个转折点；D_j 的系数检验显著说明数据的截距发生了变化，但考虑到文章的针对性和篇幅，它不再列为考察的目标。对于模型（2），最关心的当然是 $EXTOCN_{ij}$ 的系数检验是否显著，其显著就说明东盟对中国出口直接影响其外资流入，这是本书最关键的问题。

（二）数据的描述

为了对上述需要经验检验的问题有一个直观的认识，有必要进行数据的描述，而这将与后面的经验检验结果一起产生本书的结论。由于十个国家的十条曲线在一个图中会导致混乱，按照经济发展水平将十个国家分成两组，即经济水平较高的一组（印尼、马来西亚、菲律宾、新加坡、泰国）和经济水平较低的一组（文莱、缅甸、柬埔寨、老挝、越南），这种分组在后面的研究中非常重要。依据上述分组，对东盟对中国出口和外资流入两个数据的描述则产生图 9-4、图 9-5 的四个图片。

通过图 9-4、图 9-5 总体来看，无论是对中国出口还是本国外资流入，东盟中经济水平较高的国家都比经济水平较低的国家在数据的变化趋势上表现得更加一致，这反映了经济水平较低国家不仅在发展速度上，而且在总量上均存在较大差异，这也是本书对其数据采用双轴折线图的原因。具体来看，图 9-4（a）中，缅甸和越南对中国的出口在 2002 年前后有一个明显的增长，而柬埔寨对中国出口的下降趋势似乎在 2002 年有所缓解。图 9 - 4（b）中相对发达国家的状况明显要好得多，不难看出所有 5 个国家对中国的出口在东亚金融危机后都在增加，而且 2002 年前后的曲线明显有着不同的增长率。东盟外资流入数据的表现从图 9 - 5 看和对

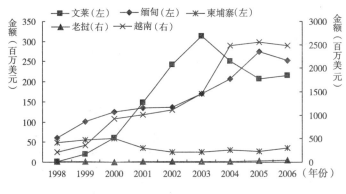

图 9 - 4（a）　东盟国家对中国出口

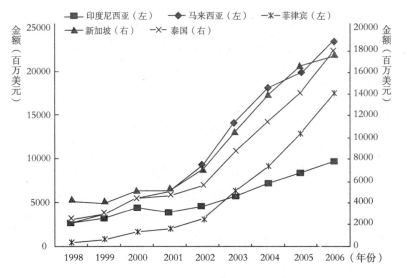

图 9 - 4（b）　东盟国家对中国出口

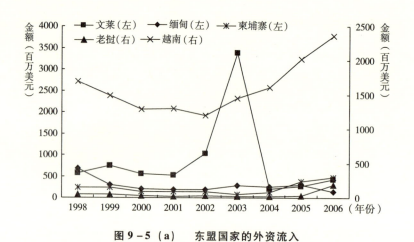

图 9 – 5（a）　　东盟国家的外资流入

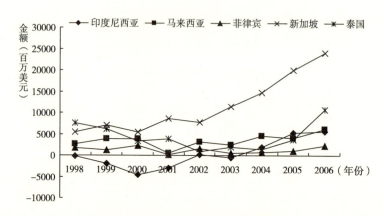

图 9 – 5（b）　　东盟国家的外资流入

中国出口接近，区别在于，图 9 - 5 表现的趋势没有图 9 - 4 那么明朗。从 2002 年是否增长率增大的角度来看，图 9 - 5（a）中仅能清楚地看到越南具有突出的表现，而图 9 - 5（b）中似乎整体都表现良好。当然，由于制图本身的局限性，无法清楚地看到一些国家的某种数据究竟具有怎样的发展趋势，而这就要通过下面的经验研究来完成。

三 经验检验结果与分析

在上一部分，根据经验研究的思路依次设定了三个模型，但是为了本部分研究的便利，先估计模型（1）和模型（3），然后再估计模型（2）。原因在于，通过模型（1）和模型（3）的回归残差可以对 *EXTOCN* 和 *FDI* 进行单位根检验，以决定模型（2）是否需要对随机趋势加以处理。而且，由于本书所用数据的横截面较小，在下面对三个模型的估计中对截距项的影响都设定为固定效应（fixed effect）。

（一）对 *EXTOCN* 的趋势估计

表 9 - 2 显示了模型（1）的回归结果，即对 *EXTOCN* 的趋势估计结果。结果显示，模型（1）的常数项（β_0）在 1% 的显著性水平上通过检验，说明东盟国家对中国出口的数据存在共同的正的截距项。更为重要的是，表 9 - 2 显示印度尼西亚、老挝、马来西亚、菲律宾、新加坡、泰国 6 个国家的 tD 的系数都在 1% 的显著性水平上通过检验，而且其系数为正值，说明这些国家对中国出口的增长率以 2002 年为转折点而进一步增大。也看到文莱的 tD 的系数也在 1% 的显著性水平上通过检验，但由于其系数为负值，并不支持本书前面的理论分析，所以将其放入未通过检验的国家行列。从分类角度来看，5 个经济水平较高的国家全部通过检验，而经济发展水平较低的国家仅有 1 个通过检验。然后从总体上看，尽管不是所有国家的 tD 的系数都通过检验，但因为多数国家通过检验，进而它们的联合检验显著，所以又可以得出结论，即《中东框架协定》签订的 2002 年是东盟对中国出口增长率增加的转折点。这验证了前面设定的命题①。

表 9 - 2　对 *EXTOCN* 的趋势估计结果

国家和地区	变　量	系　数	t 统计量
东盟整体	β_0	1239.42	14.81 ***
东盟整体	tD	1053.07	18.97 ***
文　　莱	tD	- 64.13	- 4.05
缅　　甸	tD	9.21	1.03
柬 埔 寨	tD	5.86	1.17
印度尼西亚	tD	725.52	3.67 ***
老　　挝	tD	9.95	3.11 ***
马 来 西 亚	tD	2219.87	8.37 ***
菲 律 宾	tD	3041.45	12.01 ***
新 加 坡	tD	2355.66	7.18 ***
泰　　国	tD	2139.27	12.62 ***
越　　南	tD	88.04	0.87
$R^2 = 0.9968$		DW stat = 2.3054	
Adjusted $R^2 = 0.9944$		F - stat = 408.0673 ***	

注：*、**、*** 分别表示在 10%、5%、1% 的显著性水平上通过检验，下同。

（二）对 *FDI* 的趋势估计

表 9 - 3 显示了模型（3）的回归结果，即对 *FDI* 的趋势估计结果。像对模型（1）的估计结果一样，模型（3）的常数项（β_0）也在 1% 的显著性水平上通过检验，说明东盟国家的外资流入数据存在共同的正的截距项。同时从表 9 - 3 更让人欣喜地看到，柬埔寨、印度尼西亚、新加坡、泰国、越南的 tD 系数在 1%、缅甸的 tD 系数在 5%、老挝和马来西亚的 tD 系数在 10% 的显著性水平上分别通过检验，也就是说，东盟 10 国中有 8 个国家通过检验，其中经济水平较高和较低的国家分别有 4 个。而且，很自然地，针对上述所有国家 tD 系数的联合显著性检验也在 1% 的显著性水平上通过检验。因此，已经可以很充分地得出和对 *EXTOCN* 的趋势估计相似的结论，即 2002 年是东盟外资流入增长率增加的转折点。但是在此很有必要对菲律宾的 tD 系数没有通过检验给予解释，这

样可以强化或完善上述结论。1997 年以后，尤其是 2002 年前后，东盟中其他几个经济水平较高的国家在外资引进方面陆续停止下滑趋势并开始增长，唯独菲律宾的外资引进却在波动中下降，原因是其国内局势的持续动荡。[①] 如果考虑到这个因素，可以忽略菲律宾 tD 系数未通过显著性检验的事实，或者把菲律宾列入 tD 系数检验通过的国家。从这个意义上讲，东盟中所有经济水平较高国家的外资流入数据的趋势估计都支持前面的理论分析。至此，命题③也得到很好的验证。

表 9 - 3 对 *FDI* 的趋势估计结果

国家和地区	变 量	系 数	t 统计量
东 盟 整 体	β_0	2074.24	22.32 ***
东 盟 整 体	tD	1194.51	8.27 ***
文 莱	tD	− 396.30	− 1.11
缅 甸	tD	148.50	2.39 **
柬 埔 寨	tD	133.84	4.40 ***
印度尼西亚	tD	2757.54	4.29 ***
老 挝	tD	41.48	1.90 *
马 来 西 亚	tD	1379.44	1.92 *
菲 律 宾	tD	592.50	1.46
新 加 坡	tD	3368.38	7.99 ***
泰 国	tD	3491.22	3.68 ***
越 南	tD	428.50	10.69 ***
$R^2 = 0.9676$		DW stat = 2.6257	
Adjusted $R^2 = 0.9424$		F – stat = 38.32 ***	

（三）*FDI* 对 *EXTOCN* 的回归

正像上面已经提到的，在进行 *FDI* 对 *EXTOCN* 的回归之前，

---

① 分别可参见《政经不稳 外资抛售菲律宾资产》，2003 年 7 月 31 日《证券时报》；杨宏恩等：《中国与东亚的经济关系》，社会科学文献出版社，2007。

必须确知 *FDI* 和 *EXTOCN* 两个面板数据是否具有随机趋势，而具体做法是对模型（1）和模型（3）的残差进行单位根检验。如果上述残差不含有单位根，可以直接用 *FDI* 和 *EXTOCN* 的水平数据进行回归，否则，需要考虑随机趋势引起的"伪回归"问题。

表 9 – 4 显示了对模型（1）和模型（3）的残差进行单位根检验的结果。表中以 5 种方法分别检验存在公共单位根和存在个体单位根两个原假设。从结果来看，*FDI* 和 *EXTOCN* 的相应统计量全部在 1% 的显著性水平上通过检验。所以可以认为，*FDI* 和 *EX-TOCN* 两个面板数据都不具有随机趋势。因此，*FDI* 对 *EXTOCN* 的回归可以在水平数据的基础上进行。

表 9 – 4　*EXTOCN* 和 *FDI* 的单位根检验

原假设	方法	*EXTOCN* 的 检验统计量	*FDI* 的检验 统计量
存在单位根 （公共单位根过程）	Levin，Lin & Chu t*	– 11. 1142 ***	– 13. 0630 ***
	Breitung t – stat	– 3. 74242 ***	– 5. 35052 ***
存在单位根 （个体单位根过程）	IPS　W – stat	– 4. 85573 ***	– 6. 32776 ***
	ADF – Fisher X^2	67. 7653 ***	81. 4956 ***
	PP – Fisher X^2	80. 5466 ***	90. 7790 ***

下面来进行 *FDI* 对 *EXTOCN* 的回归，表 9 – 5 显示了其结果。可以看出，*FDI* 对 *EXTOCN* 回归的两个主要参数都在 1% 的显著性水平上通过检验。仅从回归结果分析，可以认为，东盟内部在引进外资方面存在一个共同的数值较高的截距项（753.29），这可以认为在没有其他外界激励的情况下，靠东盟自身的吸引力也可以引进的外资。同时，回归结果也让人相信，对中国的出口作为一种激励可以帮助东盟吸引很多的外资（表 9 – 5 显示 1 单位 *EX-TOCN* 可以帮助东盟吸引 0.83 单位 *FDI*）。由此，验证了命题②。

表 9 - 5　*FDI* 对 *EXTOCN* 的回归

变量	系数	t 统计量
β_0	753. 29	2. 90 ***
EXTOCN	0. 83	7. 48 ***
$R^2 = 0.9188$		DW stat = 1. 5638
Adjusted $R^2 = 0.8953$		F – stat = 39. 04 ***

四　结论

通过对上述三个模型的回归，可清晰地看到东盟与中国合作的现实收益。也就是说，东盟与中国签订《中东合作框架》的 2002 年是东盟对中国出口和东盟外资流入两个变量的增长率增大的转折点，而且前一变量可以在很大程度上解释后一变量的变化。由此证明了本书之前的理论分析，即东盟与中国经济合作的动机在显性层次上是扩大对中国出口、在隐性层次上是扩大自身的外资流入。通过上面的经验研究还可以看到两个有趣的现象：①从对 *EXTOCN* 和 *FDI* 的相关变量 *tD* 的系数的显著性检验结果来看，东盟中经济发展水平较高的国家均通过检验，而经济发展水平较低的国家则只是部分通过检验，这能够解释东盟中经济发展水平较高的国家与中国经济合作更加积极而部分经济发展水平较低的国家并不积极的现象；②将 *EXTOCN* 和 *FDI* 的相关变量 *tD* 的系数的显著性检验结果进行对比，可以发现在 *EXTOCN* 方面通过检验的国家较少（6 个）而在 *FDI* 方面通过检验的国家较多（9 个），这可以解释为一些东盟国家的对中国出口是通过转口贸易来实现，或者是一些东盟国家对另一些东盟国家的出口产品构成后者对中国出口产品的原材料或半成品。但正因为这一现象的存在，使一些在东盟内部贸易的国家看不到或不愿承认对中国出口是推动其国内外资流入的重要因素，因而缺乏与中国经济合作的动力。通过现象①的分析，可以知道这些国家往往是东盟中经济水平较为落后的国家。换句话说，经济越是落后，与中国经济合作的动机越弱。①

---

① 深层次的原因是，经济越落后，与中国合作的机会越少，直接的机会则更少，而且抗击中国经济影响的能力也越差。

第十章
日本投资与东亚生产网络

当在第一章讨论日本对东亚投资战略的时候，本书得出的结论是边际优势战略，即日本以处于相对劣势的产业对东亚投资，以具有相对优势的产业对东亚出口。像很多人经常讨论的那样，上述战略的实施是一个自然而渐进的过程，随着"二战"后日本经济的恢复和高速发展，它带动了整个东亚地区经济的陆续恢复和高速发展，形成了后来被世界公认和关注的"东亚奇迹"。在此将问题放在产业发展的角度，那么，"东亚奇迹"日益显现的过程也正是东亚生产网络形成和研究的过程。实际上，在第五章谈到的东亚国家间的"雁行模式"也同样反映了这样的事实。然而，由于前面研究的侧重性，没有对东亚生产网络或东亚国家的生产联系进行讨论，本章将对这方面问题进行研究。在此，笔者想表达的一个意思是，东亚作为一个地区，其内部的经济联系越来越密切，而中国在其中的作用也越来越突出。

第一节　日本企业对东亚生产分工的
已有影响和现实选择

讨论国际的生产网络，自然要谈到国家间的生产分工，也就是说，国家间的生产分工形成了一定区域的国际生产网络。直观地看，国家间的生产分工是以产业分工的形式体现的，而产业分工按照其细化程度的不同可以简单地分为产业间分工和产业内分工，两者又分别被称为垂直分工和水平分工。[①] 一般来说，生产网络或者说生产分工的初步形成是从产业间分工或者说垂直分工开始的，而随着分工的深化逐渐发展到水平分工。很明显，日本在边际优势战略之下通过其对外投资与贸易在东亚所推动的生产分工就符合了上述规律，下面将围绕日本企业在东亚地区进行的产业分工和水平分工展开讨论。

首先要讨论的是东亚的产业间分工亦即垂直分工，这也是"二战"后在东亚最早出现的生产分工形式。应该承认，对东亚地区的这种分工形式的讨论没有多少新意，因为大多研究日本经济或东亚经济的著作对此都会有所论及，而这也正是已形成共识的"雁行模式"的主要内容。1970 年代左右，经过战后经济恢复和快速发展的日本面临着产业升级的需要和转移边际产业的压力，因此加快了对东亚制造业投资的进程。于是在动态上看到了这样的一个过程：日本依次将本国处于劣势的产业转移到东亚"四小龙"，而东亚"四小龙"再依次将处于劣势的产业转移到东盟 4 国[②]和中国。同时也在静态上看到了这样的一个空间态势：日本发展技术领先的、以技术密集型为主的产业；东亚"四小龙"发展具有较高技术含量、以资本密集型为主的产业；而东盟 4 国和中国则发展技术较为落后的、以劳动密集型为主的产业。这就是人们常说的"以日本为雁头、以东亚四小龙为雁身、以东盟和中国为雁尾"的"雁行模式"，也就是日本在边际优势战略下追求并于早

---

① 事实上，由于对产业难以精确的界定，对是否是产业内分工或产业间分工同样难以精确界定。

② 也称亚洲"四小虎"，包括印度尼西亚、马来西亚、菲律宾、泰国。

期实现的东亚地区的产业间分工，即东亚国家间的垂直分工。正如前面针对东亚国家间的"雁行模式"分析那样，这样的分工同样是难以长久持续的，因为日本之外的东亚国家都不愿意只发展相对落后的产业和处于从属的地位。当然，不可否认，早期的这种分工形式对整个东亚的经济起飞和快速发展起到了极大的作用，但是在实现了一定程度的经济发展之后，东亚国家都会要求完善其产业结构并跳跃式地发展某些关键产业，因而原有的垂直分工必然被打破。事实上，长期推行垂直分工只是日本政府一厢情愿的想法。对日本企业来说，在东亚其他国家产业结构已经升级的情况下，日本企业为了自身利益自然会将生产分工深化到产业内部，即选择产业内分工或者说水平分工。在此可以有一个明确的观点：东亚国家间的垂直分工形成了东亚生产网络的框架，而水平分工推动了生产网络的深化；在市场的引导下，存在垂直分工逐渐向水平分工转化的趋势。

其次来讨论日本企业参与和推动的水平分工，即产业内分工，这是经过长期发展之后的现实情况，因而也是本部分讨论的重点。上面的分析可以看出，对外投资与贸易是实现国际生产分工的两个重要途径。在除日本以外的东亚国家已经实现经济发展和产业升级的情况下，日本企业同样以上述方式参与和影响东亚的生产分工和生产网络。一方面，一些日本企业在保留国内生产的情况下，以建立或购并取得子公司的形式对东亚国家进行投资。这些子公司要么为母公司生产零部件，要么作为母公司的成品组装工厂，甚至承担部分的研发任务，但无论如何，这些在东道国的子公司通过和母公司的贸易等业务构成了国际的水平分工。另一方面，一些日本的企业出于节约成本的考虑或提高效率的需要，将自身原有的一些生产工序分离出来由其他东亚国家的企业完成。当然，此处所说的生产工序的分离是以国际贸易的形式出现的。具体来讲，日本企业可以以一定的规格和技术要求委托其他东亚国家的企业生产零部件，这是一种关系较为密切的生产分工形式。当然日本企业也可以选择另外一种关系较为松散的分工方式，那就是向合适的东亚其他国家的企业购买符合其要求的零部件。与此同时，日本企业也可能将自己成品生产的工序分离出去，而自己成为东亚其他国家企业的供货商。可以看出，上述贸易活动都是在产业内进行的，而日本企业的这些行为都推动了生产活动在东亚国家间的产业内分工，即水平分工。总的来看，日本企业通过对外投资与贸易影响和推动了东亚地区生产的水平分工。

上面说过，日本企业为了自身利益自然会将生产分工深化到产业内部，即选择产业内分工或者说水平分工，下面通过一组调查数据来证明这样的观点。表10-1是针对日本主要制造业企业进行的有关在东亚地区内选择分工方式的调查结果，它很清楚地让人们看到，当前日本企业在参与东亚地区的生产分工上主要选择的

表 10-1　日本（不同产业）企业在东亚地区的分工选择调查

单位:%

产业 \ 分工选择		现　在*		今　后	
		垂直分工	水平分工	垂直分工	水平分工
电气机械	零部件制造	28	72	30	70
	制成品组装	32	68	31	69
运输机械	零部件制造	15	85	10	90
	制成品组装	0	100	7	93
一般机械		44	56	39	61
精密机械		31	69	36	64
其他制造业		32	68	22	78
制造业合计		30	70	24	76

注：*"现在"是指 2006 年做该项调查时；同样，"今后"也指该时点以后。下同。

资料来源：日本产业政策研究所《关于东亚的投资、资金获取环境与日本企业海外商业活动的调查研究》，2006。

是水平分工方式。总体上看，日本制造业企业或其生产活动平均有70%参与的是水平分工，仅有30%参与垂直分工。而且，由垂直分工向水平分工转变的趋势仍在继续，从调查结果看，愿意在未来参与水平分工的日本制造业企业达到76%，比现实中参与水平分工的企业多了6个百分点，相应的愿意参与垂直分工的企业同时少了6个百分点。当然不同产业的企业在参与分工方式的选择上是存在差异的，而且一些企业在特定情况下也会强化对垂直分工的参与，这在表10-1中都能清楚地看到。但总的来讲，看到了日本企业更多地参与东亚地区水平分工的现状，也看到了由垂直分工向水平分工转变，即生产分工深化的过程。

下面一组数据则不仅反映了日本企业参与东亚地区生产分工的趋势，同时也反映了日本企业对参与东亚地区生产分工的重视程度。图10-1和图10-2分别显示了日本企业的零部件生产和制成品生产在全世界选址的情况。首先应注意到的是，将零部件生产和制成品生产分离开来反映了被调查企业更多地参与了水平分工，而这也正是调查者看到的事实。而日本企业更倾向于参与哪里的水平分工（即产业内分工）呢？图10-1和图10-2都显示是东亚，具体主要是东盟4国、中国和东亚"四小龙"。其实道理也很简单，在20世纪日本经济高速发展的时期，欧美国家拥有不低于日本的技术，所以参与欧美国家的生产分工只能以产业内分工（水平分工）为主，而日本对当时技术比较落后的东亚国家则采取了垂直分工的形式，然而随着东亚这些国家经济技术水平的提高，日本与这些国家之间的分工方式只能由垂直分工逐渐转变为水平分工。而且，日本更多地参与了东亚国家之间的分工也反映了其对东亚的重视。东亚是近年来世界上经济增长最快的地区，而且世界经济一体化和集团化的进程越来越让日本与其周边的东亚国家联系密切和相互依赖。因此，图10-1和图10-2进一步让人们看到了日本参与东亚生产分工过程的深化，以及东亚地区生产网络的强化。

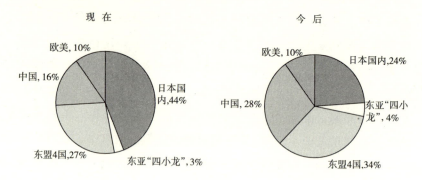

图 10 - 1　日本企业零部件生产选址意向的调查

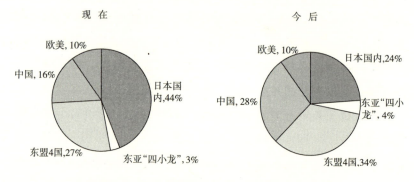

图 10 - 2　日本企业制成品生产选址意向的调查

第二节　东亚地区产业内分工的深化

上一节讨论了日本企业在东亚地区参与和推动的产业分工形式及其转变过程，它让人们看到，日本企业对产业分工方式的选择影响了整个东亚地区的产业分工状态，而后者也同样影响了前者。在此相互作用的进程中，东亚地区产业分工的趋势以及日本企业的选择都是从产业间分工向产业内分工的转变。上一节已表达过这样明确的观点，东亚国家间的产业间分工形成了东亚生产网络的框架，而产业内分工推动了生产网络的深化。由此，必须要做的一个工作就是以一个整体的视角来研究东亚地区产业分工的演变过程及状态。

上面的分析可以看到对外投资和对外贸易是推动国家间产业分工的重要途径，而要考察国家间产业分工程度的时候又发现，即使是对外投资对产业分工的影响很多情况下也体现为国际贸易①。所以，下面将从国际贸易的角度来考察东亚国家间的产业分工。很显然，在此用到的两个最重要的概念是产业间贸易和产业内贸易。

一般认为，G－L指数（Grubel－Lloyd Index）是衡量产业内贸易的最好指标②。但事实上，G－L指数不仅能够测量产业内贸易，同样能够测量产业间贸易，进而能够测量产业内贸易和产业间贸易的转变状况。下面的描述会看到，G－L指数对产业内贸易的衡量是相对于产业间贸易而言的，而当列举出不同时期的G－L指数时，能看到产业间贸易和产业内贸易之间的转化。G－L指数是1975年格鲁贝尔（Grubel）和劳埃德（Lloyd）在其论著中提出的，而后得到了广泛的应用，其计算公式如下：

$$B_i = 1 - \left| \frac{X_i - M_i}{X_i + M_i} \right|$$

其中 B_i 即为G－L指数，i 代表某产业，X_i 和 M_i 分别表示某产业的出口和进口。可以看出，B_i 的取值在0～1。当 $X_i = M_i$ 时，$B_i = 1$，表明某产业的进口和出口相等，该国与此产业相关的贸易完全是产业内贸易，相应的国际产业分工完全是产业内分工；当

①　除了以占领当地市场为目的且整个公司完全迁至东道国的投资行为外，很多跨国公司都会有国际贸易，其中包括和母公司的公司内贸易。
②　赵伟:《国际贸易理论、政策与现实问题》，东北财经大学出版社，2003。

$X_i = 0$、$M_i \neq 0$ 或 $M_i = 0$、$X_i \neq 0$ 时，$B_i = 0$，表明某产业只存在进口或出口，该国与此产业相关的贸易完全是产业间贸易，相应的国际产业分工完全是产业间分工。总的来看，$B_i = 0$ 时是完全的产业间贸易（分工），$B_i = 1$ 时是完全的产业内贸易（分工），而在此之间，随着 B_i 的逐渐增大，产业间贸易（分工）逐渐向产业内贸易（分工）转化。这也正是上面所说 G－L 指数不仅能衡量产业内贸易，而且能衡量产业间贸易及两者转化过程的原因。当然，上面的 B_i 衡量的仅仅是某产业的国际贸易，而对于衡量某个国家整体的或某产业大类（如下面所说的中间产品、资本品、消费品）的贸易状况时，则一般采用加权平均的 G－L 指数。

表 10－2　东亚区域内主要国家或地区的 G－L 指数

国家或地区 ＼ 产业类别	中间产品			资本品			消费品		
	1990 年	1995 年	2000 年	1990 年	1995 年	2000 年	1990 年	1995 年	2000 年
中　　国	0.480	0.511	0.623	0.394	0.509	0.524	0.131	0.212	0.193
韩　　国	0.587	0.700	0.793	0.446	0.551	0.555	0.189	0.429	0.470
中 国 台 湾	0.712	0.710	0.819	0.688	0.760	0.525	0.320	0.597	0.532
新 加 坡	0.573	0.619	0.812	0.434	0.392	0.550	0.519	0.552	0.480
马 来 西 亚	0.435	0.593	0.744	0.258	0.524	0.474	0.528	0.627	0.505
泰　　国	0.453	0.574	0.747	0.378	0.395	0.604	0.252	0.311	0.361
菲 律 宾	0.469	0.492	0.739	0.307	0.307	0.490	0.330	0.361	0.296
印度尼西亚	0.154	0.265	0.338	0.054	0.248	0.746	0.408	0.428	0.357
日　　本	0.406	0.447	0.480	0.357	0.438	0.584	0.254	0.401	0.442

資料来源：日本产业政策研究所《东亚区域内产业关联、贸易构造与我国经济结构变化的调查研究》，2006。

表 10－2 显示了东亚区域内主要国家或地区的 G－L 指数及其在不同时间的变化。首先来看中间产品 G－L 指数的变化，这是本节最为关心的内容。而且它也提供了一个令人印象深刻的现象，

即东亚所有国家或地区的 G-L 指数在 1990~2000 年都出现了增加。具体来看，在 1990 年时，东亚"四小龙"（在此仅包括韩国、中国台湾和新加坡）的中间产品贸易已经是以产业内贸易为主，而其他的国家（包括中国、日本、东盟 4 国）的此类贸易则以产业间贸易为主；而随着 G-L 指数的增大，到 2000 年时，除了日本和印度尼西亚外，上述国家或地区的 G-L 指数都超过了 0.5，也就是说，这些国家或地区的中间产品贸易都以产业内贸易为主。而且，对于日本中间产品贸易 G-L 指数较低的事实也很好解释：很多日本企业拥有领先于所有其他东亚国家或地区的技术，因而会有一些企业完全或部分从事产业间贸易。因而，总的来看，东亚区域内中间产品的产业内贸易得到了日益加强，东亚国家或地区之间互相购买中间产品（或零部件）的活动越来越活跃。

相比之下，资本品和消费品贸易的 G-L 指数就没有像中间产品的 G-L 指数那样呈现普遍的连续增加，而是出现了反复。这似乎让人们看到了两者与中间产品的区别，即在生产工序上，资本品和消费品是已经完成的产品，中间产品仍要进入改变自身形态的生产过程。然而这种区别并不是根本性的，事实上，在产品用途上的区别所对应的 G-L 指数的差异却显得更加明显。在产品用途上，中间产品和资本品应该划为一类并区别于消费品，因为前两者都将用于生产，而后者则用于消费。从表 10-2 来看，尽管中国台湾和马来西亚的资本品贸易 G-L 指数在 1995 年后出现了下降，但整体来看，东亚大多数国家和地区的 G-L 指数都一直处于上升之中。由此来看，资本品贸易的 G-L 指数变化与中间产品贸易具有相似性。再来看东亚地区的消费品贸易，很明显，1995 年以前消费品贸易的 G-L 指数也是增加的，但在 1995 年达到顶峰后很多国家的 G-L 指数便开始下降。很多人认为，下降的原因主要在于这些东亚国家或地区增加了对区域外国家，尤其是美国的成品消费品出口①。相比之下，日本的消费品贸易 G－L 指数在此期间却保持了连续增长，这表明日本已经将单方面向东亚出口消费品的政策转变为与东亚国家进行双向消费品贸易的政策。如果从长期和整体的视角来看，还是可以认为东亚地区的消费品贸易 G－L指数从相对较低的状态得到了提升。

在此，应该强调表 10－2 的数据来自于日本产业政策研究所对东亚区域内贸易特征的调查。因而可以对上述分析做更明确的总结，即东亚国家或地区之间的贸易越来越多地体现为产业内贸易，同时东亚国家或地区之间的产业分工也越来越深化。

表 10－3　东亚主要产业中间产品的 G－L 指数 （平均值）

产业	1990 年	1995 年	2000 年
纤维和服装	0. 471	0. 526	0. 287
钢铁	0. 558	0. 566	0. 616
一般机械	0. 597	0. 660	0. 761
电气机械	0. 737	0. 763	0. 843
汽车	0. 269	0. 293	0. 473
其他运输机械	0. 623	0. 658	0. 394
精密机械	0. 535	0. 683	0. 806

资料来源：日本产业政策研究所《东亚区域内产业关联、贸易构造与我国经济结构变化的调查研究》，2006。

下面从产业的角度对东亚区域内贸易的 G－L 指数给予描述，表 10－3 显示了这方面的情况。总的来看，除纤维和服装产业与其他运输机械产业外，东亚地区的其他主要制造业产业的 G－L 指数在 1990～2000 年都是连续上升的。而且，对于纤维和服装产业与其他

---

① 日本经济产业省：《通商白书》，2006。

运输机械产业来说，上述 G－L 指数在 1990～1995 年也是上升的。通过前面的研究知道，日本的纤维和服装等产业在 1990 年代已经是边际产业，随着相对技术优势的逐渐缩小，日本陆续将这些产业转移到东亚其他国家或地区。因而日本对东亚这些国家或地区的纤维和服装等产品的出口逐渐减少。与此同时，在东亚这些国家或地区生产的纤维和服装等产品除被当地消费外，则是出口到日本和美国等最终市场。因此，东亚地区纤维和服装等产业贸易的 G－L 指数出现了明显的下降过程。当然，作为制造业主体的、具有较高技术含量的各类机械产业却表现了显著的一致性。尤其是电气机械产业和精密机械产业，其 G－L 指数在近年来一直较高且在 2000 年之后达到了 0.8 以上，充分显示了东亚地区内在上述产业方面的产业内贸易的发展和产业内分工的加深。在此以东亚区域内电气机械产业的贸易为案例作更具体的说明（见表 10－4）。

表 10－4　东亚地区内电气机械产业的产业内贸易变化*

单位：10 亿美元

年份	进口方 / 出口方	日本	中国	东亚"四小龙"	东盟 4 国
1990	日　　　本	—	13	149	37
	中　　　国	1	—	31	0.5
	东亚"四小龙"	40	18	60	39
	东 盟 4 国	11	0.2	35	2
年份	进口方 / 出口方	日本	中国	东亚"四小龙"	东盟 4 国
2000	日　　　本	—	74	344	147
	中　　　国	58	—	142	22
	东亚"四小龙"	106	68	317	245
	东 盟 4 国	97	14	245	52

　*　此处的东亚仅包括日本、中国、东亚"四小龙"、东盟 4 国。
　资料来源：日本发展经济学研究所。

在表 19-4 中可以看到，在 1990~2000 年的 10 年间，东亚内部主要国家和地区之间在电气机械产业方面的产业内贸易都得到了大幅度提高，其增长倍数在 2.3~58 倍。其中，中国对东亚国家或地区的电气机械产业内贸易增长幅度最大，但贸易金额仍然最小。从单个国家或地区对东亚整体的电气机械产品出口来看，日本增长了 1.84 倍、中国增长了 5.83 倍、东亚"四小龙"增长了 3.69 倍、东盟 4 国增长了 7.46 倍。

至此，可以综合上面的研究得出结论，即东亚区域内的产业内贸易在加强，东亚国家或地区之间的产业分工日益深化和合理。而这又进一步显示出，东亚地区初步形成了一个紧密而高效的生产网络。

第三节　东亚区域内生产联系的加强

现在要在对比的基础上研究东亚区域内生产联系的变化，换句话说就是东亚国家与地区之间的经济依赖性的变化，而这是东亚区域间生产分工变化的宏观体现。当然，对此的研究要针对东亚主要国家和地区彼此间的贸易和投资来进行，具体做法包括两个方面：①比较不同时间点上的上述贸易和投资的金额；②比较在特定时期内东亚区域内与整个世界的贸易和投资增长的倍数。目的很简单，就是要说明东亚区域内的相互贸易与投资实现了很大的增长，同时说明上述增长大于同期东亚对世界贸易与投资的增长。很明显，上述目的的实现就说明了东亚区域内生产联系的加强。

一　东亚区域内贸易的增加

下面来研究 20 世纪后 20 年东亚区域内贸易的变化。在这 20 年里，东亚主要国家或地区都已经实现了经济起飞和快速增长，同时中国成功地实现了改革开放。本部分用三个时点的数据进行比较，三个时点即表 10-5 中的 1981 年、1991 年和 2001 年。纵观表 10-5，一个令人欣喜的总体印象是，所有东亚国家（或地区）对另一东亚国家（或地区）的贸易都得到了大幅增长。以中国对其他国家或地区的出口为例，1981 年中国对日本、东亚"四小龙"和东盟 4 国的出口分别为 470 亿、600 亿、70 亿美元；而到 1991 年时上述数据分别变为 1030 亿、3690 亿、210 亿美元，分别增长了 1.19 倍、5.15 倍和 2 倍；到 2001 年时上述数据再变为 4500

表 10-5　东亚国家或地区间贸易变化

单位：10 亿美元

年份	出口方 ＼ 进口方	日本	中国	东亚"四小龙"	东盟 4 国
1981	日　　本	—	51	213	107
	中　　国	47	—	60	7
	东亚"四小龙"	91	22	83	92
	东盟 4 国	162	4	89	17
年份	出口方 ＼ 进口方	日本	中国	东亚"四小龙"	东盟 4 国
1991	日　　本	—	86	669	254
	中　　国	103	—	369	21
	东亚"四小龙"	320	286	417	277
	东盟 4 国	231	23	234	41
年份	出口方 ＼ 进口方	日本	中国	东亚"四小龙"	东盟 4 国
2001	日　　本	—	309	875	375
	中　　国	450	—	698	100
	东亚"四小龙"	499	984	871	586
	东盟 4 国	403	110	588	180

资料来源：日本经济产业省《通商白书》，2003。

亿、6980 亿、1000 亿美元，再次分别增长了 3.37 倍、0.89 倍和
3.76 倍。不难看出，在 20 年中，中国对东亚各个国家或地区的出
口都有大幅度的增加。与此同时，也看到东亚其他国家或地区对
区域内的出口也始终处于快速增长之中。应注意到，中国对东亚
区域内的出口在起始阶段（即 1981 年）是最低的，而中国出口的
绝对金额也始终没有超过日本和东亚"四小龙"，所以没有更多必
要去描述日本和东亚"四小龙"对东亚区域内的出口变化情况。
在此再描述一下东盟 4 国对东亚区域内出口的变化情况，以与中国
的情况做一比较。可以看到，东盟 4 国 1991 年对日本和东亚"四
小龙"的出口额分别为 2310 亿和 2340 亿美元，分别比 1981 年增
加了 0.43 倍和 1.63 倍；2001 年东盟 4 国对日本和东亚"四小龙"
的出口额再次增加为 4030 亿和 5880 亿美元，分别比 1991 年增加
了 0.74 倍和 1.51 倍。由此比较发现，中国比东盟 4 国在对东亚出
口方面发展得更快。但总的来说，东亚各个国家或地区在东亚区
域内部的贸易都有了大幅度的增加。

还可以通过图 10 - 3 更直观地显示上述东亚国家和地区在东亚

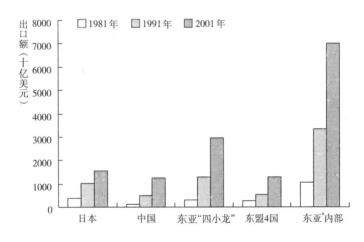

图 10 - 3 东亚主要国家和地区对东亚*的出口

* 仅包括日本、中国、东亚"四小龙"、东盟 4 国的区域。

区域内贸易的变化。图 10-3 分别显示了日本、中国、东亚"四小龙"、东盟 4 国对除本国（地区）以外的前述四部分组成的东亚区域（在图中被标示为东亚*）的出口变化情况，同时还显示了上述四部分的合计值即东亚*内部贸易的变化情况。可以看出，从 1981 年到 1991 年再到 2001 年，所有东亚国家和地区在东亚内部的出口都保持了持续增长的趋势，相应的作为其合计的东亚*内部贸易也保持了持续增长的趋势。同时也能通过图中数柱的长短判断上述各项贸易增长的增长率，例如，作为合计的东亚*内部贸易，其两个 10 年的增长率都在 100% 以上。事实上，上述两个增长率分别是 219% 和 111%。

通过上面的研究，可以确信东亚各国或地区从事的东亚区域内部贸易实现了快速发展，因此可以说，东亚内部的生产联系甚至经济依赖性增强了。但是，如果能证明"东亚内部贸易增长快于东亚对世界的贸易增长"则更能强化上述结论，并且可以免除"水涨船高"的质疑。从具体数据看，1991 年相对于 1981 年全球贸易增长了 80%，而东亚区域内贸易增长了 220%[①]；2001 年相对于 1991 年全球贸易同样增长了 80%，而东亚区域内贸易增长了 110%[②]。也就是说，东亚区域内贸易增长快于全球贸易的增长，充分说明了东亚区域内国家或地区之间经济联系的加深。

二 东亚区域内投资的增加

下面用 1990~2000 年的数据来研究东亚国家（或地区）在本区域内投资的变化情况，具体的做法是将 1990~1995 年的累计投资金额和 1996~2000 年的累计投资金额进行比较。在此首先要强调两个问题：①1997 年发生了影响东亚经济并进而影响全球经济

---

① 可以通过本节表 10-5 计算得到。
② 可以通过本节表 10-5 计算得到。

的东亚金融危机，东亚国家的对外投资能力和吸引外资的环境都遭到严重的破坏，也就是说1996～2000年的东亚区域内国际投资受到严重影响；②1990～1995年共包含6年，1996～2000年共包含5年，也就是说，是在用后一阶段5年的累计投资额与前一阶段6年的累计投资额作比较，而引用的原始数据就是这样。可以想象，上述两个因素的存在给后一阶段（1996～2000年）的投资额超过前一阶段（1990～1995年）的投资额增加了困难；反过来说，如果后一阶段（1996～2000年）的投资额仍然超过前一阶段（1990～1995年）的投资额，则更进一步表明东亚区域内相互投资的增加较快。

表 10 - 6   东亚国家或地区间投资变化

单位：百万美元

年份	出口方 ＼ 进口方	日本	中国	东亚"四小龙"	东盟 4 国
1990～1995	日　　　本	—	3072	1336	6042
	中　　　国	8	—	4	131
	东亚"四小龙"	163	8364	145	5561
	东 盟 4 国	2	1418	118	773
年份	出口方 ＼ 进口方	日本	中国	东亚"四小龙"	东盟 4 国
1996～2000	日　　　本	—	3511	2766	7306
	中　　　国	4	—	25	89
	东亚"四小龙"	537	9671	987	6517
	东 盟 4 国	3	1057	1098	1565

资料来源：日本国际贸易投资研究会，《世界主要国家直接投资统计》，历年。

表 10 - 6 显示了上述两个阶段东亚区域内投资的情况。可以看到，两个阶段相比较，并非所有的东亚主要国家或地区对其他国

家或地区的投资都保持了增长，例如中国和东盟4国就出现了对具
体对象投资减少的情况。中国和东盟4国都是对外投资较少的国家
或地区，然而对于对外投资较多的日本和东亚"四小龙"来说，其
在东亚区域内的投资两个阶段相比还是出现了明显的增长。如东亚
"四小龙"对日本的投资就是增长加快的一项，其投资额从1990~
1995年的累计1.63亿美元增加到1996~2000年的累计5.37亿美元，
增长了2.29倍。当然，东亚"四小龙"国家（或地区）间的投资增
长速度还是最快的，从前一阶段的1.45亿美元增加到后一阶段的
9.87亿美元，增长了5.81倍。同时，也欣喜地看到在所有东亚主要
国家或地区之间的投资中，东亚"四小龙"对中国的投资额是最大
的，而且该投资额在上述两个阶段也保持了增长。总的来看，除中
国对东亚的投资以外，其他国家或地区在东亚区域内的投资在前后
两个阶段都是增加的，而这在图10-4中看得更清楚。

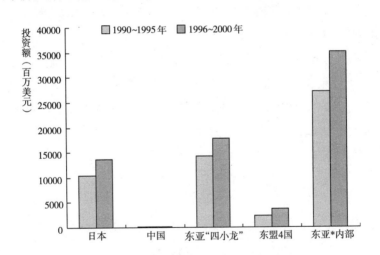

图 10-4　东亚主要国家和地区对东亚*的直接投资

* 仅包括日本、中国、东亚"四小龙"、东盟4国的区域。

图10-4显示了日本、中国、东亚"四小龙"、东盟4国对除自

身以外的东亚其他国家或地区的投资状况，而东亚*内部则代表了上述投资额的合计值。可以看到，除了中国对东亚投资累计值较小在图中难以比较外，日本、东亚"四小龙"和东盟4国在前后两个阶段对东亚内部的投资都是增加的，这在图中表现为后一阶段的数柱明显高于前一阶段。事实上，如果从接受东亚区域内外商投资的角度考察，上述国家和地区在上述两个阶段接受的投资累计额都是增加的，这通过表10-6很容易计算出来。在图10-4中也可以清楚地看到上述这些国家和地区组成的东亚区域（在图中被标为东亚*）内的投资累计额在后一阶段明显大于前一阶段，所以可以肯定地得出东亚区域内相互投资日益增加的结论。而且考虑到前面的两个问题，所以就更加确信上述结论及其所代表的趋势。

在此，也做一下前面针对东亚区域内贸易变化所做的工作，即将东亚区域内投资的变化与整个世界的投资变化做比较。笔者针对有关数据进行了计算，1996~2000年与1990~1995年两个阶段比较，整个世界的国际直接投资累计额增长了22%，而同时期上述东亚区域内的国际直接投资累计额增长了29%。而且考虑到1997年的东亚金融危机对东亚区域内投资的影响要大于对世界其他地区投资的影响，即在1996~2000年东亚区域内投资比世界其他区域的投资受到了更大的影响，甚至东亚区域内的投资（如日本投资）转移到了东亚之外的其他地方，那么，上述东亚区域内相互投资增加的趋势就更加明显。

第四节　东亚生产网络与世界的联系——三角贸易的视角

前面的研究更多地将东亚作为一个整体来考察其内部的生产联系和产业分工，也的确得到了上述过程日益深化、东亚国家（或地区）间经济关系日益密切的结论，但是，也不应该忽略东亚生产网络与世界的关系。事实上，研究东亚生产网络与世界的关系反过来能更进一步强化对东亚生产网络的认识。因此，下面研究一种既能反映东亚生产网络的状况，又能反映东亚生产网络与世界关系的经济现象，即三角贸易。

前面研究东亚产业分工和生产网络的时候，零部件的生产和最终产品的组装已经越来越多地在东亚不同国家（或地区）独立开来。因此出现一种普遍的现象：日本和东亚"四小龙"生产零部件和加工品，中国和东盟进口这些零部件和加工品并将它们组装成成品，最后出口到欧美等最终消费市场。这就构成了一种三地分别生产、组装和消费的"三角贸易结构"。下面就针对这种结构进行描述。

一　三角贸易的状况描述

上面已经说明，要研究的三角贸易的主要参与者有三个：日本和东亚"四小龙"、中国和东盟、欧美，这是最有代表性的三角贸易结构。图 10 - 5 显示了日本和东亚"四小龙"、中国和东盟、欧美之间三角贸易的发展状况。从金额上看，1990~2003 年三角贸易的金额始终以较大的速度在增长。1990 年与 2003 年相比较，上述三角贸易金额增长了 4.26 倍。再从三角贸易所占比重来看，1990~2003 年它同样在连续增长，即从 1990 年的 11.7% 依次增加到 1995 年的 16.7%、2000 年的 19.2% 和 2003 年的 23.1%。可以看出，1990 年以来在日本和东亚"四小龙"、中国和东盟、欧美之间的确存在三角贸易结构，而且它已经得到了很大的发展。

下面从微观的角度来考察日本和东亚"四小龙"、中国和东盟、欧美之间的三角贸易，即描述具体产业的三角贸易状况。在此使用的衡量指标是三角贸易指数，而且为了清楚，用具体的贸易关系来体现当前研究的三角贸易指数。其表达式如下：

$$\eta_i = \frac{\text{日本和东亚"四小龙"对中国和东盟的半成品出口额}}{\text{日本和东亚"四小龙"对世界的半成品出口额}} \times \frac{\text{中国和东盟对欧美的成品出口额}}{\text{中国和东盟对世界的成品出口额}}$$

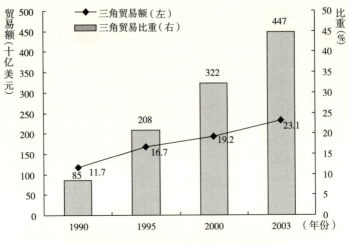

图 10 - 5　三角贸易金额与比重变化

注：三角贸易额＝日本和东亚"四小龙"对中国和东盟的中间产品
出口＋中国和东盟对欧美的最终产品出口。
　　三角贸易比重＝上述三角贸易额／（日本和东亚"四小龙"对世界
出口总额＋中国和东盟对世界出口总额）。

　　上述公式中 η_i 即为三角贸易指数。η_i 越大，就说明该产业的
三角贸易金额越大和程度越高。图 10 - 6 显示了各产业在 1990 年
和 2003 年的三角贸易指数及其发展趋势。可以看出，制造业的主
要产业都不同程度地进入上述三方的三角贸易结构之中。而且，
除了食品和运输机械产业外，三角贸易结构在其他产业中都得到
了加强。这种趋势在纤维、造纸、钢铁、家电、精密机械、杂货
玩具产业中都非常明显，其 η_i 值都超过了 0.15。对于运输机械产
业三角贸易减少的状况，一个解释是，运输机械越来越倾向于在
本地销售。这不仅对国内企业是这样，一些从事运输机械产业的
跨国公司在对外投资后其产品也主要在东道国销售。一些从事汽
车生产的跨国公司就是这样，换句话说，它们投资的目的就是占
领东道国的市场。总的来看，还是应该强调这样的结论：所有主
要制造业产业都在日本和东亚"四小龙"、中国和东盟、欧美之间

出现了三角贸易结构，而且该结构处于不断加强之中。

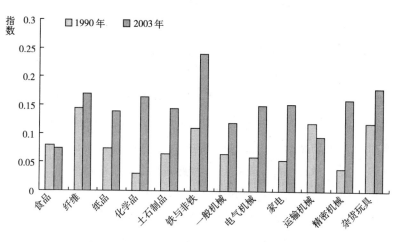

图 10-6　各产业三角贸易指数变化

二　三角贸易的质量评价

上面已经知道，日本和东亚"四小龙"、中国和东盟、欧美之间存在三角贸易结构，而且该结构处于不断加强之中。现在把关注的焦点从贸易额转向贸易品的单位价格，由此来分析，当三角贸易不断加强时，贸易品的质量究竟发生了怎样的变化。

这里将考察日本与中国之间、美国与中国之间贸易品单价的相对变化，以此作为评估三角贸易质量的基础。具体的做法是，将一国对另一国出口的产品单价与该国对世界出口的商品单价进行比较，姑且将这一比值称为出口产品单价相对指数，很显然，当一国对另一国出口的产品单价大于该国对世界出口的商品单价时，上述指数大于1。而当上述指数大于1时，就可认为此项贸易的质量提高了。因此，上述出口产品单价相对指数越大越好。而且，立足于本研究的三角贸易，下面仅描述日本与中国间的中间产品单价相对指数和中国与美国之间的最终产品单价相对指数。

先看日中之间的中间产品单价相对指数。引用日本《通商白书》（2005）上列举的 2000~2003 年 162 个日本对中国和对世界出口的中间成品的单价数据，并在比较的基础上综合计算出其出口单价相对指数。结果显示，52.4% 的中间产品的出口单价相对指数高于或等于 1，12.3% 的中间成品的指数值在 2 以上。这表明有一半以上的日本向中国出口的中间产品比日本向世界其他国家出口的中间产品的单价更高，事实上其增幅也更大。再来看美中之间的最终产品单价相对指数，在此选取 266 个中国对美国和对世界出口的最终成品的单价数据，同样在比较的基础上综合计算出其出口单价相对指数。结果显示，中国对美国出口的最终产品中有 51.5% 的单价相对指数高于或等于 1，有 12.4% 的指数值在 2 以上。这显示了中国对美国出口的最终产品的单价大部分高于中国对世界其他地区出口产品的单价，也反映了中国产品在美国市场的竞争力的提高。

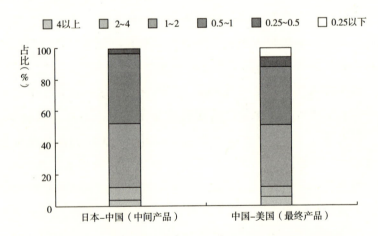

图 10－7　2000~2003 年日本对中国中间产品和中国对美国

最终产品的单价相对指数分布

　　综合上述出口单价相对指数的分析，可以看到日本对中国出口的中间产品和中国对美国出口的最终产品的单价都是上涨的，表明了上述三角贸易的质量也在相对改善。事实上，涉及东亚和欧美的三角贸易都表现出了这样的趋势。而且，三角贸易质量的改善也意味着东亚和欧美之间的经济关系得到深化，以及东亚区域内经济联系的强化和整体竞争力的提高。另外，也应该强调的是，上述研究只是提供了东亚生产网络与外部市场联系的典型方式。很明显，东亚生产网络与外部市场联系的方式并不仅仅是三角贸易，当然也不仅仅是上述三者之间的三角贸易。近年来，一种由中国和东盟生产中间产品、日本和东亚"四小龙"组装成最终产品并出口到欧美市场的三角贸易结构也受到了关注，但由于篇幅所限且已经达到了研究目的，所以对其不再做详细分析。总的来说，三角贸易的发展得益于东亚生产网络的深化，而三角贸易的发展又推动了东亚生产网络的深化和东亚作为一个整体的国际竞争力的提高。

第十一章
中国策略选择的再探讨

在当前，探讨中国如何更好地利用外来投资的文章很多，对扩大和优化日本投资也有多方面的较为成熟的成果。但笔者认为，单纯地立足于中国的内部状况而提出对策是有缺陷的，这不仅因为当今世界是一个经济一体化的世界，更在于当东亚成为世界经济发展的亮点的时候，中国和东亚其他国家之间存在越来越密切的竞争和合作关系。因此，要提出行之有效的扩大和优化日本投资的对策，就不仅要考虑中国的内部状况，更要考虑中国所面对的以东亚为主的外部环境。正是在这种思想的指导下，下面将从两个方面来进行对日本投资的策略选择的再探讨。

第一节　内部策略

尽管本书十分强调在制定吸引日本投资策略时考虑外部竞争，即强调外部策略，但内部策略始终是外资策略的主体，是作为内因而存在的，而外部策略作为外因只是使外资策略更加完整。而且，内部策略更具有普遍性，它不单单适用于日本的投资，而且适用于所有外来投资。内部策略的形成是一个复杂的工程，它包括方方面面的内容。在此笔者强调，制定策略一定要有新思路，立足于现实，找到解决问题的最好办法。在诸多学者研究的基础上，本书将扩大和优化日本投资的内部策略，具体体现为如下内容。

一 统一思想和明确原则，将吸引外资的政策细化

从当前来看，在吸引外资方面我国有很多模糊的认识。就像在利用外资的初始阶段很多人一味地强调数量一样，在当前我国吸引外资总量已居世界首位的现实下，很多人又一味地强调质量。应该说，强调数量或质量都是具有合理性的，但这种强调绝对不能简单化。它不但要在总体上和中国吸引外资的总量相联系，而且要在局部上考虑中国各个地区在利用外资方面存在的差异。[①] 现在，更多的人强调吸引外资要有利于提高技术含量和提升产业结构，并且以此作为开展工作的原则。笔者同样重视提高技术含量和提升产业结构的重要性，但绝不能将其作为吸引外资的原则。根据中国的实际，吸引外资的原则应该是有利于经济发展。这也就是笔者要强调的统一思想。在这种思想和原则下，可以吸引落后的技术，但只要它比中国现有的或当地现有的技术先进；也可以在某地强调外资数量，只要它能增加就业；还有，也可以不考虑技术或产业结构，而以引进其先进的管理水平为目标。依据上述思想和原则，通过各级政府的努力可以将工作做得更加具体，把政策细化，如根据各地情况具体规定对具体产业或企业的鼓励措施，以求不仅在整体上，而且在局部上实现利用外资的最佳效果。

二 强化地方政府服务职能，强调中央政府宏观调控

地方政府是执行外资政策的主体，只有提高地方政府的服务

---

① 也就是说，在经济发达地区应该强调外资质量，在经济相对落后地区则可以强调外资数量。

意识，在具体方面强化其服务职能，才能真正有效地利用外资。在包括日本在内的众多国家对中国投资的过程中，各种信息始终是决定行为的重要因素。在投资之前，投资者关心有关的投资政策和一些地方性法规，地方政府主动提供信息的行为可以促使投资者做出投资当地的决定。在投资过程中，地方政府提供信息的行为可以在多个方面有利于外资企业并最终有利于当地经济发展。例如，政府可以向外资企业提供生产其原料或半成品的企业的信息，这样不仅有利于外资企业，更有利于当地企业的发展。而且这样做还可能因为影响了给该外资企业提供产品的仍在本国的企业的生产，以至于导致这些企业也进入中国投资，客观上扩大中国外来投资的规模。在强化地方政府服务职能的同时，必然要在政策执行方面给予地方政府灵活运用的权力。但应该知道，地方政府和中央政府之间也存在委托—代理的关系，地方政府作为代理人在和中央政府利益不一致的情况下，将采用隐蔽行为实现自己的利益最大化。所以，中央政府要加强宏观调控，避免地方政府在权力运用上的扭曲和过度竞争，使其行为在可预期的条件下发挥作用。

三　加快行政改革，简化行政手续和提高办事效率

行政手续繁多和办事效率低下一直是日本投资者要求改变的问题。近年来，按照国务院的统一部署，我国正在进行行政方面的彻底改革。通过精简机构、裁减人员，我国行政机构的办事效率已经有了一定程度的提高。从 1997 年 1 月 1 日起，对外经贸局经济合作部、国家工商行政管理局、国家经济贸易委员会、国家外汇管理局、国家税务总局和海关总署已开始联合进行这项工作。这样，外商投资企业在统一时间内领取并填报一份统一编制的表格，即可完成年检的申报工作。联合年检是一种新的年检办法，减轻了企业每年须按不同要求填报过多年检表格的负担，从而改

变了以往多头检查、多种收费的现象，受到了包括日资企业在内的外商投资企业欢迎。但是，我国在行政手续和办事效率方面还存在一定问题。所以，我国仍要进一步简化海关、税务等部门的手续，在年度审查、换发证件等工作上尽快和国际惯例接轨。这不仅可以减轻外资企业的负担，有利于增加投资，也可以规范外资企业行为，便于对外资企业进行管理和监督。

四　完善外商投资立法，进一步提高法律的实施效率

经过多年来的努力，我国外商投资方面的法律已基本形成完善的体系。《中外合资企业经营法》、《中外合作企业经营法》、《外资企业法》以及相关的《外贸法》、《海商法》、《商检法》、《仲裁法》等已先后公布实施，另外，还有许多具体的规章和条例也成了这些法律的有效补充。与此同时，有关的法律机构也日趋健全，在为外商投资企业提供法律服务、解决法律纠纷方面发挥了重要的作用。但是不可否认，在法律的具体实施中还有很多问题。问题首先产生在法律本身，像日本东洋大学法学教授后藤武秀（1998）指出的那样，在中国规章和条例也具有和成文法律一样的效力，而且这些规章和条例的权力主体不仅是法院，而且还有制定机构，这让很多日本投资者难以适应。其次是执行机构的问题，这一方面是因为执行人员的素质有待提高，另一方面则是一些牟利行为的结果。所以，要借鉴符合国际惯例的办法并结合我国的具体情况，进一步完善外商投资立法，使有关规章和条例法制化；同时进一步提高法律执行的透明度，努力为外商投资者提供透明度高的政策背景和市场信息，从而进一步提高法律的执行效率。

五　加强基础设施建设，认真解决日资企业实际困难

经过30多年来的改革开放和经济发展，我国投资的硬环境和

软环境都有了很大的改善和提高。包括日资企业在内，大多数外
商投资企业都对我国投资环境给予了肯定的评价。尽管如此，除
了在经济发达的部分中心城市以外，社会基础设施不完备仍是日
资企业在当地经营中首先提及的问题。流通渠道不完备、外汇筹
措不方便、当地原材料供给和零部件配套的能力差等问题，都在
不同程度地影响着日本投资企业的经营。针对上述问题，要以改
善投资环境为中心，认真解决日资企业经营中的实际困难。以经
济中心城市为重点，继续加强机场、港口、铁路、公路以及信息、
通信设施的现代化建设，使沿海和内地的交通、通信和物资流通
等更为便捷。另外，随着日商投资企业的增多，还要加强生活设
施和日本语学校的配套建设，使日方派遣人员及其家属有舒适、
方便的生活条件和学习条件。由于沿海地区的社会基础设施总体
上说比较先进，而内陆地区则相对落后，所以为促进日商扩大对
内陆地区的投资，还必须加强内陆地区社会基础设施的建设。

六 帮助现有企业提高效益，鼓励再投资和发挥其带动作用

政府应密切关注本地区外资企业的经营情况，积极帮助其提
高效益。这样做有两方面的好处：一是鼓励这些企业再投资，二
是发挥其带动作用。再投资是当前国际直接投资的新特点，在日
本对外直接投资中也占有重要的地位。尤其是1990年代前期，海
外日资企业的制造业再投资额已超过了日本财务省（原大藏省）
申报额的规模。① 因此，今后我国在吸引日本直接投资时除吸引新
的客户外，还要把目光投向已在中国的日资企业，帮助它们实现
经济效益，使其对未来充满信心从而把经营利润用于再投资。一
般来讲，已在中国的企业的成功对其他日资企业的进入有两方面

---

① 刘昌黎：《日本对华直接投资研究》，东北财经大学出版社，1999。

的影响：一方面是示范效应，对高回报的趋同追求导致模仿跟入；另一方面是配套和聚合效应，老企业的成功导致上游和下游企业的加盟，产生聚集整体外向效应，对各方面效率的提高都有好处。因此，帮助现有的日资企业对吸引更多的日本投资具有重要的意义。要充分尊重日资企业的各种权益，对其从生产、流通到分配实施全方位保护，对于那些要求增资扩建的日资企业，更要大力支持和创造条件。

七　鼓励对国有企业的收购和合并，积极吸引日本中小企业投资

国际的企业收购和合并，已成为国际直接投资的主要形式，而且 1990 年代中期以来，日本对亚洲各国企业的收购和合并迅速增加。由于我国国有企业的性质和地位，尽管一些企业设备陈旧、技术落后，长期处于亏损状态，我国政府在很长时间内也没有认真考虑过向外商出售国有企业的问题。然而，随着我国国有企业改革的深入，特别是国有企业实行股份制改革以来，向外商出售部分国有企业的可能性越来越大了。1998 年，我国部分地区在赴日招商中已开列了出售国有企业的名单。从实践来看，日本企业的收购和合并行为使一些国有企业提高了技术水平和产品的国际竞争力。所以，今后应该继续鼓励外商收购和合并国有企业，同时应该研究国际企业收购和合并的规律，以便有针对性地解决收购和合并中的有关问题。日本是中小企业占绝对比重的国家，其中小企业一样具有世界一流的技术，是日本技术立国的基础。[1] 所以今后还应该积极吸引日本中小企业来中国投资。为此，可以考虑制定专门针对中小企业投资的政策，建立专门为中小企业投资

---

[1]　李玉潭：《日本中小企业的历史地位及其在经济再生中的作用》，《现代日本经济》2003 年第 6 期。

服务的制度，如短期信用融资制度等。

第二节　外部策略

其实，外部策略和内部策略是紧密相连的。在有些问题上，不能划清两者的界限。也就是说，有些吸引日本投资的策略既可以是内部策略，也可以是外部策略。但是，当把是否考虑到了其他国家的引资竞争作为判断标准时，两者的界限则相当清楚。

一　考虑东亚国家引资博弈，突出自身优势

中国在制定吸引日本投资策略的时候，一定要充分考虑东亚其他国家同样为了吸引日本投资而和自己进行的博弈。一方面，在制定政策或修改政策的时候，一定要和这些国家的有关政策进行对比，注意其中的异同和未来可能存在的变数。这并不是说在政策上一定要更加优惠，但要尽量做到没有明显的落差。另一方面，吸引日本投资的因素有很多方面，考虑到上述博弈的情况下，重新并充分地认识自己的优势，从而很好地并综合地发挥优势。

在政策对比方面，具体地讲，我国的税收优惠在很大程度上注重的是地区性优惠，较之于上述的其他东亚国家的税收优惠所发挥的经济政策作用而言相对单一。同时也应当注意到的是，我国现行税收优惠倾向于东南沿海地区，客观上加剧了地区间发展的差距。我国应调整税收优惠的目标和手段，由原来注重地区性优惠向注重结构性优惠转化。在制定税收优惠措施时充分考虑到其促进实现国家的产业政策的功能，根据我国的经济发展战略，选择需要优先发展的基础设施、基础产业给予税收减免等优惠，并对面临国际竞争的支柱产业提供加速折旧等优惠，以提高支柱产业的国际竞争力。同时，为了与我国的西部大开发战略相适应，税收优惠倾斜的重点应放在待开发的边远贫困地区，区分不同情

况制定不同的优惠措施，从而调整我国经济的产业结构和地区差异，更好地实现税收优惠的政策性功能。

在突出优势方面，应该认识到，中国当前最大的优势是拥有世界上最大的潜在市场和巨大的现实市场。[①] 对于这一优势来说，其他国家只能用更优惠的政策来对抗。因此，对于吸引日本投资而言，中国首先要做的事情就是进一步开放市场和完善市场。应该说，日本对华直接投资的最终目的，也是为了扩大并占领中国市场。至于当前许多日本企业把利用中国廉价劳动力、降低成本、向日本返销并借以扩大对其他国家的出口当做第一位的投资目的，乃是由中国市场尚未充分开放、尚未成为现实的大市场的实际情况所决定的。根据世界各国的经验，由于市场开放必然导致激烈的市场竞争，而市场竞争归根结底是技术和管理的竞争，所以就国际直接投资而言，技术转移就和市场开放成正比。也就是说，越是市场开放就越能引进先进技术。

随着我国利用外资的发展，特别是随着我国社会主义市场经济的建立和完善，我国必然和其他国家特别是发达国家一样，在吸引外资方面逐步由以政策优惠为主转向以市场优惠为主。为此，今后我国应该根据产业发展和产业政策的需要，并参照 APEC 贸易自由化、投资自由化的进程，有步骤、分阶段地开放市场，把开放市场作为吸引外资的主要手段。鉴于汽车、汽车零部件、钢材、各种化工产品仍是我国大宗的进口商品，在从日本进口中占很大的比重，进口替代的任务还很艰巨，所以应该以扩大产品内销为代价，并合理地附以有关条件，例如高水平的技术转移、提高国产化率、鼓励内地投资等。在电气机械产业投资的基础上，进一

[①]　中国有 13 亿消费者形成的巨大市场。过去 10 年里，全世界 30% 的煤炭、36% 的钢铁、55% 的水泥都是中国消费的。中国城市居民收入每年增长 15%，形成了一支庞大的消费大军。

步吸引和扩大日本汽车工业、机械工业、钢铁工业、化学工业等的直接投资。

二 加强中日韩的合作

客观地讲，即使不考虑以东盟为主的东亚国家和中国在吸引日本投资及其他外资方面的博弈，中国一样应积极地和日本和韩国合作，尤其是投资合作。相对于中国和东盟的经济合作，日本和韩国应该是更好的合作伙伴，最突出的三个理由是：①中国和上述两国的经济互补性强；②两国的经济总量远远大于东盟；③两国都是中国的主要投资来源国。

当然，作为对中国吸引日本投资策略的探讨，首先要说明的还是加强同日韩的合作对中国从容应对东盟国家的引资博弈有何益处。这主要体现在三个方面：第一，中日韩的合作可以使中国直接从源头上拿去资金，从某一时点上看类似于博弈未开始已占到先机；第二，在中国已与日韩合作的情况下，中国自然更易于吸引日本的投资，东盟则因为外部条件而落后于中国；第三，作为经济合作体而言，中日韩的合作（10＋3 中的 3）会对中国与东盟的合作（10＋1）产生影响，这使中国在中国与东盟的合作体（10＋1）中有更大的发言权，由此中国可以突出与东盟的投资合作。

在此很有必要说明中国与日韩合作的其他利益，它们同样构成了进行这种合作的重要理由。中日韩三国在自然资源、劳动力、产业结构上存在巨大的互补优势，但这是一种潜在的优势。1980年代以来，随着东北亚各国特别是中日韩三国间相互贸易、投资的发展，其潜在的互补优势日益向现实的区域经济合作优势转变。资本、技术、劳动力等生产要素在区内各国间的流动，扩大了东北亚区域的市场规模，促进了产业结构的优化和升级，增强了东北亚区域各国之间在时空上的连续性，为东北亚区域一体化提供了重要的物质基础。中日韩三国的互补性在国际贸易上体现得非常明显：在中日韩三国之间，每一国都是对某一国有大幅度的顺差，而对另一国则有大幅度的逆差。因此，三国中任何一国都能够均等地享受到自由贸易所带来的经济效果（陈钺，2002）。这就是说，如果三国缔结自由贸易协定的话，那么对任何一国的好处都是很大的。同时，三国有很好的经济合作基础。① 近年来，随着IT产业和高技术产业的发展，中日韩三国在高技术产业领域进行了广泛的合作与交流。中日两国于1970年代末正式通过日本国际协力事业团进行技术合作。20多年来两国间技术合作的规模不断扩大，合作的领域涉及农、林、医、环保、社会基础设施等十几个领域。中韩两国的科技合作主要是在产业合作、海洋合作及核能领域合作等方面，成立了中韩科技产业化小组、中韩海洋科学技术合作委员会、中韩海洋科学共同研究中心等机构。

对于稳居中国吸引外来投资总量前二、三位的国家，中国出于扩大和优化外来投资的目的也应该积极与日本和韩国合作。在此中国可以采取如下做法：①就保护知识产权积极和两国磋商；②努力解决投资者提出的投资障碍等具体问题；③努力就改善商业环境和促进投资建立磋商机制；④积极倡议建立三国投资法律框架。并且，随着具体环境的变化和合作程度的加深，上述做法都要进行联系实际的调整。只有这样，在扩大和优化外来投资，尤其是日本投资方面才能达到较为满意的效果。

---

① 　之所以指明是经济合作基础，是因为政治因素始终是日本与中韩合作的障碍。而且从最近几年来看，政治因素的负面作用越来越突出，由此引发的矛盾越来越严重地影响这种经济合作。

参 考 文 献

K. C. Fung, Hitomi Iizaka, Alan Siu, "Japanese direct investment in China", *China Economic Review* 14 (2003).

Pertti Haaparanta, "Competition for foreign direct investments", *Journal of Public Economics* 63 (1996).

K. C. Fung, Hitomi Iizaka, Alan Siu, "Integrating the two Asian economic giants: Japanese multinational corporations in China", *Journal of Asian Economics* 15 (2004).

Tamim Bayoumi, Gabrielle Lipworth, "Japanese Foreign Direct Investment and Regional Trade", *Journal of Asian Economics* 4 (1998).

Xiaohui Liu, Chenggang Wang, "Does Foreign Direct Investment Facilitate Technological Progress? Evidence from Chinese Industries", *Research Policy* 32 (2003).

Xiaoying Li, Xiaming Liu, David Parker, "Foreign Direct Investment and Productivity Spillovers in the Chinese Manufacturing Sector", *Economic System* 25 (2001).

David N. Figlio, Bruce A. Blonigen, "The Effects of Foreign Direct Investment on Local Communities", *Journal of Urban Economics* 48 (2000).

Andrea Fosfuri, Massimo Motta, Thomas Ronde, "Foreign Direct Investment and Spillovers Through Workers Mobility", *Journal of International Economics* 53 (2001).

Zhiqiang Liu, "Foreign Direct Investment and Technology Spillover: Evidence from China", *Journal of Comparative Economics* 30 (2002).

Chung Chen, Lawrence Chang, Yimin Zhang, "The Role of Foreign Direct Investment in China's Post-1978 Economic Development", *World Development* 4 (1995).

P. J. Llord, "The Role of Foreign Investment in the Success of Asian Industrialization", *Journal of Asian Economics* 3 (1996).

Lee G. Branstetter, Robert C. Feenstra, "Trade and Foreign Direct Investment in China: a Political Economy Approach", *Journal of International Ecomomics* 58 (2002).

Ting Gao, "Ethnic Chinese Nnetworks and International Investment: Evidence from Inward FDI China", *Journal of Asian Economics* 14 (2003).

Ray Barrell, Nigel Pain, "Trade Restraints and Japanese Direct Investment Flows", *European Economic Review* 43 (1999).

Masumi Kishi, "Foreign Direct Investment by Japanese Firms and Corporate Governance: In Relation to the Monetary Policies of China, Korea and Japan", *Journal of Asian Economics* 13 (2003).

Yaohui Zhao, "Foreign Direct Investment and Relative Wages: The Case of China", *China Economic Review* 12 (2001).

Yizheng Shi, "Technological Capabilities and International Production Strategy of Firms: The Case of Foreign Direct Investment in China", *Journal of World Business* 36 (2001).

Takatoshi Ito, Anne. O. Krueger, "The Role of Foreign Direct Investment in East Asian Economic Development", *Journal of Asian Economics* 12 (2001).

Xiaodong Wu, "Foreign Direct Investment, Intellectual Property Rights, and Wage Inequality in China", *China Economic Review* 11 (2000).

Kevin Honglin Zhang, Shunfeng Song, "Promoting exports The role of Inward FDI in China", *China Economic Review* 11 (2000).

Yan He, Fu Long, "Market Expansion Versus Cost Reduction: A Financial Analysis of Foreign Direct Investment Advantages for Multinational Enterprises", *Japan and the World Economy* 15 (2003).

Kanta Marwah, Akbar Tavakoli, "The Effect of Foreign Capital and Imports on Economic Growth: Further Evidence from Four Asian Countries (1970 –1998)", *Journal of Asian Economics* 15 (2004).

David. W. Edgington, Roger Hayter, "Japanese Direct Foreign Investment and the Asian Financial Crisis", *Geoforum* 32 (2001).

Ping Lan, Stephen Young, "International Technology Transfer Examined at Technology Component Level: A Case Study in China", *Technovation* 16 (1996).

Yoichi Nakamura, Izumi Matsuzaki, "Economic Interdependence: Japan, Asia, and the World", *Journal of Asian Economics* 2 (1997).

Kui –yin Cheng, Ping Lin, "Spillover Effects of FDI on Innovation in China: Evidence from the Provincial Data", *China Economic Review* 15 (2004).

John Child, Yanni Yan, "Investment and Control in International Joint Ventures: The Case of China", *Journal of World Business* 1 (1999).

Fukunari Kimura, Takamune Fujii, "Globalizing Activities and the Rate of Survival: Panel Data Analysis on Japanese firms", *Japanese Int. E-conomies* 17 (2003).

Rene Belderbos, Giovanni CapannelliJ, "Backward Vertical Linkages of Foreign Manufacturing Affiliates: Evidence from Japanese Multinationals", *World Development* 1 (2001).

JiLi, Kevin. C. K. Lam, Leonard Karakowsky, Gongming Qian, "Firm Resource and First Mover Advantages A Case of Foreign Direct Investment (FDI) in China", *International Business Review* 12 (2003).

Farhad Noorbakhsh, Alberto Paloni, Ali Youssef, "Human Capital and FDI Inflows to Developing Countries: New Empirical Evidence", *World Development* 9 (2001).

Frank. S. T. Hsiao, Mei - Chu. W. Hsiao, "The Chaotic Attractor of Foreign Direct Investment — Why China? A Panel Data Analysis", *Journal of Asian Economics* 15 (2004).

Linda. F. Y. Ng, Chyau Tuan, "Location Decisions of Manufacturing FDI in China: Implications of China's WTO Accession", *Journal of Asian Economics* 14 (2003).

Chyau Tuan, Linda. F. Y. Ng, "Manufacturing Agglomeration as Incentives to Asian FDI in China after WTO", *Journal of Asian Economics* 15 (2004).

Chiara Fumagalli, "On the Welfare Effects of Competition for Foreign Direct Investments", *European Economic Review* 47 (2003).

LiuX., Wang C., Wei, Y., "Causal Links Between Foreign Direct Investment and Trade in China", *China Economic Review* 12 (2001).

Zhang. K. H., Song. S., "Promoting Exports: The Role of Inward FDI in China", *China Economic Review* 11 (2001).

Aitken. B., Harrison. A., "Do Domestic Firms Benefit from Foreign Direct Nvestment? Evidence from Venezuela", *American Economic Review* 89 (1999).

Konings. J., "The Effect of Foreign Direct Investment Ondomestic Firms: Evidence from Firm Level Panel Data in Emerging Economies", *Economics of Transition* 9 (2001).

Wang. J. Y., Blomstrom. M., "Foreign Direct Investment and Technology Transfer", *European Economic Review* 36 (1992).

Zukowska - Gagelmann. K., "Productivity Spillovers Form Foreign Direct Investment", *Economic Systems* 3 (2002).

Liu. X., Wang. C., Wei. Y., "Causal Links Between Foreign Direct Investment and Trade in China", *China Economy Review* 12 (2001).

Chen. C, Chang. L., Zhang. Y., "The Role of Foreign Direct Investment in China's Post-1978 Economic Development", *World Development* 23 (1995).

Fung. K. C, Iizaka. H., Siu. A., "Japanese Direct Investment in China and other Asian Countries", HIEBS working paper, No. 1052 (University of Hong Kong, 2002).

UNCTAD, "FDI from Developing and Transition Economies: Implications for Development", *World Investment Report* 2006.

Chen, Tain -Jy and Ying -Hua Ku, "The Effects of Overseas Investment on Domestic Employment", NBER Working Paper, No. 10156 (Cambridge, MA: NBER, 2003).

Ellingsen, Gaute, Winfried Likumahuwa and Peter Nunnenkamp, "Outward FDI by Singapore", *Transnational Corporations* 15 (2006).

Wu, Friedrich, Toh Mun Heng and Terence Ho, "Outward FDI and its Impact in the Home Economy: The Case of Singapore", *Journal of Asian Business* 19 (2003).

Michael Leifer, "Truth About the Balance of Power", quoted in Jonathan D. Pollack, *In China's Shadow: Regional Perspectives on Chinese Foreign Policy and Military Development*, 1998.

Aileen S. P. Baviera, "China s Relations with Southeast Asia: Political

Security and Economic Interests ", PASCN Discussion Paper, 1999.

Jonathan D. Pollack, "In China' s Shadow: Regional Perspectives on Chinese Foreign Policy and Military Development ", *Southeast A-SIAN Perceptions of China s Future Security Role in its Backyard*, 1998.

See Wanandi, Jusuf, "ASEAN's China Strategy: Towards Deeper Engagement", *Survival* 38 (1996).

John Wong, "The Economic Rise of China: A Catalyst for East Asian Economic Integration", *EAI Background Brief* 85 (1999).

Zhang Yunling, "East Asian Cooperation: Searching for An Integrated Approach", *World Affairs Press* (2004).

Chia Siowyue, *Regional Economic Integration in East Asia : Developments, Issues and Challenges*, LSEAS.

Michael R. J. Vatikiotis, "Catching the Dragong's Tail: China and Southeast in the 21st Century", *Contemporary Southeast Asia* 25 (2000).

Martin Stuart, Fox, *A Short History of China and Southeast Asia: Tribute, Trade and Influence*, Allen & Unwin (Australia), 2003.

Jone Wong, *The Political Economy of China's Changing Relations with Southeast Asia* (London: Macmillan Press, 1984).

Ho Khai Leong , Samuel C. Y. Ku, "China and Southesat Asia: Changes and Regional Challenges", *Institute of Southeast Asian Studies* (2005).

Alice D . Ba, "China and ASEAN, Renavigating Relations For a 21st Century Asia", *Asian Survey*111 (2003).

Lee Hsien Long, *The Future of East Asian Cooperation*, May 25, 2005, http: // www. aseansec. org/.

薛敬孝：《趋势性日元升值和日本产业的结构性调整》，《中国社会科学》1997 年第 4 期。

朱小焱：《日本对华直接投资研究》，《安徽农业大学学报（社会科学版）》2002 年第 1 期。

程崇祯、章婷：《日本对华直接投资及其影响》，《当代亚太》2002年第 9 期。

赵军山：《90 年代日本对外直接投资的变化趋势及对中国投资的动向》，《现代日本经济》1995 年第 1 期。

王立军：《日本跨国公司对华投资分析》，《日本问题研究》1998年第 2 期。

金熙德：《"后雁行模式"时代的中日关系》，《世界经济与政治》2002 年第 8 期。

李国平：《日本对外直接投资的发展与结构变化研究》，《现代日本经济》2001 年第 3 期。

张汉英：《日本直接对外投资的发展历程及 90 年代的新特点》，《现代日本经济》2000 年第 5 期。

孟凡东、张平：《论 90 年代日本对华直接投资的特点》，《镇江师专学报》1999 年第 2 期。

庞德良：《日本海外直接投资与产业空心化》，《日本学刊》1998年第 3 期。

江瑞平：《日本产业空心化的实态、症结及其"中国因素"》，《日本学刊》2003 年第 3 期。

胡俊文：《论"雁行模式"的理论实质及其局限性》，《日本问题研究》1999 年第 4 期。

李欣欣：《日本经济的困境、原因、影响及对策》，《太平洋学报》2001 年第 2 期。

李东阳：《对外直接投资与国内产业空心化》，《财经问题研究》2000 年第 1 期。

稻田实次：《日本企业对华投资的现状与课题》，《东北亚论坛》
　　1998 年第 4 期。

加藤弘之：《加入 WTO 后中国经济及日本的对策》，《山东大学学
　　报》2004 年第 4 期。

庞德良：《日本海外直接投资与产业空心化》，《日本学刊》1998
　　年第 3 期。

伞锋、曾浪：《中国因素对近年来日本产业空洞化的影响分析》，
　　《现代日本经济》2005 年第 4 期。

赵春明：《日本"产业空心化"探析》，《亚太经济》1995 年第
　　3 期。

戴翔：《对外直接投资对国内就业影响的实证分析——以新加坡为
　　例》，《世界经济研究》2006 年第 4 期。

王晓枫、郭远芳、袁绍锋：《外国直接投资、产业转移与母国就
　　业》，《大连海事大学学报（社会科学版）》2006 年第 4 期。

姚国利：《香港企业对内地的直接投资与日本企业对中国直接投资
　　的比较》，《国际金融研究》1995 年第 8 期。

吴昊：《中国经济的崛起是否已损害了日本的繁荣——在日本不断
　　泛起的"中国经济威胁论"批判》，《现代日本经济》2003 年
　　第 6 期。

陈钺：《寻求东北亚区域经济合作的新突破》，《南开学报（哲学社
　　会科学版）》2002 年第 6 期。

贝由米、利普华斯：《日本直接对外投资与地区贸易》，《国际货币
　　基金组织和世界银行季刊》，1997 年 9 月。

孙建利：《中日贸易与日本对华直接投资存在的问题及对策》，《社
　　会科学辑刊》1997 年第 2 期。

张礼清：《探讨中国利用日本中小企业投资的方针及促进方法》，
　　《现代日本经济》1996 年第 5 期。

黄琨、张坚：《日本对外直接投资的产业结构效应及其启示》，《江

汉石油学院学报（社科版）》2000 年第 4 期。

原口俊道、杨浩：《日本企业对华投资动机和经营研究》，《世界经济研究》1994 年第 4 期。

后藤武秀、黄龙翔：《日商对华投资面临的若干法律问题》，《国际商务研究》1998 年第 1 期。

赵晋平：《聚焦制造业——日韩对华直接投资特点及发展趋势》，《国际贸易》2003 年第 1 期。

纂建红、陈东：《日本对外投资与"产业空心化"危机》，《日本经济》1996 年第 6 期。

于灵：《日本对外直接投资的战略变化及对中国的影响》，《财经问题研究》1999 年第 5 期。

江斌、邓艳梅：《中日贸易中工业制品比较优势及国际分工类型》，《世界经济》2003 年第 4 期。

徐安生：《"十五"期间日本对华直接投资研究》，《广东广播电视大学学报》2003 年第 3 期。

李金波、朱明湖：《略论 90 年代日本对华投资及其特点》，《日本问题研究》1994 年第 4 期。

麻彦春、米凤春：《中日两国直接投资的现状与发展》，《现代日本经济》2000 年第 2 期。

牛岛俊一郎、阿部一知：《中日韩之间经济一体化和直接投资》，《国际贸易》2003 年第 1 期。

金仁淑：《日本对亚洲直接投资战略与中国的市场经济》，《日本学刊》1998 年第 2 期。

张玉明：《日本企业对中国直接投资及中国吸引外资政策》，《日本学刊》1999 年第 3 期。

张志立：《日本海外投资将趋向中国》，《辽宁经济》1994 年第 12 期。

裴长洪：《FDI 与中国外贸制度改革》，《中国社会科学院研究生院学报》1996 年第 5 期。

肖世练:《在华跨国公司子公司的内部贸易透析》,《商业经济与管理》2003 年第 10 期。

胡鞍钢:《是"威胁论"还是"互利论"——中国经济崛起对中日经贸关系的影响》,《世界经济与政治》2002 年第 9 期。

邵望予:《当前国际投资发展的趋势、特点和我们的对策》,《国际经贸探索》1994 年第 4 期。

马成三:《从"威胁论"到"利用论"——日本对华经济战略评析》,《国际贸易》2003 年第 8 期。

津上俊哉:《日本海外投资与中国经济》,《国际贸易》1996 年第 9 期。

卢文鹏、李达:《创建中国—东盟自由贸易区的政治经济学分析》,《国际贸易问题》2002 年第 9 期。

王洪亮、徐霞:《日本对华贸易与直接投资的关系研究（1993 ~ 2001)》,《世界经济》2003 年第 8 期。

詹晓宁:《吸引 FDI 的竞争:是否零和博弈——一个初步的研究》,《南开经济研究》2002 年第 1 期。

冼国明、葛顺奇:《促进关联——东道国外资竞争政策新趋势》,《国际经济合作》2002 年第 1 期。

张蕴岭:《东亚合作与中国—东盟自由贸易区的建设》,《当代亚太》2002 年第 1 期。

张蕴岭:《对东亚合作发展的再认识》,《当代亚太》2008 年第 1 期。

曹云华:《中国与东盟关系:现状与前景》,《东南亚研究》2002 年第 1 期。

赵琼:《中国—东盟经贸合作面临的问题及其发展前景》,《经济问题》2004 年第 8 期。

邵允振、傅义强:《东盟崛起与中国东盟关系的重构》,《东南亚纵横》2005 年第 9 期。

吴新慧：《亚细安跳上中国入世火车》，2001 年 11 月 10 日《联合早报》。

马哈迪、阿罗约：《中国是亚细安好伙伴 是带动亚洲经济大市场》，2002 年 5 月 22 日《联合早报》。

张国成：《日经济面临四种空心化》，1994 年 12 月 6 日《人民日报》。

桑百川：《外商投资的经济效应》，2000 年 9 月 20 日《经济参考报》。

王志乐：《入世以来跨国公司在华投资新趋势》，2002 年 12 月 11 日《中国经济时报》。

马成三：《日本对华经济战略评析》，国研网，2003 年 11 月 10 日。

李春来：《日本对外投资的新特点及其变化趋势》，国研网，2003 年 2 月 13 日。

冯昭奎：《中日经贸关系的新特点和新动向》，国研网，2003 年 3 月 10 日。

陈映璇：《日本车商急速调整对华战略》，国研网，2002 年 10 月 14 日。

杨书臣：《日本跨国公司的重心转移及中国企业的应对》，国研网，2003 年 3 月 28 日。

华尔街日报：《中国是日本摆脱经济困境的出路》，国研网，2002 年 8 月 23 日。

薛军：《日本对华直接投资新趋向》，国研网，2004 年 2 月 9 日。

于津平：《中日经济关系对日本经济的影响》，国研网，2004 年 2 月 23 日。

江瑞平：《对华直接投资与日本产业空心化》，国研网，2003 年 12 月 11 日。

张晶：《日本经济复苏的动力来自中国》，国研网，2004 年 5 月

13 日。

吴晓燕：《全军挺进：警告拦不住日本车商的中国投资热》，国研网，2002 年 8 月 29 日。

王志乐：《"入世"后跨国公司在中国投资新动向》，中经网，2004 年 11 月 25 日。

陈明华：《中国如何面对东南亚的竞争》，中经网，2004 年 11 月 25 日。

李晓：《当前日本经济形势及中日经济关系的新变化》，中经网，2004 年 11 月 25 日。

赵晋平：《中国在今后引资竞争中面临的主要压力》，中经网，2004 年 8 月 13 日。

胡祖六：《关于中国引进外资的三大问题》，中经网，2004 年 8 月 26 日。

黄凤珍：《日本企业加速"移师"中国》，中经网，2004 年 11 月 25 日。

刘旭明：《入世后的中国与东南亚的经贸关系》，中经网，2004 年 11 月 25 日。

新加坡联合早报：《中国入世后东南亚压力更大》，中经网，2001 年 11 月 16 日。

关志雄：《日本的直接投资加速向中国转移——东盟与中国的竞争日趋激烈》，《做好中国自己的事："中国威胁论"引发的思考》，中国对外经济贸易出版社，2005。

中村吉明：《产业空洞化问题所在》，http：//www.rieti.go.jp/cn/，2002。

吉田惠美里：《日本对华直接投资对日本经济的影响分析》，同济大学硕士学位论文，2006。

日本贸易振兴机构：《2003 年中日贸易》，2004 年 2 月 18 日。

日本财务省（原大藏省）：《经济白皮书》（1995～2000），http：//www.mof.go.jp/。

日本经济产业省（原通产省）：《通产白书》（1995～2006），http：//www. meti. go. jp/。

日本经济产业省中小企业厅：《中小企业白皮书》（1995～2000），http：//www. meti. go. jp/。

刘昌黎：《日本对华直接投资研究》，东北财经大学出版社，1999。

刘昌黎、金凤德：《日本度外直接投资概论》，东北财经大学出版社，1990。

王志乐：《日本企业在中国的投资》，中国经济出版社，1998。

刘迪辉：《东南亚投资环境》，贵州人民出版社，1994。

彭晋璋：《中日投资合作策略》，中国发展出版社，1999。

联合国贸发会议跨国公司与投资司：《1999年世界投资报告——外国直接投资和发展的挑战》，中国财政经济出版社，2000。

联合国贸发会议跨国公司与投资司：《1993年世界投资报告——跨国公司与一体化国际生产》，对外贸易教育出版社，1994。

胡征庆：《中国对外开放政策——投资、贸易、经济合作机会》，成都科技大学出版社，1989。

袁钢明：《跨国公司与中国》，中国财政经济出版社，1994。

汪少华、秦辉：《国际直接投资——理论、方法、案例》，中国科技大学出版社，1996。

孔淑红、梁明：《国际投资学》，对外经济贸易大学出版社，2001。

卢汉林：《战后日本对外直接投资与外国对日本直接投资》，武汉大学出版社，1995。

卢进勇：《入世与中国利用外资和海外投资》，对外经济贸易大学出版社，2001。

田贵明：《跨国公司对外直接投资与东道国激励政策竞争》，中国经济出版社，2003。

王志乐：《2002～2003跨国公司在中国投资报告》，中国经济出版社，2002。

宫崎义一:《日本经济的结构与演变——战后 40 年日本经济发展的轨迹》,中国对外经济贸易出版社,1990。

日本中央大学经济研究所:《战后日本经济——高速增长及其评价》,中国社会科学出版社,1985。

图书在版编目（CIP）数据

日本对中国投资的变化与影响：基于东亚国际经济
关系的考察/杨宏恩，王晶著. —北京：社会科学文献
出版社，2012. 8
　ISBN 978-7-5097-3615-9

　Ⅰ. ①日… Ⅱ. ①杨… ②王… Ⅲ. ①对华投资-研
究-日本 Ⅳ. ①F832. 48

中国版本图书馆 CIP 数据核字（2012）第 163094 号

日本对中国投资的变化与影响

—— 基于东亚国际经济关系的考察

著　　者／杨宏恩　王　晶

出 版 人／谢寿光
出 版 者／社会科学文献出版社
地　　址／北京市西城区北三环中路甲 29 号院 3 号楼华龙大厦
邮政编码／100029

责任部门／皮书出版中心（010）59367127　　责任编辑／陈　帅　王　颉
电子信箱／pishubu@ ssap. cn　　　　　　　　责任校对／宝　蕾
项目统筹／邓泳红　　　　　　　　　　　　　责任印制／岳　阳
经　　销／社会科学文献出版社市场营销中心　（010）59367081　59367089
读者服务／读者服务中心（010）59367028

印　　装／北京艺辉印刷有限公司
开　　本／787mm×1092mm　1/20
版　　次／2012 年 8 月第 1 版　　　　　　　　印　　张／13.4
印　　次／2012 年 8 月第 1 次印刷　　　　　　字　　数／223 千字
书　　号／ISBN 978-7-5097-3615-9
定　　价／49.00 元